经中共福建省委教育工委审定试用

# 学校
# 心理健康教育
## 指导手册

《学校心理健康教育指导手册》编写组　编

U0819038

《学校心理健康教育指导手册》编委会

组　长：王建南

副组长：陈晓风　连　榕

组　员：戴八一　孟迎芳　陈幼贞　林荣茂

海峡出版发行集团 THE STRAITS PUBLISHING & DISTRIBUTING GROUP | 福建人民出版社 FUJIAN PEOPLE'S PUBLISHING HOUSE

**图书在版编目（CIP）数据**

学校心理健康教育指导手册/《学校心理健康教育指导手册》编写组编．--福州：福建人民出版社，2020.8（2021.11 重印）

ISBN 978-7-211-08482-1

Ⅰ.①学…　Ⅱ.①学…　Ⅲ.①中小学—心理健康—健康教育—手册　Ⅳ.①G444—62

中国版本图书馆 CIP 数据核字（2020）第 137905 号

**学校心理健康教育指导手册**

XUEXIAO XINLI JIANKANG JIAOYU ZHIDAO SHOUCE

---

**编　　者**：《学校心理健康教育指导手册》编写组
**责任编辑**：张辉兰
**出版发行**：福建人民出版社　　**电　　话**：0591-87533169(发行部)
**网　　址**：http://www.fjpph.com　　**电子邮箱**：fjpph7211@126.com
**地　　址**：福州市东水路 76 号　　**邮政编码**：350001
**经　　销**：福建新华发行（集团）有限责任公司
**印　　刷**：福州万达印刷有限公司
**地　　址**：福州市闽侯荆溪镇溪头工业区徐家村 166—1 号
**开　　本**：787 毫米×1092 毫米　1/16
**印　　张**：18.75
**字　　数**：287 千字
**版　　次**：2020 年 8 月第 1 版　　2021 年 11 月第 2 次印刷
**书　　号**：ISBN 978-7-211-08482-1
**定　　价**：50.00 元

---

本书如有印装质量问题，影响阅读，请直接向承印厂调换。

**版权所有，翻印必究。**

# 前　言

习近平总书记在全国高校思想政治工作会议上指出，要加强对学生的人文关怀和心理疏导，不断提升心理健康素质，培育理性平和的健康心态；在全国教育大会上进一步强调，教育要以凝聚人心、完善人格、开发人力、培育人才、造福人民为工作目标，培养德智体美劳全面发展的社会主义建设者和接班人。

近年来，中共福建省委教育工委、省教育厅坚持以习近平新时代中国特色社会主义思想为指导，认真贯彻落实中央和省委省政府的部署要求，将加强学校心理健康教育作为中小学德育工作的重要内容，作为全面实施素质教育的重要方面，先后下发了一系列文件，作出了一系列部署，推进省市县校四级健全完善工作机制建设，加强专兼职教师队伍建设，建设了283所省级中小学心理健康教育特色学校、60个省级中小学心理健康教育名师工作室，学校心理健康教育内容不断完善、形式不断创新，基本形成了具有福建特色的中小学心理健康教育工作体系。

为贯彻落实国家22部委《关于加强心理健康服务的指导意见》和教育部《中小学心理健康教育指导纲要》的要求，推进中小学心理健康教育工作体系建设，我们组织编写了《学校心理健康教育指导手册》。《手册》分适应问题、人际关系问题、学习问题、人格问题、心理危机干预和疏导、心理课程教学与心理咨询室建设等专题，采用现实案例导入，剖析问题成因，给出操作指导，旨在帮助中小学心理健康教育工作者正确认识和解决实践中面临的各种问题，努力提升中小学心理健康教育工作实效。

# 目　　录

# 第一章 适应问题

# 问题1：幼儿园门口，家长和孩子总是难舍难分

## 案 例

欣欣到了入园年纪，爸爸妈妈给她买好了小书包，准备了必需用品，做足入园准备，生怕欣欣离开家不适应。

开学的第一天，爸爸妈妈一起送欣欣去幼儿园。一路上欣欣还挺开心的，一会儿看看这，一会儿看看那，时不时还找爸爸妈妈撒个娇。到了幼儿园门口，当爸爸妈妈让欣欣自己进去时，欣欣感到紧张和害怕，舍不得离开爸爸和妈妈，开始小声地抽泣。欣欣抓着妈妈的手，泪眼汪汪地望着妈妈说："我不上幼儿园，我要回家！"爸爸妈妈耐心劝说，欣欣不但没有听进去，反而大哭起来。"我不上幼儿园，我要回家，我要回家！"欣欣声嘶力竭地哭喊着，情绪失控，紧紧抱着妈妈，不愿意走进幼儿园……

之后的几天，欣欣几乎都是哭着去的，尤其是到了幼儿园门口爸爸妈妈要走的时候，欣欣要哭闹很久。为此，爸爸妈妈十分发愁。

## 原理分析

孩子如此难舍父母，主要是因为分离焦虑。分离焦虑是指婴幼儿因离开熟悉的环境，或者与亲密的看护者分离，而产生焦虑、痛苦、不安的情绪反应。分离焦虑多发于婴幼儿时期，通常在婴幼儿六七个月到三

四岁之间出现。大多数孩子在上幼儿园之前，几乎没有跟父母或其他看护者分开过。进入幼儿园是孩子有生以来第一次离开家、离开父母，独自面对陌生的环境，这更有可能引发孩子的分离焦虑。患有严重分离焦虑的孩子在离开亲人时，会表现出极端的痛苦，甚至担心自己会被拐走，仿佛再也见不到亲人了。更有甚者，在预感到将要分离时，就会出现过度的情绪反应。

从生物进化的角度来看，幼儿离开亲人时感到紧张、焦虑是本能反应。由于婴儿刚出生时没有任何获取食物和保证安全的能力，完全依赖于养育者的照料存活，如果养育者离开不再回来，那将是一件非常危险的事情。因此，当亲人离开时，本能促使他们寻找养育者或者发出求助信号，这具有适应性意义。因与养育者分离而带来消极情绪体验，是个体发展过程中自然会出现的现象。但是，若长期体验分离焦虑或焦虑水平过高，则会阻碍孩子进行正常的游戏、生活、学习，甚至会影响孩子的身体健康及大脑发育，引发一系列心理和行为问题。

此外，父母教养方式也会影响幼儿分离焦虑的程度和持续时间。有的家长对孩子过分溺爱，事事一手包办，无条件满足孩子的一切愿望。只要孩子哭闹，家长就十分心疼，不敢“放肆”，孩子说什么就是什么。对于这类孩子，哭闹不休就是他们解决问题的有力武器。这类孩子由于受到家长过分保护，缺乏独立性和基本的自理能力，因此，当幼儿园要求他们自主完成一些活动如穿衣、穿鞋时，就很容易因为无法独立完成而体验到挫败感。再加上幼儿园不会无条件满足孩子的一切需求，这些都会加重孩子的分离焦虑。

最后，孩子情绪易受父母情绪的感染。有的家长过分担心孩子，与孩子分别的时候难舍难割，有时孩子还没哭，家长就先眼泪汪汪了。家长的情绪会感染孩子，增加孩子的不舍。并且，家长的消极情绪还会使孩子觉得上幼儿园是一件非常不好的事，使孩子的焦虑不安进一步加重。

## 操作指导

为减少孩子因和家长分离而产生的过度焦虑，幼儿园老师和家长可以从以下几个方面入手。

1. 在孩子入园之前，开展短暂性的分离游戏。分离性游戏可以是家长与孩子在家进行，也可在孩子入园前，由幼儿园教师邀请即将入园孩子的家长带孩子一起进行。通过分离性游戏，让孩子体验父母短暂离开之后按时出现的场景，以培养孩子的安全感。正式入园后，家长在分离前应向孩子保证一定会准时接回他们。对于一些分离焦虑情况较严重的孩子，在刚入园时，父母可采取晚去早回的方式接送孩子，适当缩短孩子在幼儿园的时间，逐步过渡。另外，家长应避免因孩子哭闹而放弃坚持每天准时入园，否则后期将使孩子难以遵守幼儿园的规矩，难以融入集体生活，使孩子成为幼儿园的“局外人”，从而更加难以适应新环境。

2. 家长应避免流露出消极情绪以免影响孩子状态。首先，送孩子去幼儿园时应保持积极的心情，并给孩子积极暗示，如告诉孩子“你可以上幼儿园了，会很多小朋友跟你一起玩了！”其次，将孩子送到幼儿园后，家长应配合教师要求果断离开，切勿依依不舍，更不能在园外偷偷观望，以免将情绪传染给孩子，加重孩子的不舍、焦虑之情。要注意的是，家长不能用“我去上厕所，你先进去跟其他小朋友玩”“爸爸接个电话，等下就回来”等借口偷偷离开。这些看似善意的谎言会让孩子产生不信任感，从而使分离焦虑更为严重。

3. 构建幼儿园教师与孩子家长互相信任的桥梁。对于分离焦虑十分严重的孩子，教师可允许家长留下与孩子做短暂的相处。在此期间，幼儿园教师应热情主动地与家长交谈，让孩子看到家长与教师间的亲密关系，从而使孩子知道老师是可亲的、幼儿园是安全的。对于家长离开后哭闹的孩子，幼儿园教师可暂时扮演母亲的角色，并根据孩子的需求不断地调整安慰措施，获得孩子的信任。如果孩子哭闹不止，教师可引导孩子注意一些新鲜、有趣的物品或玩具以转移孩子的注意力，或者适当采取冷处理的方法。

# 问题 2：新入园的孩子习惯带着玩具上学

## 案 例

童童刚刚上幼儿园不久。虽然幼儿园里有很多好玩的玩具，而且每天还有不少小朋友跟童童一起玩耍，但童童每次上学都要带着自己心爱的玩具，否则就不肯去。爸爸、妈妈虽然觉得这样做很麻烦，还担心童童在幼儿园会只想着玩玩具，不参与幼儿园的学习和游戏活动，但由于童童坚持，他们也无计可施。

一天早上，妈妈送童童上学时忘记将童童的玩具放进他的小书包了。童童发现后又哭又闹，虽然已经到了幼儿园门口，但他就是不进去。好不容易哭着吵着进了幼儿园，童童一天的情绪都很糟糕。即使后来没有哭闹了，他也总是显得很紧张，战战兢兢，不太说话。

## 原理分析

刚入园的孩子每天要带着玩具上学，主要是因为接触、抚摸熟悉的物品可以给孩子提供安全感。美国心理学家哈洛曾做过一项实验，将出生不久的小猴跟母猴分离，然后用绒布做的和铁丝做的两个代理母猴喂养小猴。研究发现，虽然铁丝母猴有奶水喂养小猴，但小猴绝大部分时间会跟没有奶水的绒布母猴在一起，并且当小猴受到惊吓时，会冲向绒布母猴，紧紧抱住绒布母猴寻求安慰。这项研究表明，由肌肤接触带来的柔软、舒适的感觉是一种比喂养等生理需求更为强烈的基本需要，这种需要的满足能够给幼猴带来心理上的安全感。

恒河猴如此，人亦如此。刚进入幼儿园的孩子，独自面对一个完全陌生的环境，没有亲密的养育者可以依靠，他们的安全感会受到很大威胁。因此，孩子会本能地寻找满足安全感的方式，即当家长不在身边时，通过触摸、玩耍熟悉的物品获得心理上的温暖及安全感。像童童一样，很多刚入园的小朋友会要求每天带着自己的玩具或者其他心爱的“宝贝”，如洋娃娃、小毛巾、小毯子等。

一般而言，孩子的这种行为只是短暂的，是孩子从依赖家长走向独立的一种过渡。有了玩具等安抚物的帮助，孩子的安全感拥有一定的保障，就会更加积极主动地探索新环境、融入新集体。因此，适度的恋物行为可以帮助孩子从容地应对生活中的问题，走向独立，走向成长。但是，如果这种恋物行为到了片刻不能分离的地步，则是孩子适应出了问题，需要家长和幼儿园老师共同疏导。

另外，孩子带玩具上幼儿园也可能是由于从众心理的影响，因为看到其他小朋友带玩具，自己也想要带玩具。还有可能是因为产生了厌倦情绪。幼儿园课程缺乏变化，不生动，互动性不强，孩子就会觉得疲惫、枯燥、无趣，因而想念家里的玩具，想把自己的玩具带到幼儿园。

## 操作指导

孩子依恋某些物品，尤其是在刚刚上幼儿园时希望带着玩具入园，这种现象是这个阶段孩子正常的心理反应。让孩子带他熟悉的玩具、用品等入园，能够帮助孩子获得安全感，加快他们对环境的适应。因此，在初入幼儿园阶段，父母和老师应接纳孩子的行为，允许孩子带安抚物品以替代家长的陪伴，使他们获得安全感。但是，孩子带玩具入园也可能会引发孩子之间对玩具的争抢，幼儿园教师需要特别注意引导，以免发生问题。另外，长期带玩具上幼儿园，可能会导致孩子在幼儿园只跟自己的玩具玩耍，不能融入集体，从而影响孩子的人际交往和社会性发展。所以，在孩子慢慢熟悉幼儿园的生活后，教师应逐渐帮助孩子习惯不带玩具入园。例如，采取奖励机制。如果孩子不带玩具入园，便奖励一朵小红花。

对于适应不良而导致的过度恋物行为，教师和家长还可以从以下几个方面加以疏导。

熟悉整体的园内环境。幼儿园教师在孩子入园前，可邀请家长及孩子到园内参观，使孩子提前熟悉新的环境，并与孩子说说话，减少孩子入园后因环境及人员陌生而产生紧张、焦虑感。

创设温馨的人际环境。让孩子充分感受到关爱，使他们形成积极稳定的情绪情感。教师在与孩子相处的过程中，态度要和蔼可亲、自然，并且适当与孩子进行肢体接触，如经常轻轻拍拍、抱抱孩子，或者与孩子说说悄悄话、拉拉孩子的手、摸摸孩子的脑袋。让孩子感受到老师的温暖，让他们知道即使离开了父母亲的怀抱，他们也是安全的、被关爱的。从而帮助孩子和老师、孩子和新的学校形成新的、良好的依恋关系，消除孩子的紧张、焦虑，形成积极稳定的情绪。

合理安排每天的课程。组织有趣的游戏，引导孩子一起玩耍，让孩子从中感受快乐，减少面对新环境的不安；合理组织课程，防止孩子因为课程枯燥而想念家里的玩具。

# 问题 3：刚上小学的孩子整天慌慌张张、丢三落四

## 案 例

可可是小学一年级的学生。每天早上，妈妈都得重复叫好几遍“起床啦”，可可才会不情不愿地从床上爬起来。早餐准备好后，可可要么还在床上磨磨蹭蹭地穿衣服，要么又倒在床上睡着了。妈妈看不过去，每次都得帮可可穿好衣服、刷好牙，再催着他吃早餐。早餐之后，眼看时间就不够了，可可胡乱地把散落在沙发上的课本、铅笔等文具一股脑塞进书包，慌慌张张地就出了门。一路狂奔，总算在上课铃声响的最后一刻冲进了教室。用妈妈的话说，可可每天早上上学，就跟打仗一样。

课堂上，老师检查家庭作业，可可这才发现作业本没有带。下午活动课，老师让同学们拿出从家里带的小植物做展示，可可拍了拍脑门，哎呀，又忘了。晚上回家，爸爸监督可可写作业，可可把书包打开，唉，拿错书包了，不知把谁的书包背回来了……

## 原理分析

人的一生中有很多重大的转折，如婴儿从母亲体内分娩出来成为一个独立的个体、孩子从幼儿园进入小学进行学习、青少年从大学毕业走向社会、人自然衰老面对死亡等等。从幼儿园到小学，孩子的主要任务

由玩耍变成了学习，是人生的第二个重大转折点。这一转折对孩子的独立性、约束力、生活自理能力等提出了新要求。面对转折，孩子需具备一些必要能力和素养以迎接新的挑战。

像可可这样出现整天慌慌张张、丢三落四的情况，主要是因为幼小衔接过程中未做好充足的入学准备。入学准备是指从正规学校教育中获益所需的各种关键特征或基础条件，是儿童在进入小学时应当达到的发展水平即适应新学习环境和新任务要求的身心发展水平。儿童的入学准备直接影响其在学校的适应和表现。如果幼小衔接没做好，入学准备不充分，孩子会产生诸多不适应情况，如自尊水平和自信心低、人际交往不良、学习兴趣下降、厌学、情绪焦虑等等。

科学的入学准备包括五个方面的内容。（1）身体、作息时间的准备。儿童的身体健康状况、大脑发育水平决定了其注意力、思维力等各方面能力，进而会影响小学的认知学习。另外，儿童需要适应集中上课、课间休息的时间节奏，并具备基本的自理能力。（2）基本运动技能的准备。具有一定的平衡力、动作协调能力。（3）交流能力的准备，包括语言的表达和读写能力。言语发展水平直接决定了儿童能否理解老师所教的内容、准确表达自己的想法以及与同学和教师交流，进而影响儿童的认知学习和人际交往。（4）基本知识的准备。（5）情绪与社会性的准备。情绪和社会性水平影响着儿童和老师及同学互动、对他人情绪的觉察以及自我调节。

## 操作指导

做好入学准备需要家长、幼儿园、小学三方携手合作。但须注意的是，做好入学准备不等于提前让孩子“小学化”，并非让孩子提早学习识字、算数等小学知识，而是要重视儿童能力的培养和良好习惯的养成。

1. 调整孩子的作息时间，并培养孩子的时间观。调整作息时间。小学没有午睡的时间，家长应该慢慢减少直至取消午睡时间。小学上课比幼儿园早，因此需要晚上早点睡觉，早上找到让孩子按时起床的方法，逐步让孩子适应早睡早起的生活，养成按时起床、用餐、学习、就寝的习惯。

帮助儿童树立时间观。儿童的时间观要与日常具体事件联系起来，使其对时间有具体的感知。例如，先闭上眼睛，让儿童感受一分钟是多长时间，然后了解一分钟能做些什么事情，知道穿一件衣服、吃一顿饭大概需要几分钟等。有了基本的时间观，儿童便可由被动适应变为主动适应，不用大人催促也能按时吃饭、睡觉等，并且不磨蹭。

另外，由于小学课程每节为40分钟，因此，在幼儿园大班的时候，教师可适当延长儿童活动课程的时间，如延长至35分钟，让儿童在心理上、时间概念上做好准备。

2. 培养孩子的自理能力。年幼的儿童需要成人的悉心照料，但绝不需要成人事事代办。从孩子学前期开始，教师和家长应学会放手，并适当拒绝孩子的不当要求。鼓励儿童做力所能及的事情，对幼儿的尝试与努力给予肯定，不因做不好或做得慢而包办代替。指导幼儿学习和掌握生活自理的基本方法，如正确穿脱衣服、鞋袜及洗脸刷牙等，让孩子自己学会穿衣、洗漱、吃饭、如厕等事宜。

从幼儿园后期开始，试着让儿童自己整理学习物品，清楚地告诉孩子文具盒里应该装什么、书包里的书要如何整齐排放等，并且对孩子整理的情况及时给予评价和鼓励，逐渐培养孩子自己收拾和整理文具盒、书包等学习物品的能力。另外，教师还应引导孩子培养良好的行为习惯，如告诉孩子课堂活动期间保持注意力集中，在活动后喝水、上厕所等。有了良好的自理能力和行为习惯，孩子才能有条不紊地进入小学生活。自理能力和行为习惯可借助小歌谣来帮助儿童习得，如“我是小学生，书包自己清，每天看课表，用具都带好”“仔细听，认真想。别人说话，我不讲”，等等。

3. 培养学习兴趣和良好的学习习惯。教师和家长要帮助儿童培养学习兴趣和良好的学习习惯，而不是过早知识化、增加儿童的知识储备。如，提供丰富、适宜的儿童读物，和儿童一起看图书、讲故事，培养阅读兴趣和良好的阅读习惯。创设良好的学习环境，如给儿童准备专门的学习空间，使其不受干扰，养成专注学习的习惯。

# 问题4：刚上小学的孩子上课坐不住

## 案 例

阳阳进入一年级生活已经一个多月了。据班主任反映，阳阳在课堂上总是东张西望，容易开小差，无法集中注意力。上课时，阳阳不是找同桌说话，干扰他人学习，就是在座位上自顾自地玩笔或书包带子，教室外一点点风吹草动都能马上吸引他的注意力。尤其是下午的课或每节课快要结束的时候，阳阳更会坐立不安。老师提醒阳阳后，阳阳可以遵守一会儿纪律，但是通常没过多久他又分心了。语文老师还反映，有一次上课，阳阳甚至站了起来，在教室后面走一圈才又回到座位上。

爸爸妈妈非常担心阳阳不能适应小学阶段的学习。

## 原理分析

实际上，刚刚进入小学的孩子存在上课注意力不集中、开小差等问题，很可能是因为不了解纪律的性质，因注意力不稳定而分心或因疲劳而不能坚持。

刚刚进入小学的儿童没有规则意识。幼儿的行为主要依据的是外界对他们的要求。幼儿园的教育主要以抚育为主，老师对孩子没有严格的要求，也没有严格的课堂纪律，因此，刚上小学的孩子还不了解纪律的性质，不了解学校和班级的新规范，更不知道自己需要遵守规则。并且，进入小学之前，孩子每天的主要任务就是游戏和活动，刚入读小学的孩子还没有从幼儿园的状态转变过来，因此上课总想说话和做小动作。

孩子抑制干扰的能力不强。小学的学习有严格的教学计划和课程标准，并且所学知识有一定的难度。这就要求孩子在课堂上有一定的意志力抵抗干扰，以维持学习活动。从大约 4 岁起，随着神经系统结构的发展，皮质对皮下的控制和调节作用逐渐加强，但 6 至 7 岁儿童抑制机能的发展仍处于较低水平。刚入读小学的儿童还难以完成有过高抑制要求的任务，如难以长时间保持一种姿势或集中注意力于单调乏味的课业，并且长时间从事高抑制要求的任务还会引起神经活动的紊乱，导致疲劳。因此，刚上小学的孩子上课容易走神。另外，抑制控制的过程是需要付出意志努力的过程，是有点“痛苦”的过程，孩子不愿意付出努力就更容易上课走神。

孩子在课堂上坐不住还跟注意力的发展有关。人的注意可分为随意注意和不随意注意。前者指有预定目的、需要意志努力、主动进行的注意，后者指没有预定目的、不需要意志努力、不由自主地发生的注意。幼儿园阶段，孩子的随意注意开始发展，但主要还是以不随意注意为主。到了 5 至 7 岁，孩子的随意注意开始迅速发展，但该阶段的注意力比较集中的时间只能维持大约 15 分钟。因此，刚上小学的孩子容易走神、分心。

## 操作指导

面对新入学的孩子坐不住的问题，教师可以从以下几个方面入手。

首先，培养孩子的规则意识。年龄小的儿童出现违反纪律的行为，常常是由于不了解纪律的性质。因此，教师需要帮助孩子了解学校和班级的新规范，告诉孩子能做什么、不能做什么，如知道预备铃响要回到座位，上课不能做与课堂无关的事情，说话前要举手，被老师邀请后才可发言等等。并且，教师要及时检查孩子有没有遵守纪律。对孩子表现出的遵守规则的行为及时给予肯定，对违规行为给予纠正。通过外部的教育规范孩子的行为，一段时间后，孩子便可体会到纪律要求。最后，在教师的悉心引导下，低年级的儿童也可能自觉遵守纪律。

清除学习环境中的干扰因素，帮助儿童养成专注的学习习惯。儿童学习的书桌上不放置玩具、零食以及卡通书籍等干扰物。完成课堂任务和家庭作业的时候，告诉儿童一旦开始学习就要全身心投入、专心去做。尤其在完成家庭作业的时候，家长应给孩子提供一个固定的、安静的区域，不要打扰他，让他养成专心学习的习惯。

适当对孩子进行注意力的训练。通过训练，孩子的注意力在一定程度上可以得到提高，如要求孩子在某一任务上集中注意力一段时间。该任务可以是让孩子观察一种植物并描述出来，也可以是让孩子将混合在一起的不同颜色的豆子挑出来等等。

训练孩子静坐和倾听的习惯。静坐的时间可以从 20 分钟慢慢过渡到 40 分钟。静坐期间，可以让孩子看书、画画，也可以给孩子讲故事，让孩子习惯倾听。静坐能力的培养可以在幼儿园大班期间就开始，如开设手工操作课程，让孩子能坐住。静坐和倾听对适应小学课堂学习有很大帮助。

# 问题 5：小学生不喜欢上学

## 案 例

毛毛以前是个很喜欢上学的孩子。在幼儿园的时候，她很喜欢幼儿园的老师和同学，每天都开开心心地去上学，快快乐乐地回来。回家后，毛毛还总是滔滔不绝地跟妈妈讲幼儿园里发生的各种各样的有趣事情。

7 岁的时候，毛毛上小学了。虽然是完全陌生的环境，但是一切都很新鲜、很有趣，毛毛对新学校也十分喜爱。参加开学典礼，毛毛都是蹦蹦跳跳跑去的。但是，才过了一个多星期，毛毛却不愿意去上学了。早上总是找借口不想去，下午放学经常不怎么开心，回家后也不再没完没了地跟妈妈分享学校里的表现和活动了。妈妈与班主任沟通时，老师反映毛毛在学校不太爱学习，作业完成得不太好，并且也不太跟别的小朋友玩。妈妈问毛毛为什么，毛毛说，上小学没意思，老师批评她，同学不喜欢她，不想去上学了。

## 原理分析

每年刚开学的时候，一个班中总有一个或几个学生不适应小学生活：他们有的会焦虑、哭闹，不愿意去学校；有的很难进入学习状态，总游离于课堂之外；有的甚至连性情都发生改变，变得胆小、烦躁或攻击行为增多……孩子不适应小学生活，原因可能是多方面的。

儿童面对全新且陌生的环境容易产生消极情绪。在人际和社会结构上，离开了原来熟悉的小伙伴以及悉心照顾他们的“第二妈妈”，面对陌生的同学以及对他们有严格要求的权威的小学老师，新入学的孩子难免会感到紧张，感觉有一定的压力。并且，儿童需要重新建立新的人际关系、结交新的朋友，有些孩子不知道如何与人交往，对此不知所措，从而产生消极情感体验。

学习生活的变化对幼儿园升小学过渡期的儿童具有挑战性。进入小学，意味着儿童正式开始了系统的知识和行为规范的学习。在学习方式上，小学更多关注知识的传授，上课时间明显延长，课程数量显著增加，并额外增加了家庭作业。玩闹、娱乐的时间大大减少，导致儿童对上学产生抵触情绪。并且，学习环境由原来自由、活泼、游戏式的环境变成由教师主导的分学科教学，学习过程中需要较长时间的意志努力，因此，儿童容易产生畏难情绪。进入小学后，家长和老师对儿童学业上的成就寄寓了很大的期望，给儿童带来一定的压力。此外，小学新生思维以形象思维为主，然而小学阶段学习内容主要以文字、图表、算式等较为抽象的方式呈现，学习难度加大。一些儿童学习准备不充分，没有形成良好的学习习惯，在学习上难免会遇到困难。这很容易使刚入学的孩子产生畏难情绪以及挫败感，从而使他们对学习失去兴趣，不想上学。

另外，由于小学有很多规则要遵守，儿童需求得到满足的程度大大降低。很多原来在幼儿园会受到表扬的行为，到了小学就不再重视了，许多在幼儿园被认为是理所当然的个人要求，只有在不与学校规章制度和班集体活动产生冲突的前提下才可能被接受。孩子入小学后，必须学会正确地认识自己，遵守规则，融入集体，逐渐被理性和规则控制。

## 操作指导

为了帮助孩子尽快适应小学学习和生活，老师和家长除了帮助孩子在幼小衔接阶段做好准备之外，还需要注意以下几点。

对于家长，入学之前让儿童知道自己即将步入一个全新的学习阶段。在新校园里将会认识新的伙伴和老师，学习更广博的知识，让儿童对未来的学习生活有一定的了解，消除儿童对未知事物的恐惧，以及面对新环境的紧张感。入学后，家长应多与孩子进行沟通，询问孩子面临哪些方面的困难和困惑，及时对孩子进行指导和帮助。并且，及时调整对孩子学习方面的期望值。太严格的要求或太高的期望会给孩子造成很大的压力，不利于儿童适应和成长。入学之初，家长应给孩子提供一个较为宽松的学习氛围，让他们保持轻松、愉快的情绪状态。

而对于教师，几乎每个刚刚跨进小学校门的孩子都对他们充满了特殊的崇拜和敬畏之情。教师对孩子提出的要求比父母的话更有威力，教师对孩子的态度直接影响儿童对学校的态度。因此教师应发挥主导作用，关爱学生，努力与学生形成良好的关系，帮助他们较快地适应小学生活。教师可以从以下方面入手：

1. 培养孩子独立的意识。上小学意味着孩子开始了自己真正的社会化进程。教师可通过讲故事、看绘本、组织活动等形式让孩子感受到自己长大了，增强长大的自豪感。上小学就是长大的表现，向独立迈进了一步，让孩子多一份成长的骄傲，让孩子有动力上学。

2. 积极关注孩子的情绪波动。在开学初的新鲜劲退却后，面对学业、人际交往等方面的压力，孩子容易出现情绪波动。因此，要关注孩子的情绪波动，及时发现问题并解决。

3. 引导孩子形成良好的同伴关系。良好的同伴关系对促进孩子适应学校具有重要作用。初入小学的孩子还没有形成班集体概念，同学之间很少相互关心，教师应当引导孩子相互交往、相互关心、相互帮助，使孩子获得来自同伴的支持。

4. 看到孩子的优点，鼓励孩子的进步。刚进入一年级的孩子常常在学业和生活上遇到挫折，尤其需要老师的鼓励，让他们有信心克服困难，继续努力学习。而当孩子有进步的时候，教师表现出由衷的高兴并及时表扬和强化，孩子会更容易适应新环境。

# 问题 6：自从家里添了新成员，孩子常常捣乱

## 案 例

轩轩以前是个听话、乖巧的好学生。他很活泼，有礼貌，学习成绩也不错。但是，最近班主任发现轩轩与以前有些不同了。最近一年多，轩轩经常不好好听课，总是讲话、捣乱；不认真完成作业，敷衍了事，字迹马虎潦草，学习成绩也一落千丈。上学期的期末考试，轩轩数学只考了 20 分。另外，轩轩的脾气也变得很暴躁，前几天还跟其他同学打了架，老师及时向家长反馈情况并询问原因。

轩轩家长说，最近一年家里添了个新成员，轩轩多了一个小妹妹。由于妹妹很小，爸爸、妈妈每天基本上都在照顾妹妹，很少有精力再来管轩轩。轩轩家长也发现，自从妹妹出生后，轩轩在家里也变得很不听话，而且一点点小事就容易让轩轩大发脾气。轩轩家长说，没想到稍没注意管教孩子，孩子就这么不听话了。

## 原理分析

随着“二孩时代”的到来，很多家庭开始有了二宝。很多父母以为，有了二宝之后家里就更热闹了，而且大宝也不会一直孤单，有人跟他一起玩了。但是，没想到随着二宝的到来，大宝会出现各种情绪和行

为问题。

从本能的角度来说，孩子都渴望父母的爱，害怕失去父母的关注。研究发现，即使是只有三个月大的婴儿，在观察到母亲和其他婴儿互动的时候，都会表现出明显的不安。因此，孩子知道自己有弟弟妹妹后，会本能地担心父母不再爱自己。尤其在弟弟妹妹出生之前，孩子一直是家里的核心，而当家里有了弟弟妹妹后，父母将大量的精力放在照顾弟弟妹妹上，或多或少地忽略了大孩子。这时，孩子得到的关爱不足，感觉自己被抛弃、被遗忘，担心父母将爱全部给弟弟妹妹，不再爱自己了。另外，在日常生活中被过度溺爱的孩子往往比较自我，他们认为自己应该得到父母全部的关爱，不愿意与他人分享，难以接受被忽略的情况。因此，孩子会通过做一些“出格”的事情以获得父母的关注。

另外，导致孩子行为问题的另一个可能原因是父母偏心。当一个家庭有多个孩子的时候，家长往往将较多的精力放在较小的孩子身上，有时还会不分对错地要大孩子让着小孩子，做不到一碗水端平，但父母还常常难以觉察。父母的偏心会影响孩子的心理健康，甚至会引发儿童、青少年乃至成年后的行为问题。孩子在 2 岁的时候就有公平感的体验，且非常敏感。一旦父母偏心使孩子受到不公平的对待，孩子会觉察到本该属于自己的物质和情感资源被人夺走，从而产生不公平感，因此产生失落、沮丧还有愤怒的情绪体验。长期受到不公平对待甚至还会使个别个体形成反社会人格，频频表现出各种反社会行为。

## 操作指导

解决孩子遇到的以上问题，需要家长和老师共同努力。

家长应该给予孩子稳定的、一致的爱。首先，家长应敏感地觉察孩子的行为和心理需求，及时做出温暖的回应。必须让孩子知道，他永远是独一无二的，任何人都不能替代他在父母心中的地位。一旦感受到父母无条件的爱，孩子企图通过捣乱的方式获得他人关注的动机就会消除。其次，父母应一视同仁地对待所有孩子，不厚此薄彼，让孩子充分感受到来自父母的同等关爱。不拿孩子作对比，接受孩子本来的样子，让他们感受到自己独特的价值。最后，对所有孩子采取一致的教育方式，家庭内部有分明的奖励和惩罚。当孩子间产生冲突时，先了解事情前因后果，再秉公办理，而不是一味地要求大孩子让着小孩子。

教师则应该给学生以积极关注，让他们感受到老师的温暖、关爱。教师与学生建立良好的关系具有重要意义，是老师引导和教育学生的前提和基础。对于学生企图通过捣乱的方式获得他人注意的行为，教师应及时指出，耐心说理，并适当采取“冷处理”的方式，不对孩子的不当行为给予过分关注。

总而言之，家长和老师应该多关注孩子的进步，并及时给予表扬和鼓励，以塑造孩子良好的行为规范。面对孩子的情绪和行为问题，不应该说“如果再不听话我就不喜欢你了”“再不听话我就不要你了”这样的话吓唬他们。家长和老师对孩子的肯定，对促进亲子、师生关系具有很大帮助。而这种良好的关系恰恰又是孩子愿意接受教育和引导的基础。

# 问题 7：进入新学校的学生比较孤立

## 案例

小敏和小江是二年级新转入的两个同学。

小敏是个内向、害羞、很少说话的孩子。面对新的环境和新的同学，小敏不知所措，总是紧张不安、提心吊胆。无论是课上还是课下，没有了熟悉的好友的陪伴，小敏经常自己一个人待在角落里，自己玩自己的。小敏从不主动参与新同学的集体活动，只有偶尔同学邀请之后，她才选择加入。但与同学们一起活动时，她也经常不知道如何跟同学交流，很少对同学做出回应。

而小江则是个傲气十足还有点霸道的孩子。与同学们在一起时，小江常常趾高气扬，喜欢指手画脚。一起玩游戏时，也经常不守规则、不跟其他同学合作，想怎样玩就怎样玩，有时甚至还会干扰其他同学。如果同学不接受他的意见或行为，他会大发脾气，弄得同学们对他敬而远之。开学一个月了，也没人愿意和小江做朋友。

## 原理分析

同伴交往是儿童形成和发展个性特点、社会行为、价值观和态度的一种独特而主要的方式。良好的同伴关系可以满足儿童对归属和爱的需要，是儿童情感支持的重要源泉。但每年开学的第一学期，或者有新学生转入班级时，总会有部分进入新环境的学生显得格格不入。是什么导致进入新学校的学生不合群呢？

进入新的学校后，老师、同学、学习规范甚至纪律规范都与以前不同，这些会使新入学的学生感到紧张、焦虑、不安。根据马斯洛的需要层次理论，人有五种基本的需要，其中包括安全的需要、归属和爱的需要。安全的需要是指人们追求稳定、安全，免除恐惧和焦虑的需要，而归属和爱的需要指个体与他人建立情感的联系或关联，如结交朋友、参加团体等需要。较高层次的需要以低层次需要满足为基础。进入新的学校后，对学生而言一切都是陌生的，此时学生低层次的安全需要受到威胁。在低级的安全需要还未满足的前提下，部分学生，尤其是性格比较怯懦、敏感的学生，不会主动追寻更高层次的归属和爱的需要的满足，即不会主动寻求与他人交往。尤其是那些中途转学进来的学生，突然地进入一个其他人都已经相互很熟悉的环境中，往往会觉得自己是个局外人，抵触与他人交往。

学生进入新学校比较孤立也跟缺乏有效的人际交往技能有关。在幼儿园阶段，只要在一起玩就是好朋友，而到了小学、初中乃至高中，朋友交往变得复杂起来。有的学生人际交往能力比较低，离开了原先熟悉的朋友圈子后，不知道如何在新的群体中认识自己、悦纳他人。而有的学生从小在家养尊处优、自我中心，不懂得如何与他人相处，使得他们在同学中不受欢迎，常被排斥，交不到新朋友。

另外，比较孤立也与学生的性格有关。有的学生胆小怯懦，对外在的世界不敢一一尝试，较少尝试进入群体，也较少让别人注意自己。这些胆小怯懦的学生在人际交往中更易产生负面的感受，再加上面对的是全新的环境，对人际交往越发害怕和抵触。而另一些学生，亲社会水平低，狂妄自大，经常用武力挑衅他人，导致被同伴拒绝，从而被孤立。

## 操作指导

人际适应是儿童学校适应的一个重要表现，而良好的人际关系又会调节儿童在学校的适应情况。良好的同伴关系可以提高个体的自尊感、安全感，使孩子敢于探索新环境，加入新群体。面对进入新学校引起的人际不适应，教师可以从以下几个方面开展工作。

关注学生的情绪和行为，对学生可能存在的不良情绪进行积极疏导。积极关怀学生，帮助学生了解、熟悉新环境，减轻学生的焦虑、不安情绪。例如，在开学的前一周，向学生介绍校园，带学生参观校园，使学生熟悉新环境。

鼓励学生积极主动地与同伴交往，并为学生创造促进交往的环境。如鼓励学生参加同学之间的游戏，鼓励学生与他人交流和分享，鼓励学生主动邀请别人跟自己玩。另外，教师还可以定期开展主题班会以及多种形式的集体活动，为学生创造加入群体、进行人际交往的良好环境，以增加人际交往的频率。对于胆小、怯懦的学生，教师还可以鼓励其他同学主动与他们接触，使他们体验到成功的社交经历，进而萌生积极交往的意愿。当胆小怯懦的学生与他人交往时，教师还应强化表扬，强化学生的社交行为。

进行社交技能训练，改进学生的人际关系。我国研究者发现，行为训练法、认知训练法以及情感训练法都可提高 6 岁左右儿童的同伴交往能力。对于被拒绝儿童（不被同学喜欢、被他人排斥的儿童），应该采用认知训练法帮助其改善人际交往。例如，创设关于人际关系问题的情境，引导儿童主动思考解决问题的方法，并由教师给予补充修正。再通过角色扮演法，使儿童对人际交往的情境和技能有感性、具体的认识。对于被忽视型儿童（很少受到同伴关注的儿童），采用行为训练的方法。例如，先让儿童观察学习他人在游戏中的亲社会行为，然后让儿童模仿观察过的受欢迎的行为，最后组织合作性游戏，促使儿童表现出观察学习过的亲社会行为，并在必要的时候给予纠正和强化。随着年级的增加，训练方法应逐渐向认知训练法转变。

## 问题 8：青春期的学生如何解除生理变化带来的困扰？

### 案例

林老师是七年（3）班的班主任。他最近发现班上的同学体形、声音等发生了很大变化。同学们对这些变化充满了好奇。有的同学开始讨论这些变化；有的同学拿另外一些同学的生理发育特点开玩笑，甚至给别人起外号。例如，宋丽丽原本是个快乐的女孩，可最近她的脸上长了一些小痘痘，同学们就背地里嘲笑她。宋丽丽知道后很不开心。而且她最近又没选上学校运动会的花束队员。她想一定是长痘痘的原因。为此，她走路总低着头，人也变得自卑起来。

林老师感到很困惑，为什么学生进入中学后会如此关注生理变化，该如何帮助学生解除生理变化带来的困扰呢？

### 原理分析

中学生处于青少年期。青少年期（第二反抗期、心理断乳期）是童年向成年过渡的时期，其过渡主要体现在生理和心理两个方面。生理上，青少年的身体外形变化明显（身高的增长、体重的增长、第二性征出现）、体内机能增强、性开始发育和成熟。心理上，青少年呈现半成熟、半幼稚的状态。成熟性体现在他们渴望社会、学校和家长给予他们成人式的信任和尊重。幼稚性主要表现在认知能力、思维方式及人格特点上。他们的认知能力和思维水平较低，处理问题具有片面性和表面性。他们同时缺乏成人那种深刻而稳定的情绪体验，缺乏承受压力、克服困难的意志力。

生理和心理的急剧变化导致青少年容易出现归因偏差。归因是人们对自己或他人行为结果的原因知觉或推断，是对“为什么”的回答。在学校情境中，处于青春期的学生经常提出诸如此类的归因问题，如：我为什么成功（或失败）？为什么我长得不如人家漂亮？为什么我不能担任啦啦队队长？但由于青少年的认知能力和思维水平较低，理解问题不够全面，会使他们做出错误的归因。例如，青春期的学生十分在意自己的体态和容貌，总是觉得别人用挑剔的态度对待他们。当其生理发生变化时，会较为在意他人的眼光。出现失败的体验时，较频繁地将失败的原因归结于生理特点。这会进一步强化青少年对自己生理特点的关注，忽略问题产生的本质原因，陷入“关注—归因—关注”的循环中。根据韦纳的归因理论，如果个体将失败归因于外在、不可控的因素，如生理特点，就会趋于自我保护和防御，缺乏正视现实和挫折的勇气，不利于自我认识和反省。

## 操作指导

1. 引导学生悦纳自己的生理变化。学校可通过开展有趣味性的心理健康课程或者心理健康专题教育讲座，传播关于青春期生理变化的知识，引导青春期的学生正确认识与悦纳自我的生理变化。譬如，让学生填写生理变化表，引导学生认识青春期是生理变化的加剧期，出现一系列生理变化是必然的、正常的，应正确认识并坦然接受。另外，教师与家长应通力合作，向学生传授必要的生理卫生知识。例如，青春痘的防治。青春痘是由皮脂腺和毛孔堵塞引起的，预防青春痘的方法有：常用温水洗脸，保持皮肤的干爽和整洁；尽量少吃对皮肤有刺激的食品；尽量不熬夜，保证睡眠充足；保持情绪稳定，心情愉快。

2. 引导学生正确归因。个体对成功或者失败的归因会影响到他对今后行为的认知。青少年的心理处于半成熟半幼稚的状态，需要教师加以引导，帮助学生正确归因：

（1）引导学生学会全面归因。首先教师要指导学生对自己的情况做出全面分析，引导他们对较易控制的不稳定因素，如个人努力等诸因素进行全面归因。然后让学生填写归因量表，并对几种主要因素所起的作用进行程度评定，最后进行统计分析，找出主要原因，采取措施，对症下药。

（2）引导学生学会积极归因。取得成功时，可归功于"自己的努力"这一不稳定的但可控制的因素，这样会促使学生继续努力并进一步获取成功；还可归因于自己的能力，从而使学生产生一定的满意感，增强学习的信心。但应该注意不能过分肯定，因为此归因属于内部的稳定的、不可控制的因素，一旦过度易使学生产生自负、骄傲情绪。除此之外，还要考虑取得成功是不是由于任务容易或运气好。因为这些都属于外部因素且不可控制，要提醒学生不可骄傲自满，要更加努力，使自己的潜力充分发挥出来。

（3）对学生归因进行及时强化或矫正。当学生做出积极归因时，要及时加以肯定，给予阳性强化。当学生做出消极归因时，要帮助学生及时加以矫正，使学生形成正确积极的归因倾向。

3. 引导学生加强自我，提高水平。教师要引导学生认识人的美包括外在美和内在美，即青春期的学生不仅要注意仪表，追求外在美，更重要的是提高文化素质，加强品德修养，培育美的心灵，使自己颇具魅力。教师可通过游戏"戴高帽——夸夸我的小伙伴"来实现该目标。6—8 个学生围成一圈，请一位学生坐中央，其他人轮流说出他（她）的优点或者令人欣赏之处（性格、相貌、学习等）。该游戏能让学生对自己和他人有更深入的认识，发现自己和他人的优点，同时也意识到自己还有哪些不足需要改进。

# 问题 9：学生难以适应寄宿生活

## 案 例

小雯是独生女，家里衣食无忧，她从小什么家务活都不会干。最近开始初中寄宿生活的她遇到了不少难题。首先，学校定时断水断电、排队洗澡等规矩让小雯有很强的不适感，她非常想念在家时以她为中心的生活。她也为此经常半夜哭泣，辗转难眠。小雯与舍友的关系也不好。她总是认为自己是正确的，不容许舍友有不同的观点。舍友因此形成了除她以外的小团体。陌生的生活环境和紧张的人际关系，使小雯无法控制好自己的情绪。最近的她敏感多疑，容易冲动。

李老师得知小雯的情况后，与家长联系，并了解到班上不适应寄宿生活的同学不在少数。于是，李老师开展了“适应新环境”的心理健康教育活动。他还针对情况较严重的学生进行一对一心理辅导，希望学生能够更好地适应寄宿生活，体验丰富多彩的初中三年。

## 原理分析

中学生正处于人生发展的“心理断乳期”，身心发展与环境变化的双重压力使学生的社会适应能力面临前所未有的挑战。下面将从内部与外部两个角度分析学生为何难以适应寄宿生活。

从内因的角度看，中学生的心理尚未发展成熟，其自我认知能力、人际交往能力以及情绪管理能力是影响他们适应寄宿生活的重要因素。中学生的自我意识处于分化且矛盾的阶段，存在片面性和不稳定性。而个体只有正确认识自我、评价自我、接受自我，形成良好的自我意识，才能更积极地发展自我和完善自我，更好地处理与周围人的关系。此外，良好的同伴关系是适应宿舍生活的重要支撑。但是，中学生处于自我中心意识迅速发展的时期，尚未形成正确的交往观念和有效的交往技巧，同伴关系常常存在矛盾和冲突。最后，情绪的稳定性是适应宿舍生活的保障。然而，中学生的情绪具有两极性和矛盾性的双重特点，自我调节能力有限。

从外因的角度看，家庭教育是影响学生适应能力的重要因素。早期与父母建立安全依恋关系或在民主型家庭教养方式下成长的中学生会表现出更强的社交能力，更容易接纳同伴，拥有更好的人际关系。而那些被过度保护或溺爱的学生，容易出现强烈的自我中心意识，缺乏基本的自理能力，难以适应寄宿生活。

## 操作指导

学生适应宿舍生活的能力主要受自我意识、人际发展、情绪管理以及家庭教育等四个方面的影响。心理健康教育老师，可通过以下途径帮助学生尽快适应学校的寄宿生活：

1. 培养自我意识。自我意识由自我认知、自我体验和自我调节三个子系统构成。教师可据此帮助学生提高适应能力。首先，通过学生之间互相“画像”的环节让学生认识别人眼中的自我，或是举行“优缺点大轰炸”的游戏引导学生学会自我欣赏和自我反省。其次，根据中学生的心理特点，导入典型案例让学生以小组为单位进行分享和交流，从而获得积极的评价与体验，提升自我效能感。最后，由于中学生自制能力较薄弱，教师可以以宿舍为单位开展“今日我当家”的活动，促使学生提高自律能力。

2. 促进人际发展。首先，教师可采取“大风吹”“滚雪球”“打开千千结”等暖身游戏营造融洽的气氛，增加学生之间的熟悉度和信任感。其次，以“你说我画”“信任之旅”“角色扮演”等活动让学生享受交流沟通的乐趣，体会合作和包容在人际交往中的重要性，了解换位思考的必要性，培养学生的沟通能力。最后，教师应留给学生充足的时间讨论，由学生总结他们在游戏过程中的感受、心得以及收获，使他们真正掌握人际交往的技巧，与同伴和谐相处。

3. 做好情绪管理。首先，教师可通过角色扮演法帮助学生提高情绪管理能力。具体操作如下：设置宿舍生活中常发生的冲突情境，让学生互换角色体验对方的情绪状态。这样可以使学生认识积极情绪和消极情绪的不同影响，体会到自身情绪对他人的影响，并认识到只有学会站在对方的角度思考问题，感受别人的情绪，才可以真正做好自我情绪管理，从而有效提升适应宿舍生活的能力。此外，可对全体学生进行相关的情绪状态测试，针对个别学生出现的严重适应不良问题，辅导教师进行一对一的沟通交流，引导学生走出心理困境。但该方法不主张教导学生，需要教师具备共情能力，维护学生的心理健康。

4. 重视家庭教育。父母是孩子的第一任教师，家庭教育是一切教育的基础。因此，教师不仅需要与学生建立良好的关系，还要定时开展知识讲座，更新家长的家庭教育理念。与家长进行有效的沟通，使家校教育产生合力。

# 问题 10：学生不适应中学老师的教学方式

## 案 例

小勇是一名内向的初一新生。几乎所有的科任老师都反映小勇上课注意力不集中、眼神涣散，还会在课堂上打瞌睡。小勇自述是因为对新老师的讲课方式不习惯，无法集中精神。他已经尝试改变，逼自己上课认真听讲，但听天书一般的体验让他很快败下阵来。短短两个月里，在不断的"尝试—失败—尝试—失败"之后，小勇失去了信心。

班主任让小勇找心理老师寻求帮助。在与心理老师的交谈中，小勇轻描淡写地说："刚升上初中时，几乎每门课程都不适应。现在已经慢慢适应了英语，并且已经取得了一定的进步。"当心理老师耐心地询问他英语取得进步的原因时，小勇含糊其辞地说："没什么方法啊，就是硬着头皮死撑了。"

心理老师告诉小勇，"死撑"也是一种方法，因为克服困难就是不断战胜自己的过程。与小勇交谈过程中，老师不断地肯定小勇为了进步所做出的努力，并且引导小勇明白，实现学习目标不仅要坚持不懈，还要掌握高效的学习策略。经过两个月的学习心理辅导，小勇逐渐适应了老师的教学方式，找到了学习方法，提高了学习成绩。

## 原理分析

进入中学后，学生不适应教师教学方式的主要原因如下：

1. 教师教学方式转变。小学教师多以直观教学为主，授课方式较生动形象。在教学过程中，小学教师重视与学生的交流和互动，课堂知识容量较小，学生动手操作、练习的时间较多。然而，升入初中后，老师上课的形式不再那么多样，课堂知识量变多，教学进度变快，课堂上留给学生练习的时间越来越少。

2. 学习任务加重。一方面，小学阶段的学习科目少，学习任务较轻；但进入中学后，学习科目变多，难度增大。另一方面，中学的常识性学科内容减少，而抽象的学科内容和反映客观事物规律性的知识增多。这对于刚进中学的学生来说，既新鲜又有一定难度。

3. 对元学习水平的要求提高，从小学的“要我学”到中学的“我要学”。元学习是学生计划、执行、监控及评价自身学习活动的能力。元学习能够促进学生变成高效、独立的学习者。小学阶段，学生侧重于模仿，没有养成归纳总结的习惯。只要上课认真听讲，课后认真完成作业，考试时都可能取得不错的成绩，并且学生们的成绩相差不大。中学对学生的元学习水平和理解能力有了更高的要求，要求学生自己学习如何总结规律，并且在掌握的基础上举一反三、灵活应用，而不仅是套用概念、公式等，还要在学习过程中总结适合自己的方法，提高自主学习能力。

## 操作指导

1. 引导和培养学生的自主学习能力。

(1) 学会课前预习。例如，教师可引导学生通过预习了解本章节的重难点，标记有疑问的地方，带着问题听课，有目的地接受知识。

(2) 学会课后复习。首先，教师可以通过讲解艾宾浩斯遗忘曲线，让学生了解遗忘的规律是先快后慢，使其理解课后复习的重要性。其次，教师应告知学生如何有效地进行课后复习。这里要重点强调知识迁移，告诉学生复习不是简单的知识识记，而是构建知识体系的过程，学生要学会概括旧知识、总结新知识。

（3）善于运用元学习的计划、监控和反思策略。首先，引导学生制定学习目标和学习计划。计划可以是长期的，也可以是短期的；可以是详细的，也可以是简明扼要的。只要具体且切实可行，都是可取的。其次，引导学生对学习活动进行监控。可通过自我监控、伙伴监控和教师监控等方式对自己的学习情况进行监督，以保证学习计划的实施。并在这个过程中，发现自己的不足，及时调整学习方法，提高学习效率。最后，引导学生反思自身的学习情况，对学习计划实施过程中的优缺点和需要改进的地方进行反思，不断完善学习方法。

2. 积极开展心理健康教育工作。

（1）开展朋辈引领活动。邀请毕业的优秀学生回母校给初一新生分享自己的经验。比如，做好初中三年的规划、总结学习方法等。

（2）开展团体心理辅导。针对学习适应的问题，进行初一新生心理适应能力训练。开展“学霸来了”“克服考试焦虑”等学习策略的指导活动。这些活动可以使学生逐渐适应初中学习特点，掌握初中学习的技巧和策略，做学习的管理者。

（3）开展家校合作，与家长一起帮助学生适应中学的学习生活。可以开设“小升初家长信箱”，讨论家长们共同关心的话题。例如，家长应如何帮助孩子适应初中学习等。

# 问题 11：中学生如何平衡兴趣与学习

## 案 例

把握时间是有效学习的关键。虽然进入了中学，但学生对于如何科学分配时间还不明确，对于如何处理兴趣与学习之间的时间冲突还不清楚。

初一的徐阳同学擅长打篮球，是学校篮球队的队员。他曾和队员一起参加比赛，取得了省第一名的好成绩。自此以后，徐阳对篮球的兴趣大增，并花大量的时间练球。近期，任课教师向徐阳的班主任谢老师反映徐阳上课不认真听讲，经常睡觉，偶尔还会旷课，课后作业很少按时完成，成绩已经从中等下滑到了中下等。徐阳的父母也注意到了他的成绩变化，不再支持他打篮球。徐阳自己也很苦恼，他既想要有充足的时间做自己感兴趣的事情，因为打篮球让他感到快乐、有成就感，又想要保持自己的学习成绩。

谢老师根据任课教师和家长的反映，以及自己对徐阳的观察了解，决定找徐阳谈谈时间管理的问题。

## 原理分析

《中小学心理健康教育指导纲要（2012 年修订）》指出，要促进学生的心理素质和德智体美全面协调发展。其中，小学中年级教育内容包括：增强时间管理意识，帮助学生正确处理学习与兴趣、娱乐之间的矛盾。到了中学，要求学生适应中学阶段的学习环境和学习要求，培养正确的学习观念，增强学习能力，改善学习方法，提高学习效率。中学生未能平衡好学习与兴趣、娱乐之间的矛盾，主要影响因素有：

1. 中学生的心理特点。中学生处于半幼稚、半成熟以及半独立、半依赖的心理状态。埃里克森认为，人要经历八个阶段的心理演变，每个阶段都有相应的任务需要完成。中学生处于第五阶段，面临自我同一性和角色混乱的冲突。该阶段学生需要组织自己的动机、能力、信仰及活动经验以形成有关自我的一致性形象。中学生的主要任务是学习，刚进入中学的学生处于两个阶段的过渡期，还不能较好地进行角色转换。

2. 中学生的时间管理特点。从小学到中学，学生的学习任务逐渐加重，难度逐渐加大，同时学生的兴趣范围扩大，除学习之外还有很多的事想做。时间有限的矛盾进一步扩大，需要学生具备良好的时间协调能力。然而，中学生的时间管理存在以下问题：

（1）缺乏时间管理的意识。大部分学生能够意识到时间的重要性，但他们认为跟着教师教学计划走，按时完成作业即可，没有必要自己做出时间规划。并且，很多学生的课外时间被家长安排了各种辅导班，自主时间很少。

（2）缺乏时间管理的方法。很多学生具有规划时间、安排学习和娱乐的意识。但是，他们常常因为缺乏方法指导而安排不合理，最终学习成效没有提升。

（3）缺乏时间管理的意志力。合理计划不是目的，切实地落实计划、高效地利用时间、真正提升自己才是时间管理的最终目的。很多学生不能坚持计划、适时地调整计划，最终学习效果也不理想。

## 操作指导

对于中学生学习与兴趣爱好不能很好地平衡的情况，教师在心理健康教育过程中应注意：

1. 帮助学生顺利完成心理过渡。由于客观的学习环境、学习内容、学习难度以及学习方式等都发生了变化，学生的心理也有很大改变。教师要对学生进行有针对性的适应性辅导，如学习辅导和休闲辅导等。学习辅导包括学习动机和学习策略辅导。还可以通过开设休闲辅导课程，帮助学生树立正确的休闲娱乐观念，合理安排休闲时间，兼顾学习与兴趣爱好。

此外，要密切联系家长，共同实施心理健康教育。学校要帮助家长了解青春期学生的身心发展特点，以及学生在学习方面面临的任务，以树立正确的教育观。可以组织一些亲子活动，增进家长与孩子之间的沟通交流，增进彼此间的理解。开展家长小课堂、小讲堂，增进家校、家庭之间的交流，相互协助，共同解决学生在成长过程中的心理和行为问题。

2. 引导学生加强时间管理。

（1）让学生明确时间的特性、意义和重要性。时间的有限性是进行时间管理的前提，通过体验的方式激发学生的兴趣，引导学生感受时间的特性。例如，让学生观看《死神的账单》，唤起学生对时间飞快流逝的情绪体验，进而讨论总结出时间的有限性特点，认识到时间管理的必要性。

（2）让学生检查时间利用过程中存在的问题。发现问题才能有针对性地解决问题，对时间利用情况进行分析，让学生认识到时间管理中存在的漏洞，进而讨论时间管理的方法。例如，设计“谁动了我的时间?”活动，让学生们互相查看“时间日志”，找出浪费时间的情况。

（3）传授时间管理的方法和技能。只有掌握恰当的时间管理方法，明确目标、分清重点、制定计划，学习才能事半功倍。例如，利用小组讨论的形式让学生发现计划制定中存在的问题，然后引出目标制定的“SMART”原则，即具体、可衡量、可达到和相关原则。也可以利用常见的学习和生活时间冲突问题，引导学生思考应该先做什么后做什么，引出时间管理的“四象限原则”，即把事情分为重要紧急、重要不紧急、紧急不重要、不紧急不重要四个等级。

（4）制定并落实合理的时间管理计划。引导学生学以致用，用所学的方法解决出现的时间管理问题，制定出适合自己的时间管理计划。在落实计划的过程中，鼓励学生监控计划的实施情况。家长和教师也应相互沟通，共同督促学生合理利用时间，平衡好学习与娱乐之间的关系。

# 问题 12：孩子面临很大的竞争压力

## 案例

梦梦的父母踏入女儿班主任的办公室内，班主任李老师将梦梦最近在学校里的异常情况反馈给他们。

原来，刚步入初二的梦梦平时成绩十分优异，但是她最近上课精神恍惚，下课的时候也不再和同学们一起休息，总是独自在座位上做练习不敢松懈。她无法忍受其他同学下课嬉闹的行为，认为他们的行为使她无法安心看书。李老师在与梦梦父母的交谈中了解到，初二繁重的课业和老师的期待让梦梦倍感压力沉重。即使平常成绩名列前茅，她还是担心自己学习成绩被其他同学超过。为此她经常失眠，影响了上课的效率，感到焦虑和苦恼。而且父母对梦梦的管教一直很严格，常常拿她跟其他同学作比较，使她从小就争强好胜。

班主任了解了梦梦的情况后，与其父母共同协商解决对策。数月之后，梦梦的学习和生活又重新步入了正轨。

## 原理分析

《2014 年中国基础教育白皮书》的调查结果表明，现阶段我国中学生的压力普遍存在，绝大多数的学生都能感受到来自学习竞争的压力。学生竞争压力大的原因源自他们自身、他们的家庭环境以及社会环境等。

首先，成就目标的取向会影响孩子的竞争压力。心理学家德韦克提出了学习目标定向理论与成绩目标定向理论。具有学习目标定向的个体倾向于把成就情景看成提升个体能力的机会，他们把对任务的掌握与自身能力的发展视为追求的目标。而持有成绩目标定向的个体倾向于把成就情景看成是对自身能力的一种检验与测量，强调如何获得高成就以证明自身的胜任力，他们通常会避免低能评价。如果学生持有成绩目标定向，那么他们会感受到更多的竞争压力。

其次，父母的教养方式会影响孩子的竞争压力。专制型父母对孩子的教育很严厉，过分严格。他们信奉“棍棒之下出孝子”的信条，对孩子的行为控制很严。如果这些父母对孩子的学习要求很高，会给孩子造成很大的竞争压力。

最后，社会环境，如学校和教师对学生学习成绩的过度关注也是造成孩子学习竞争压力过大的重要因素。当前学校教育对标准化考试过度重视，老师过分关注学生的学习成绩容易增加学生的竞争压力。而教师对学生成绩的期待过高也会在无形之中给学生压力，让他们拥有担心自己落后于他人的想法，给他们造成竞争压力。

## 操作指导

1. 引导学生以合理的态度看待同学之间的竞争关系。教师应引导学生形成正确、恰当的学习动机。当遇到成就情景时，帮助学生从“我对任务的掌握程度是不是提高了”“我的能力是不是提升了”等方面进行梳理，引导学生形成学习目标定向的学习动机。对于具有正确学习动机的学生，教师应适当增强他们的自我效能感，强化他们正确的学习动机。例如，引导学生“回忆成功经验”，让他们从自己的成功经验中获取自我效能感；引导学生观察他人行为，从他人的经验中获得关于个体自我可能性的认识；对学生的进步予以表扬，对他们进行外部强化；鼓励学生自我监督，通过发现自我进步的方式强化学生的学习动机。

2. 引导学生宣泄竞争压力。面对压力带来的焦虑情绪，可以通过“宣泄法”，即利用各种宣泄活动，降低学生的心理压力。此外，可以通过“信任支持法”适时给予学生安慰、信任和理解，以减轻学生的心理负担。还可以通过“适度运动法”，即适当的慢跑、打羽毛球和游泳等低强度运动，松弛学生的紧张感。

3. 加强家校合作。学校要加强家校合作，加强和学生家长的沟通交流，可以定期组织家长会、进行有效的家访、开办家长学校、设立家长来校开放日、建立多媒体沟通渠道等。一方面，家校合作可以向家长传递先进的教育方法；另一方面，可以促进家长们的沟通交流，使他们相互借鉴良好的教育经验，更新家庭教育观念，提高教育素养。

4. 合理看待学习成绩。教师应该合理看待学生的学习成绩。学习成绩是学生生活的一部分，教师应该采用多元化的评价标准来看待学生。如建立综合评分制度，从能力发展、个人兴趣爱好、个人专长、道德品质和学习成绩等方面来评价学生，更全面地看待学生。

其次，“授人以鱼不如授人以渔”，教师在指导学生学习的过程中要多关注过程而非结果。要注意引导学生掌握正确的学习方法，教会孩子如何学习，以减轻学习负担。

5. 营造轻松的学习氛围。教师可在课余时间多组织校园文体活动，鼓励同学积极参加课外活动。通过劳逸结合的形式，让学生在学校体验到学习的乐趣，减少学习所带来的竞争压力。

# 问题 13：升入中学后孩子学习成绩下降

## 案 例

小兰在小学阶段是班里的学优生，学习成绩一直名列前茅，父母从来不担心她的学习成绩。升初一后，小兰发现身边的同学学习成绩都很好。面对着骤增的学习任务，小兰虽然像小学时一般努力，但是学习效率低下。小兰逐渐变得抑郁，对学习也失去了兴趣。在最近一次考试中，小兰在班级排第 50 名。

老师感到很疑惑，为什么小兰进入中学后成绩就一落千丈，该如何帮助小兰呢？

## 原理分析

1. 学习环境发生巨大变化。首先，进入中学阶段的学生，特别是进入教育水平较高的学校的学生，往往是来自不同学校的学优生。当不同学校的“尖子生”汇聚至同一班级时，原本的学优生可能就不能再名列前茅了。

其次，学生的学习效率同时受到学习动机强度和学习任务难度的影响。根据耶基斯—多德森定律，过强的学习动机和过弱的学习动机都会降低学习效率。因为过弱的学习动机会使学生缺乏学习的动机，而过强的学习动机则会使学生的注意和知觉范围变小，思维受到限制。一般来说，学习动机处于中等水平时，学生的学习效率最高。但这种最佳水平不是固定不变的，它还受学习复杂程度的影响。当学生面对复杂的学习任务时，最佳的动机水平为低动机水平；当学生面对简单的学习任务时，最佳的动机水平为高动机水平。相比于小学学习，中学的学习难度更大。案例中的小兰面对较难的中学学习任务时，依旧保持较强的学习动机，这无形中给她造成较大的学习压力，使其学习效率下降。

2. 中学的教法与学法发生变化。从教法的角度来说，小学阶段更多是教师带着学生学习，学生更多是被动的学习。而中学教师侧重启发、示范与引导，初中阶段也更强调学生的自主学习能力。这要求学生学会不断改进学习方法，合理安排学习时间，不断提高学习效率。此外，小学阶段课程较少，大多数课程以知识普及为主，但初中阶段增加了考查学生抽象逻辑思维能力的数理化科目，要求学生运用假设、推理去解决问题，难度不断加大。案例中，小兰面对突增的学习任务与学习难度，虽然很认真学习，但没有找到适合的学习方法，也没有适应中学的教学方法，这使得小兰学习效率不高，学习成绩下降。

## 操作指导

1. 引导学生制定学习策略。不同于小学阶段，初中阶段要求学生自主学习，合理安排自己的学习时间与学习任务，不断提高学习效率。教师可以引导学生制定自我调控策略，这包括定制目标、自我监控与评价以及自我调节等方面。定制目标是指学生自主分析学习任务，设置学习计划与规划。教师可以通过案例分析的方法，引导学生制定学习计划，并通过同桌相互监督，落实学习计划。自我监控与评价是指学生判断自己在学习任务中的现有能力水平。教师可以根据自我提问单来培养学生的自我监控能力。自我调整是指学生监控自己的学习策略的效果，以评价学习策略的有效性，自主地调整学习策略。教师可以通过出声思维方法来训练学生的自我监控意识。

2. 帮助学生重拾学习动机。耶基斯—多德森定律提示我们在教学实践中应培养学生适度的学习动机，以提高学生的学习效率。在教学中，教师可以设计闯关活动，由易到难，引导学生体会在学习难度相同的情况下，拥有不同程度的学习动机导致的学习结果有什么区别。从而进一步引导学生在面对不同学习任务时调整自身的学习动机，以提高学习效率。

3. 帮助学生客观评价自我。初中生的自我意识发生巨大的变化，他们往往沉溺于内在的理想世界，误把理想自我当成现实自我。如果学生适应了中学学习方式，但现实的表现不如理想中的表现，他们就会产生挫败感与自卑感，对学习失去兴趣。而现实与理想产生冲突的学生，通常不能客观地评价自我和悦纳自我。在教学中，教师可以引导学生讨论为什么不同的心理变化会产生不同的学习结果，通过讨论分析，让学生意识到理想自我与现实自我之间可能存在差距。正因为有这些差距，我们才需要去努力，在努力的过程中促进个人的成长。

# 问题 14：学生对自己的未来感到迷茫

## 案 例

李维是林老师班上的一名学生，篮球打得特别好，他想考入某大学体育系，将来当一名篮球教练。但由于文化成绩非常差，他不断怀疑自己，觉得自己什么都不行，慢慢变得自卑，并且对未来感到迷茫。

林老师认为自我同一性混乱是导致李维对未来感到迷茫的主要原因。对这个时期的青少年学生而言，建立自我同一性是他们最重要的心理任务。因此，林老师在了解了同学们的大致情况后，开展了一节《接纳自我，改变自我》的心理健康辅导课。

首先，林老师讲解生动的案例，通过交流讨论让学生明白每个人都有不足，启发学生要接纳自己；随后，通过讲解马丁·塞利格曼任务深度的理论知识，帮助学生了解自己哪些方面可以改变，哪些方面是不容易改变的；紧接着，学以致用，让学生结合上一个环节的理论，写下自己最想要改变的三个方面，小组讨论，保留合理的、能够通过努力改变的项目；最后，“锦囊妙计”环节，引导学生互相帮助，启发学生思考如何接纳自己无法改变的不足，以及如何完善自己可以改变的方面。林老师通过这节课，引导学生合理认识了理想自我与现实自我的差距，让学生学会了接纳和改变自我的不足，从而使学生对未来充满信心，健康地走向未来。

## 原理分析

中学生处于青少年时期，正当自我意识飞跃发展的阶段。主要表现在以下几个方面：首先，不断探索自己是个什么样的人，要成为怎样的人。其次，产生强烈的独立意识，认为自己已经长大，能够像成人一样解决问题。同时，中学生有着很强的自尊心，渴望得到他人的尊重和重视。如果得不到满足，又很容易产生自卑心理。此外，理想自我和现实自我并存，他们追求理想自我，但也意识到现实自我的不足。

根据埃里克森人格发展理论，青少年时期最大的危机和挑战是解决自我同一性和角色混乱的冲突。自我同一性是心理活力的表现，可以使个体在主观上保持一种连续感和整合感，对自己的未来有明确的目标，有正确的人生观和价值观，是青少年人格健全的表现；角色混乱又叫同一性扩散，即个体对自我认识不清晰、感到迷茫，不知道自己要成为怎样的人，不知道自己将来朝什么样的方向发展，表现出恐惧以及其他消极情绪。因此，对青少年学生而言，正确处理这个矛盾对他们的发展起着重要的作用。

建立自我同一性是中学生心理健康与人格成熟的重要标志。青少年学生处于从幼稚走向成熟的过渡期，他们的人格也渐渐成熟，逐渐意识到自己的多种角色，但这同时也常常会使他们对自我概念感到混乱和迷茫。如果学生自我同一性发展得好，便会对自我有正确的认识，清楚地知道自己的优势与不足，明白自己未来的发展方向，并且能够朝着目标不断前进，有助于他们的成长。而自我同一性发展不好的学生，不仅对自己的认识不够全面，而且对自我认识具有矛盾性和不稳定性，常常因为对自己错误的认识和判断而产生不良情绪，不利于其身心发展。

## 操作指导

为了帮助学生更好地建立自我同一性，教师应格外关注自我意识辅导，可以从以下方面入手：

1. 引导学生正确认识自我。引导学生对自己进行全面的认识是自我意识辅导的基本环节，要帮助学生看到自己的优点以及不足之处。为了达到这个目标，教师可以通过“20个我是谁”的活动让学生进行自我反思。列举20个半命题式句子启发学生思考。例如“我……”“我是……”“我喜欢……”“我擅长……”“我可以……”“我不会……”等表达，让学生进行填充。在这个环节，学生能够在自我反省的过程中清晰地呈现出自己的特点。此外，教师还可以通过“他人眼中的我”活动来帮助学生更加全面地认识自我。邀请2—3名学生对同一个同学进行描述，然后再让全班同学猜一猜描述的是哪一位同学，随后再邀请被描述的这位同学谈一谈他对他人的描述和评价有什么感受，进一步引导学生从他人的评价中认识自我。

2. 鼓励学生积极接纳自我。学生对自己作全面的了解之后，会发现自己有很多优点，也存在很多缺点和不足。这时候，需要教师引导学生理智对待自己的优点和缺点，鼓励学生学会积极地接纳自我。在辅导过程中，教师可以通过“天生我才”活动，让学生小组内交流自己最欣赏自己哪些方面，并具体展开说明，启发学生正确看待自己的优点。此外，通过案例分析的方式，帮助学生明白每个人都有不足，指导学生正视自己的缺点，接纳自己的不足。

3. 帮助学生学会调控自我。教师在引导学生全面认识自我以及积极接纳自我之后，应该帮助学生学会调控自我，指导学生如何改变自我，以达到更好的状态。在这环节中，充分利用中学生的独立意识，创造机会让学生互相帮助，解决他们自己的问题。在活动中，要求学生将自己的困惑以及最希望改变的方面写在纸条上，随后将纸条放进一个盒子里，随机抽出几张，全班同学共同讨论，提出建议。在这过程中，不仅被抽中纸条的学生得到了帮助，同时，其他同学也借此锻炼了自己解决现实问题的能力，从而引导学生学会调控自我。需要注意的是，教师需要不断给予学生鼓励和支持，增强他们解决问题、调控自我的信心。

与此同时，也可以通过加强学生自我探索，让学生更加全面地了解自我。这不仅可以使学生对自己进行客观全面的认识和评价，还能够让他们发现自己的兴趣是什么，能够更加明确自己真正想要的是什么，从而变得更自信，建立良好的自我同一性。例如，在课堂上让学生分别在两张卡纸上写上“我眼中的我”和“我眼中的××（同桌）”，主要内容可以涉及性格、爱好、特长、缺点等。写完之后，大家把描述同桌的那张卡纸送给对方。然后，每个人手上分别有一张自己对自己的描述，以及同桌对自己的描述，将两张卡纸的内容进行比较。分别找出两份描述的共同之处、不同之处、自己有提到的但对方没有提到的方面，以及对方提到自己却没有提到的方面。共同交流和分享之后，教师可以通过介绍“周哈里窗”，引导学生探索和发现更全面的自我。

# 问题15：大学生入学后焦虑不安

## 案例

张旭是个成绩优异的学生，考入大学后，却时常感到焦虑。学习上，张旭仍习惯于中学时期被老师安排得课业满满的学习方式，而大学课程内容较少，张旭不知道该如何支配剩下的时间。而且，课堂上的学习更多的是自己探索，张旭感到无所适从；生活上，饮食习惯和生活习惯的差异，更是让张旭觉得不安和失落。并且，在与同学交往的过程中，他经常因为地域差异和性格差异而感到紧张焦虑。

赵老师了解到张旭的情况后，认为这是因适应困难而造成的焦虑情绪。适应不良对大学生的学习和生活造成了严重的影响。因此，赵老师给他们班开了一节《大学，你好》的心理健康教育课。首先是"心灵预热"，让学生在卡纸上写出进入大学后最开心、最疑惑、最不习惯、最想做的事情；随后，"新生的独白"呈现一个案例，让学生在案例中感悟适应的重要性；紧接着，"找不同"环节，让学生分享进入大学后面临的变化；最后，"学会适应"环节，大家集思广益，一起找到适应大学新环境的办法。

在赵老师的引导和帮助下，同学们渐渐调整自己的情绪，慢慢适应了进入大学后的新环境、新生活。

## 原理分析

适应不良是导致大学生心理健康问题的主要原因之一。大学生处于身心迅速发展的阶段，这是人生的重要发展时期，大学生的健康发展对其将来的社会性发展起着至关重要的作用。而目前，大学生普遍出现适应性问题。主要表现在刚进入大学，面对环境的种种变化，不能很好地适应，无法有效地进行自我调控，在学习、人际、生活、情绪的变化上存在应对困难，并且容易出现心理上的认知障碍。

适应的过程包括四个环节：需要、阻挠、尝试、重新适应。需要，是学生发展的内部动力；阻挠，是学生已有的条件不能满足需要的困境，这将打击学生的心理状态，造成焦虑、不安等消极情绪；尝试，是学生针对现实与需求之间不平衡状态所采取的措施；重新适应，是上一个环节顺利进行后的结果，说明学生具有较好的心理适应能力。适应不良的学生，通常无法顺利完成适应过程的四个环节，对现实和自身的变化不能采取正确的措施，无法平衡内心的状态，导致出现心理障碍或疾病。

## 操作指导

帮助学生尽快适应大学生活，缓解焦虑等不良情绪，教师可以从学习、人际、生活三个方面入手进行辅导，具体实施过程需要注意以下几点：

1. 引导学生积极面对学习上的变化。首先，要帮助学生正确认识自我，增强学生的自信心。从中学生转变成大学生，身份和学习形式的转变，会让暂时无法适应的学生对自我产生疑惑和怀疑，出现焦虑、自卑等不良情绪。因此，需要教师引导学生学会正确认识自己、积极地评价自己，增强学习的自信心。例如，让学生写下“15个我”，从多方面描述自己，从而帮助学生更加全面地认识自己。此外，鼓励学生看到别人优点的同时，也肯定自己的优势，并且学会接纳自己的不足。

其次，引导学生合理分配时间，科学管理时间。教师可以通过介绍时间的“四象限理论”，并且结合学生的具体案例，进行分组讨论，共同划分案例中某同学的日常事件。从而启发学生合理管理时间，积极应对学习问题。

2. 增强学生人际交往能力。人际交往是学生社会性发展的重要内容，增强学生的人际交往能力，能够帮助刚进入大学的学生在新环境中避免出现紧张和焦虑的状态，有助于学生更快地适应新环境、新的人际圈。课堂上，教师可以让学生将各自人际交往中遇到的困惑写下来，放进箱子里，随机抽取，以学生们写的内容作为案例，全班集思广益，讨论解决的办法。教师根据学生的发言进行总结和提升，归纳出人际交往中应该注意的原则和事项，以便促进学生人际交往能力的发展。

3. 鼓励学生在生活中进行自我心理调适。每个人都会出现消极情绪，因而鼓励学生进行自我心理调适是十分重要的，能够帮助学生在出现焦虑等不良情绪时积极自助。课堂上，教师可以展示一些从不同角度看会呈现不同景象的图片，让学生进行观察，引导学生从不同的角度看待问题。启发学生在遇到问题，情绪不好的时候，学会利用多角度思考的方式来进行自我调适。此外，可以通过小组讨论的形式，让学生分享平常自己在焦虑的情况下是采用什么方式进行调节的。随后，教师再向学生介绍冥想放松法、呼吸放松法等自我心理调适方法，并让学生进行操作，从而帮助学生掌握具体的自我心理调适的方法。

# 第二章　人际关系问题

# 问题1：学生与同伴交往总以游戏、玩耍为主

## 案例

小学校园的一角，不断传来快乐的嬉笑声。一群孩子正在玩丢手帕的游戏。伴随着悠扬的歌声，李旭悄悄地将手帕放在了张明的身后。张明立刻起身，朝着李旭一顿穷追猛赶，但最终还是李旭占上风，率先蹲下。接着，由张明继续丢手帕。只见他故作姿态地在一个同学身后做了一个"丢"的动作，然后他把手帕巧妙地放在了杨军的身后。没想到杨军早有提防，他抓起手帕，腾地站了起来，像离弦的箭一样向前追去。他俩一前一后，向前追跑，张明越跑越快，杨军越追越近。同学们都起劲地为他俩加油。张明刚要往下蹲的一瞬间，杨军抢先一步，一把拉住了张明，这下张明只好认输了。同学们"罚"张明表演个小节目，他扮了个鬼脸，滑稽地学了一声猫叫，引起同学们一阵开怀的大笑。

## 原理分析

游戏是儿童的天性，儿童的成长离不开游戏。幼儿教育家陈鹤琴说过："游戏是儿童的心理特征，游戏是儿童的工作，游戏是儿童的生命。"儿童以具体形象思维为主，追求自由感，拒绝被条条框框束缚，而游戏正能满足其需求。儿童通过游戏获得自由与快乐，并在情感、态

度、认知、技能等方面获得发展。由于大部分游戏活动需要儿童全身心参与，通过跑、跳、爬、滚等运动形式实现，同时需要儿童使用五官接受环境中信息的刺激，因此，游戏有利于他们的生长发育。

此外，游戏是学生之间建立友谊的重要因素。李淑湘等对我国 6 到 15 岁儿童对友谊特性的认知发展做了研究，发现从幼儿组一直到初中三年级，儿童都把共同活动和游戏作为友谊关系存在的重要元素。对于儿童、青少年的友谊，游戏既是建立友谊关系的重要条件，又是友谊关系存在和发展的重要内容。通过社交性游戏、互动性游戏和规则性游戏，儿童可以进行语言理解和表达的练习，增加词汇量和句子的复杂程度，提高语言能力。在游戏中，学生互相交流感情并传达个人感受，以此建立深厚的友谊，从而克服胆小退缩的毛病，锻炼其人际互动、与人相处的能力。总之，游戏对儿童的成长起着十分重要的作用。

学生通过游戏探索和体验未知世界，这也是一种发泄情感的途径。在想象和扮演游戏中，学生可以用模仿和想象去再现过去的生活经验，也可对过去的经验进行重建、改造、变化和创造。儿童不断地观察事物，进行分析与判断，思考解决问题的办法，有利于培养学生丰富的想象力、创新能力和独立思考的能力。另外，学生可在此过程中体验到未知角色的情感感受，在扮演中适当发泄自己的情绪，摆脱不愉快的情感体验。

最后，学生可能因在现实世界中的心理需求无法得到满足而寄情游戏。学生成长的各个阶段有不同的心理需要，如被爱的需要、归属感需要、安全感需要、肯定自身价值感的需要等等。若在外部环境中父母、教师或其他人无法满足学生的现实需求，学生有可能将情感寄托于游戏，从中获得满足感。

## 操作指导

老师以及家长应当鼓励孩子参加各项活动，给每个孩子表现其长处的机会，增强他们的自尊心和自信心。对于那些只躲在自己世界里的孩子，老师也应当及时发现他们身上的闪光点，在适当的时候表扬他们，让他们有勇气与其他孩子交往或玩耍。著名教育家哈特普曾经指出，没有与同伴们平等交往的机会，孩子将不能有效地学习，也不能获得控制自己攻击行为的能力。尽管“玩是学生的天性”，但过度的玩耍势必会影响他们的学习，影响今后的发展。那么，家长和老师应该如何正确引导贪玩的学生呢？

第一，引导学生学会合理安排游戏时间。教师可通过活动体验让学生领悟时间分配的重要性以及学会自己安排时间。比如，学生使用“我的一天”小卡片记录一天所做的事情，并用扇形图罗列出不同类型事件所占的时间比例。如果游戏娱乐时间占据了扇形图的大部分，教师则应引起重视，让学生及时进行反思并改正。家长也应该为孩子营造学习的轻松氛围，以身作则，带动孩子的学习积极性，防止孩子过度玩耍，影响正常的学习和作息。

第二，坚持正面教育为主，表扬与批评结合。对待贪玩的学生，不能仅以训斥、谩骂、罚站等方式来促使其转变。教师可以与家长配合，寻找该类学生感兴趣的事物或者奖励物，帮助其建立目标与计划。完成小目标时，教师可适当采取奖赏、表扬等形式来吸引学生分散到玩耍方面的注意力。但要注意的是，在转变过程中，教师要细心观察，发现其优点，真诚地进行表扬、鼓励，从而使他们迸发出改过自新、奋发向上的决心和力量。

第三，带领学生体验学习的快乐。在教育过程中，根据学生的个性差异，教师制定不同的实施方案是有必要的。比如，教师可以根据学生贪玩好动、兴趣和注意力容易分散和转移、精力不集中的特点，采取“以动制动，动为学用”的教学策略。这样不但有效地提高了学生课堂学习的注意力，而且能够把学生引入忘我的境界，从而取得事半功倍的效果。

# 问题 2：学生以自我为中心，难以与同伴建立亲密关系

## 案 例

小胡是一位十分聪明的小男生，但他常常只考虑自己，而不太考虑别人的感受。他的父母曾经跟老师反映说，小胡平时如果想要买某个东西的时候，会想尽各种办法让妈妈满足他的要求，如果不满足的话，会闹腾好久。在学校里，小胡也经常表现得很自私。比如排队领东西的时候，他总要排第一。与其他小朋友玩游戏的时候，总想要别人听他的指挥。如果同学们不听他的话，他就会在游戏上捣乱。他还总是自认为班上的同学都是他的好朋友，但实际上私底下，很多同学都不想与他做好朋友。实际上，小胡经常在平时生活中有意无意地欺负他们。所以，大部分同学都不太爱搭理小胡。

## 原理分析

青少年的自我中心主义实际上是青少年自我意识高度发展的结果。这种高度的自我意识体现在两个方面：一方面，青少年认为别人都像他们自己一样关注他们；另一方面，他们过分强调个体独特感或者“个人神话”。换句话说，他们把自己想象为“独特的自我”，把周围人视为“假想观众”，似乎这些假想的观众随时随地都在关注、观察着自己。他们存在着过于浓厚的自我中心观念，凡事都只希望满足自己的欲望，要

求人人为己，却置别人的需求于度外，不愿为别人做半点牺牲，不关心他人痛痒，表现为自私自利，损人利己，协作能力较差，总是考虑自己的利益而忽略别人的感受。

学生以自我为中心的成因主要有家庭和学校两方面：

1. 家庭的过分溺爱导致学生自私自利、自我中心。主要表现为以下三种情形：第一，我国自实行计划生育政策以来，独生子女数量增加。他们享受长辈的过分保护、娇宠溺爱，甚至那些他们力所能及的事情，家长都一一代劳。而孩子认为长辈给他们做一切都是理所应当的。久而久之，孩子自然就形成了“唯我独尊、唯我独好”的心理。第二，个别家长事业繁忙，平时没空关心孩子，因此对孩子存在一种补偿心理。对孩子的某些“霸道行为”不管不问，这就为孩子形成不良习惯种下了“恶源”。第三，有些家长的综合素质不高，处理问题也是处处以自我为出发点，这也为孩子树立了不好的榜样。在这样的家庭环境中成长起来的孩子，往往会模仿大人的做法。

2. 部分学校“重智育、轻德育”，缺乏对学生心理层面的关注。弥补学生以自我为中心的心理缺陷，本质是通过学校来弥补家庭教育的不足。但是由于中高考的存在，学校、家长和孩子总也避免不了对分数或名次的“追求”。虽然我国一直在倡导素质教育，但素质教育并不能保证孩子能上好的初高中、好的大学，要上好学校还是要靠分数。因此，这就造成了如今仍有大量学校存在重智育、轻德育的现象。迫于中高考，学校和教师费尽心思，努力提高教学质量，只重视学生的成绩。好成绩掩盖了很多学生的心理缺陷，老师们则一直忙于提高学生的成绩。此外，很多学校并没有配备相应的心理老师，或者即便有配备，也并没有在学生的心理辅导方面起到很好的作用。

## 操作指导

为了帮助克服学生的自我中心倾向，老师可以下列内容为主题有针对性地开展心理健康教育课程，通过活动性的游戏体验使学生认识到自身的不足，增强改变自我的信心和决心，掌握改变自我的方法：

1. 结合实际生活，指导学生人际交往的原则和技巧，提高他们的交往能力。

2. 指导和帮助学生树立正确的自我观念，提高自我认识能力，使他们对自己的认识比较接近现实，能愉快地接受自己、调整自己，形成健全统一的个性。

3. 培养学生的集体意识、集体荣誉感，使他们深刻认识集体规则并学会在集体中与同伴和睦相处。

另外，教师应建立有效的家校合作模式，给予家长必要的指导，改变家庭内部以孩子为中心的环境。必要时，可采取行为转变方法逐步改变学生的自我中心观念，如厌恶法、代币法等。

在家庭教育中，家长应该：

1. 转移家庭注意的焦点。长辈不能把注意力全部集中在孩子身上，过分溺爱孩子，从而加强孩子的自我中心意识。家长应有意识地转移家庭关注的焦点，将孩子视为一个独立的人，一个与其他家庭成员相同的人。这将使孩子正确地认识自己并看到其他人。

2. 教孩子学会分享。父母应为孩子树立榜样，在生活中多做分享的行为。当孩子还不能理解分享的意义时，为孩子创造分享机会，使他体会到分享的乐趣，这也是鼓励孩子享受分享快乐的一个重要的环节。比如，父母可制定分享行为规则，让孩子体验分享秩序、等待、轮换、平等、合作等规则的愉悦感。

3. 多创造与他人交往的条件，鼓励孩子与他人交往。鼓励孩子参加学校和班级组织的团队和课外活动，让他了解社会和他人；鼓励孩子在与同伴的交流中建立良好的人际关系，提高沟通能力，学会善待自己，善待他人。

# 问题3：与同伴产生矛盾后，学生不知如何处理

## 案例

小王是初二男生，他和班上某两位同学之间的关系非常好，平时在学校几乎是形影不离。他们平时课间喜欢玩你追我赶的游戏。有一次，小强在被小王追赶的时候，因为躲避其他同学，不小心摔倒在了地上，膝盖上磕出了一个大口子，流了很多血。小强痛得哭了起来。小王上前去安慰小强。小强很生气地甩开了小王，并哭着说："你走开，都是因为你。"小王很委屈，但并没有说话。小王认为，小强摔伤并不是自己导致的，而是因为小强自己不小心。再说你追我赶的游戏他们经常玩，过去一直也没有发生过不愉快。小王只好尴尬地站在小强边上，直到上课铃声响起。从这以后，小王和小强似乎进入了冷战。他们的关系似乎被糊上了一层纸，谁也没有先开口说对不起，碰面时也相互躲避着对方的目光。其实他们内心还是渴望像原来那样一起开心地玩耍，但是自从那件事发生以后，他们任何一方都不好意思先捅破那层纸。就这样持续了大概一个月，他们没有说过话。他们的另外一位好朋友小军终于看不下去了。他说服小强给小王写纸条跟他和好。其实小王内心有这个想法已经好久了，他看到纸条后，马上答应了。于是，他们三人又和好如初了。

## 原理分析

学生遇到人际冲突不知道如何处理，主要有两方面的原因：

1. 来自心理特点和家庭方面的影响。一方面，许多学生的自我中心意识较强，缺乏责任心，在发生矛盾以后，因过于考虑自己的感受，而无法对整个冲突做出全局性的考虑，因而没法妥善处理冲突。另一方面，现在的学生多数受到父母的过度保护，个别家长不能对孩子进行正确的引导，导致孩子缺乏人际冲突的处理能力，因而孩子在遇到冲突时显得束手无策。

2. 缺乏沟通的技巧。沟通不畅是学生之间很多矛盾得不到有效处理的一个重要原因，而沟通不畅的主要原因在于学生缺乏沟通的技巧。一方面，学生生活经验比较欠缺，对于很多人际冲突并没有处理的经验；另一方面，学生的个性存在差异，每个人都有不同的沟通模式，他们还没有学会如何与不同沟通模式的人进行交流。此外，家庭和学校教育很少涉及人际沟通方面，这也是学生缺乏沟通技巧的一个原因。

## 操作指导

可以通过以下步骤来有效处理学生之间的矛盾：

1. 根据实际情况，选择合适的时间、场合和方式来处理学生间的矛盾。学生之间产生矛盾的原因可能多种多样，比如性格不合或者是观念不一致、交流中沟通不畅等，针对不同的情况要选择不同的解决办法。比如对于性格内向的同学，选择安静的场所更适合解决问题；因沟通不畅导致小事累积从而引发矛盾的，应创造对话的机会，如召开座谈会。此外，选择学生能接受的方式，不让学生产生厌恶、排斥的情绪是解决问题的前提。比如，可以用举事例或讲故事的方式，拉近与同学之间的距离。

2. 客观全面地了解问题，帮助学生分析原因。了解事情发展过程时，教师要尊重学生意见，不能只听一家之言，要尽可能全面地了解，做到公平、公正。在处理问题的过程中，教师要时刻反思自己是否掺入了主观情感。有时候产生矛盾是涉事双方都出现了问题，要帮助学生分析产生矛盾的原因，这比让学生做检讨更重要。

3. 引导学生换位思考，鼓励其承担相应的责任。教师应帮助学生分析双方该负的责任，给学生思考的空间，引导学生推己及人。在此过程中，让学生体会对方在意的点，发现引起矛盾的根本原因，认识到矛盾的发生自己是有责任的。如果处理得好，完全可以避免类似的事情再次发生。

4. 鼓励学生主动进行沟通。学生之间的矛盾很多是由小事引发的，可以通过沟通交流来解决。如果选择冷战，或者觉得不好意思开口，闷在心里，误会只会越来越深。老师应当为学生创造一定的条件，鼓励学生们开诚布公地沟通，以了解各自的想法，进而解决大部分问题。

5. 帮助学生进行反思和总结，以避免未来犯相同的错误。事情得到解决后一定要督促学生进行反思，总结自身有哪些做得不到位的地方，先反思后总结，最后才能更好地提升自我。若学生能以前事为鉴不断吸取教训，则未来可以避免犯同样的错误，进步是显而易见的。

# 问题 4：学生与同伴交往时不愿承认错误

## 案例

小赵是初中二年级学生，他学习成绩一般，平日里喜欢玩耍，很喜欢搞恶作剧，不大合群。与同学交往时，情绪也不太稳定。有一次，坐在最后一排的小新因为早上赖床被妈妈臭骂了一顿，独自坐在座位上闷闷不乐。小赵并没有觉察到这一点。在数学课下课后，小赵觉得很无聊，就绕到小新的座位后面，用双手捂住小新的双眼，然后故意变换一下声调说："猜猜我是谁？"小新心情不好，并不想玩这种无聊的游戏，于是他奋力挣脱。小赵似乎也防备到了这一点，他把手捂得更紧了。这下把小新惹恼了。他非常用力地甩开小赵的双手，转过身，推了一下小赵。小赵被小新这么一推，趔趄地退后了两步，撞到了教室后面的墙上。小赵心想，我就想跟你开个玩笑，你却这么用力地推我。于是他和小新推推嚷嚷，动起手来。小赵和小新谁也不让谁，两人打得不可开交，最后惊动了班主任才停下来。

班主任了解了两人打架的情况后，发现小赵自始至终都拒绝承认错误。他认为同学之间相互开玩笑打闹是很正常的。在这件事上，他并没有做得很过分。他认为是小新先动手把他推到墙上，才导致了他们之间的冲突。反而是小新，觉得自己确实推小赵有点重了，坦然地承认了自己的错误。

## 原理分析

学生不愿承认错误，可能与以下因素有关。

1. 中学生的认知特点。中学生的思维由具体的形象思维发展为以抽象的逻辑思维为主，这导致青少年对自己、对周围环境的看法发生了改变。主要表现在：(1) 喜欢争论。青少年开始能够独立地、批判地思考问题，对同学、教师、家长、书本等都开始有自己的看法和认识。他们喜欢争论和怀疑，敢于发表自己的观点。(2) 自我中心。中学生的自我意识开始增强，尤其是独生子女，他们受多方呵护，自尊心较强，他们认为承认自己的错误，会损害他们在别人面前的形象，降低他们的自尊和存在感。(3) 以偏概全。中学生思维发展飞速，但实践经验缺乏。他们长期经历着从家庭到学校、从学校到家庭的学习模式，很难了解客观环境的限制，从而不能够全面接触社会，了解人的整体面貌，也不能对关系中的自己和他人有较为客观和全面的认识。他们总觉得自己掌握的信息是全面的，自己的理由是充分的，一旦同伴交往中出现一些与他们的观点或处事方式不一致的人或事，他们会以偏概全地全盘否定。

2. 中学生的情绪问题。中学生情感丰富、变化快，人际交往缺乏稳定性。一些特定的情绪问题容易导致他们不愿承认错误。部分中学生存在以下问题：(1) 自卑。自卑表现为缺乏自信、自惭形秽，自认为失败的体验多，成功的体验少。承认错误会加深个体的自卑情绪。(2) 自傲。自傲表现为不切实际地高估自己，过于相信自己。这类学生不仅不愿承认错误，甚至会指责、轻视、攻击别人，使别人感到难堪。(3) 孤僻。孤僻的人孤芳自赏、自命清高，不愿与人为伍，不合群。

3. 家庭因素。首先，学生不愿承认错误跟家庭对待类似问题的方式有关。假如父母常常因为孩子犯错误而惩罚、打骂孩子，则容易导致孩子不愿意承认错误。其次，不良的家庭环境容易造成孩子的不良性格。如强势严厉的父母容易导致孩子性格怯懦，事事力求完美的父母容易导致孩子性格敏感，暴躁、控制欲强的父母则容易造成孩子性格孤僻，等等。

## 操作指导

如果教师确认学生确实犯了错误，可以通过以下步骤引导学生主动承认错误。

1. 全面了解学生，掌握犯错误的原因。第一，教师要全面了解学生的性格特点、品行和行为习惯，甚至学生以往的经历，以便采取合适的解决方法。第二，教师要了解学生的家庭状况。学生犯错误、不承认错误，有时候可能是家庭原因造成的，如父母的教养方式、家庭的氛围、家庭的经济状况等等。第三，要了解学生犯错误的原因，全面掌握犯错误的动机。有时候犯错误并不是学生有意为之，此时采取强迫方式让学生承认错误，反而会影响学生的情绪。

2. 选择合适的谈话场合。恰当的谈话场合有利于学生主动承认错误。一是不能到办公室谈话。办公室教师很多，会让学生觉得抬不起头；二是不能在公共场合谈话，公共场合会让学生更难堪。可以在有益的活动中，或者到僻静的地方，总之，要让学生毫无压力地敞开心扉。

3. 营造和谐愉悦的谈话气氛。首先，避实击虚。例如，两个学生打架，都觉得自己有道理，互不相让。这时教师与之谈话，就要绕开打架的原因，不要上来就分析你对他错。其次，对不同风格的学生要采取不同的谈话策略。有些学生吃硬不吃软，而有的学生吃软不吃硬，教师就要摸清学生属于哪种类型，动之以情，晓之以理，营造和谐愉悦的谈话氛围。

4. 鼓励学生勇于承认错误。可以采取一些措施鼓励学生承认错误。如帮助学生分担错误引发的责任；教育学生人人皆可能犯错，关键是如何承认错误，改正错误；通过一些诚实守信的名人故事，潜移默化地教育学生，让他们从心灵深处知道所犯错误的危害，从骨子里想改正错误，从而主动承认错误。

# 问题5：学生对同伴过于依赖，甚至失去了独立性

## 案 例

小刘是某中学初一学生，瘦小、拘谨，从小在父母的宠溺之下长大。小刘心安理得地享受着父母的过度保护，不知不觉失去了很多学习生活技能的机会。上初中后，小刘开始逐步脱离父母的保护，但她却难以适应初中的学习生活环境。

小刘的同桌小芳则是一个善解人意、性格乖巧、独立自主的女生。她经常对小刘在生活学习上遇到的问题提供帮助，这使得小刘逐步形成了对小芳的依赖。比如在一些需要做出重大决定的场合，小刘就会请求小芳帮助她做决定。在生活上，小刘上厕所都会要求小芳一起，下课去倒水也是跟随小芳，无法自己独立去完成一些事情。因而，不善与人交往的小刘为了获得同桌小芳的认可和好感，对小芳的要求都一应允诺，不管她的要求是否合理，即便是自己不愿做的事情，也会尽量去做。比如有一次，小芳说想喝饮料，小刘其实并不想喝，也不想去买。但一想到拒绝后小芳以后可能不再愿意跟她玩，她还是跑去小卖部买了饮料。小刘特别在意小芳对自己的评价，当遭到小芳的拒绝和反对时，内心很受打击，感到很痛苦。小刘既渴望摆脱对小芳的依赖，追求独立的自我，又常常因担心失去小芳而感到焦虑。

## 原理分析

学生对同伴过于依赖，甚至失去独立性，主要是由生活环境因素、家庭因素和学校教育因素共同造成的，具体表现如下：

1. 学生的独立性受生活环境的影响。周围生活环境的可控制程度影响学生的独立性，可控程度越低，独立性越差。例如有些父母对孩子“呵护”过多，一些本该由孩子自己处理的问题都由家长代劳，导致孩子独立性较差。

2. 学生的独立性受家庭教育的影响。家庭对孩子独立性的影响主要表现为家庭对子女的教育作用。一些家长采取的教育方法简单粗暴，无视孩子的权益，剥夺了孩子做决定和自主解决问题的机会；而另一些家长对孩子一味地娇宠溺爱，让孩子躺在襁褓中，终年恒温，有求必应，使得孩子凡事依赖家长，做事没有主张，遇到问题不能主动想办法。

3. 学生的独立性受学校教育的影响。教师对学生人格的发展具有指导定向作用。教师的管理风格对学生依赖型人格的形成有一定的影响。如在专制型的教学风格下，学生比较被动，缺乏自主性，工作效率相对比较高，但学生容易对教师或权威形成依赖，习惯被动接受教师的指令。而在民主的条件下，学生完成作业的目标是一样的，行动则积极主动，学生容易形成独立的人格。

## 操作指导

可以通过六个步骤来培养孩子的独立性。

1. 让学生自主安排时间。家长和教师应当放手让学生独立安排自己的活动。如每天给学生一段他可以自由支配的时间，在安全的前提下，学生可以做他愿意做的事情，不论是玩耍、看电视，还是画画、拼图、学习，或者什么都不干。长此以往，学生便逐渐懂得珍惜时间，学会了安排时间。

2. 适当地给学生创造困难，鼓励其自行解决。独立性往往是在逆境中锻炼出来的。虽然现在生活水平普遍提高了，但家长和老师仍然可以想方设法给孩子创造一些困难，让孩子独立克服。比如家长可以在周末带孩子去农村等艰苦的地方体验生活，老师可以在课堂中设置一些难题、冲突让学生自己去解决等。

3. 把自主选择的权利还给学生。不少家长和老师怕学生选择错误或者非最优的解决方式，而不给学生选择的权利，导致学生的自主性降低。家长和老师应给孩子选择的权利，并告诉他们要对自己的选择负责，要对自己的选择坚持到底。即使最终由于选择错误产生了不利的后果，也应主动承担。

4. 鼓励学生自己寻找答案。孩子提出问题，家长和老师通常的做法是立刻告诉他答案。这种做法的后果是容易让孩子养成依赖别人提供现成答案的习惯，会妨碍孩子在智力劳动上的自主性。家长和老师应当鼓励孩子在提出问题后，先尝试自己寻找答案，如果解决不了再寻求帮助。

5. 让学生学着自己解决矛盾和冲突。学生之间难免会有冲突，吵嘴甚至打架是交往中不可避免的问题，也是学生了解群体社会行为规则的窗口。家长和老师不能以自身的好恶、道德观来判断学生间的是非对错，而应引导学生正确认识交往中的各种矛盾，教给孩子一些正确的交往方法，如分享、交换、轮流、协商、合作、诚信等，让学生自己学着解决矛盾。当学生向老师或家长诉说自己遇到的人际交往问题时，老师和家长应当鼓励学生勇敢面对，并指导学生尝试自己解决。

# 问题6：学生受到同学排斥，感到孤苦烦闷

## 案 例

小李是某中学初二学生，性格较为孤僻、敏感，且情绪波动较大。班主任反映，刚开始还有同学跟小李玩，后来同学们就逐步疏远了他。小李想通过一些不正常的方式（如恶作剧）引起大家的关注，反而加深了同学对他的反感。长此以往，小李即使什么也没做，也会遭到同学们的排斥。因而在很多集体活动中他根本没有存在感。同学们在讨论时故意忽视他，体育课上的集体运动从来看不到他的身影，同学们有什么活动也不通知他。面对同学们的排斥和忽视，小李感到孤苦烦闷，他想和同学们交往，但又不知道该如何去做。

## 原理分析

交往是中学生除学业以外另一项重要的任务。良好的同伴关系能给学生带来幸福和快乐，而且对于树立美好理想、确定崇高追求具有特殊意义。但部分学生会因为遭受排斥无法与同伴进行正常的交往，造成内心的烦恼和苦闷。究其原因，可归纳为自身因素、家庭因素以及不符同伴认定的主流三个方面，具体如下：

1. 自身因素。

（1）以自我为中心。中学阶段的青少年处于自我意识飞速发展时

期，更关注自己的内心。他们情感丰富、偏激、脆弱，极易受到触动，往往会因为一件平淡无奇的事情产生丰富的联想，这使得他们在与同学交往过程中习惯性地把自己作为人际和社会关注的中心。他们强烈要求表现自己，但在行事过程中又经常遭受挫折。一旦需求不能被同伴理解，便会采取不成熟的方式发泄自己的不满，从而导致矛盾激化。

（2）行为习惯。学生的行为习惯是导致他们受排斥的重要原因。当学生经常表现出一些不被认同的行为方式，如对同伴进行言语攻击、发脾气等，他们就更容易遭到同伴的拒绝，被孤立于群体之外。此外，不注意个人卫生、言行举止不恰当、衣冠不整等小毛病都有可能是被群体排斥的原因。

（3）社会交往策略。社会交往策略是在社会交往过程中，个体为达到特定的目标对自己的情感、思想、意图和行为进行整合而表现出的交往方式，是儿童社会认知能力的一种综合反映。青少年对社会交往的策略性知识的了解会影响其被同伴接纳的程度。受欢迎的青少年更多地使用积极、恰当的社会交往策略，他们大都倾向于成为优秀的社会问题处理者、有效的协调者和他人的支持者。而被排斥的学生往往采用消极的、攻击性的和不合理的策略。

2. 家庭因素。

（1）不良的亲子关系。早期依恋缺失的孩子容易与父母长期处于对抗或关系冷漠状态，他们不太容易相信别人，因缺乏安全感而自卑，在同伴群体中受欢迎程度较低，容易被同伴排斥。

（2）家庭教养方式不当。由于独生子女的比例较高，有相当部分家庭对待子女过分娇纵与溺爱，致使许多所谓的“小皇帝”茁壮成长。据调查，他们大多任性、骄横，以自我为中心，缺乏约束力，不能友好宽容地与人相处，经常与他人处于紧张的对峙之中。

（3）不良的家庭环境。家庭中的不良环境将给青少年带来十分不利的影响，甚至可能扭曲他们的人生观。生活在父母离异的单亲家庭中可能会给青少年的心理带来负面影响，造成性格上的孤僻；家庭成员关系处理不当造成的情感不和谐等问题容易使青少年内心变得冷漠，不擅长与人交流，缺乏正常的人际交往能力，因而被同伴排斥。

3. 不符合同伴认定的主流。

同伴之间会以主流的标准评价彼此，比如说学习成绩、衣着、发型、听的音乐、喜欢的偶像、兴趣爱好、家庭背景等。青少年的宽容度没有成人有弹性，若某个同学与他们认定的“交友标准”不相符时，可能就会嘲笑、排挤、孤立对方。

## 操作指导

当班上有学生被其他同学排斥时，老师应该及时了解实际情况并根据不同情况采取不同措施，以帮助学生融入班集体。

1. 要了解事实并分析原因。通过观察该同学平时的表现及其他学生对他的态度和沟通方式来确认该同学被排斥的事实。从排斥方和被排斥方两个方面搜集信息，以分析确认排斥的原因，并了解双方的感受。

2. 促进沟通，帮助该同学融入班集体。要从被排斥学生的角度出发，对其进行必要的心理安慰，建立学生对教师的信任感，让学生真正地打开心扉，接受帮助；耐心地帮助该学生分析自己被排斥的原因，引导学生认识到自身的不足，帮助其改进；要用适当的方式对全体同学进行心理健康教育，让学生认识到班级里的每个人都是集体的一员，同学之间应该相互尊重和关心；组织多样的集体活动，促进学生间的交流，增进相互间的了解；鼓励被排斥学生展示自己的特长，让更多的学生喜欢他、接纳他。

作为父母，在了解到自己的孩子被同伴排斥后，家长应该从培养社会技能和创造良好的家庭环境两个角度出发帮助孩子。

1. 培养社会技能。同伴关系之所以出现问题，很大一部分原因在于缺乏良好的社会交往技能。因此，向学生提供帮助时可以从培养社会技能的角度入手。比如训练孩子积极地表达情感，让他们站在他人的角度体验他人的情感；教会孩子对同伴表达积极情感的方式，如微笑、拥抱、安慰、反馈、分享和帮助等；培养孩子合作、友善、乐于助人等各种亲社会行为，可以邀请孩子的同学或朋友到家里做客，为孩子创造与同伴交往的机会，带孩子参加一些公益活动，体验助人的乐趣；采用认知训练法，让孩子习得适当的人际交往策略，引导他们学会倾听，掌握一些谈话技巧，如适当地自我袒露、暴露自己的小秘密等。

2. 创设良好的家庭环境。和谐的夫妻关系、温馨的家庭生活可以促进孩子与父母之间的关系，增强他们对他人的信任感。首先，父母之间应该融洽相处。其次，与孩子加强交流，了解孩子的心理需求，走进孩子的内心，理解孩子的想法，体会孩子的感受。再次，父母平时在生活中也要注意人际交往，如邻里之间相互打招呼、相互帮忙等，潜移默化地提高孩子的人际交往能力。最后，利用周末的时间进行一些家庭活动，增强孩子与父母的亲密感，比如看电影、去公园游玩等。

# 问题 7：学生不爱参加集体活动

## 案 例

小华是初中二年级的学生，学习很勤奋，但不喜欢说话。小华的父母亲比较忙，平常都不回家，所以小华一直都是跟着爷爷奶奶长大。爷爷奶奶不放心小华去外面玩，经常要求她待在家里，因此小华很少与周围的同龄人一起玩。最近，小华的班级正在组织同学们参加学校的艺术节。一次讨论活动时，小华不见了踪影。老师发动同学们去找她，找遍了学校，最后在图书馆找到了她。老师鼓励她去参加艺术节的表演，说为她安排了一个特别适合她表演的角色，她只需要做一些简单的动作，并没有太多的台词。但是小华拒绝了。小华说她没有艺术天分，过去也从来没有在众人面前表演过，不如别的同学。她还说大家都不喜欢她，她除了学习成绩还好之外，什么都不行。小华的老师感到很困惑。因为老师一直认为小华是一个学习成绩很好，比较乖巧的小孩，从未发现小华竟然有点自卑，觉得自己是没人要的孩子。

## 原理分析

学生不爱参加集体活动，可能有以下几种原因。

1. 学生自身的因素。从性格上看，有些学生较为内向、孤僻，偏好人少安静的环境，如果强制他们参与集体活动，会使他们更加害怕集体活动；有些学生自我价值感较低，容易自卑，他们在集体中不敢放开手去活动，因而选择回避参与这些活动；有些学生比较敏感，很容易受他人的影响，特别是在集体活动中，他们害怕失败，害怕在众人面前丢脸，所以尽量选择不参与集体活动。此外，一些学生缺少基本的人际交往技巧，不会与人打交道，在集体活动中经常被冷落，慢慢地对集体活动失去兴趣，从而不喜欢参加集体活动。

2. 家庭因素。一方面，有些学生从小沉浸在父母的宠爱和呵护中，对父母过于依恋，整天与父母待在一起，缺少与同龄孩子交往的经历，也没有享受过集体活动的乐趣。另一方面，有些父母工作比较忙，他们担心孩子的安全，不放心孩子出去玩，导致孩子很少与同龄孩子交往，缺少集体活动的经验。

3. 集体活动本身的问题。由于学生的个性和兴趣存在差异，老师安排的活动有时候不能调动个别学生的兴趣，他们参与活动的意愿就会下降；有时候活动安排得太简单或太难，也会让有些学生失去参与活动的兴趣；有时候老师安排的集体活动，确实不是有些学生擅长的，这些学生不愿意参与也在情理之中。

## 操作指导

对于不爱参加集体活动的学生，可以根据实际情况来引导他们积极参与：

1. 针对学生性格自卑、孤僻导致不喜欢与人交往的情况，家长和老师应该从改变孩子的性格入手，着力培养孩子的自信心，塑造其开朗的性格。家长和老师需要有足够的耐心，可以从赞扬孩子开始，对孩子的行为表现予以肯定。比如，孩子写作业认真，可以夸他态度认真；字写得端正，家长夸他字写得好看。总之，要善于发现孩子的闪光点，随时随地肯定和鼓励孩子。慢慢地，孩子的自信心就会越来越强，便不会因觉得自己不如人而不愿意参加集体活动了。

2. 针对孩子对父母过于依恋导致不参加集体活动的情况，家长需要想办法改变孩子的依恋状况，给孩子创造出共同体验的活动和环境。比如，家长可以多带孩子走出家门，与周围的人接触；多带孩子去人多的场合，一起参与社会和学校组织举办的各种集体活动；周末或节假日可以和孩子一起去游乐场、动物园、踏青等；寻找时机鼓励孩子与别的孩子交朋友，有意识地创造孩子与人交流接触的机会。

3. 针对孩子由于人际交往经验不足导致在集体活动中受到冷落的情况，家长和老师可以教孩子一些基本的人际交往技巧。比如，先教孩子遵守集体活动的规则，让孩子听从集体领导的安排，尽量配合大家，这是融入集体的第一步；教孩子学会帮助集体成员，鼓励别人，与大家团结一致；鼓励孩子向其他优秀的同学学习，多与这些同学沟通交流。如果孩子能做到这些，他就不会被集体排斥，也容易在集体中找到自己的位置，感受到集体活动的乐趣。

4. 针对个别学生对某项集体活动参与意愿和兴趣不高的情况，老师在组织活动时，应尽量照顾到大多数同学的意愿，让尽可能多的同学参与；鼓励那些参与活动积极性比较高的学生带动那些积极性不高的学生；对于那些实在不感兴趣、害怕参与集体活动的同学，也不应强求他们参与活动，可以让他们作为观众来体验集体活动的氛围，慢慢增强他们的集体归属感。

# 问题8：学生对异性有好感

## 案　例

小鑫是一个刚从乡镇考入县城的高一新生，性格内向的他在这个陌生的环境中显得很焦虑、不安。小鑫家的经济条件不是很好，但他很懂事，学习成绩也一直很好。到了县城里上学，由于环境的变化和自身的原因，小鑫变得越来越自卑，不敢主动跟同学们说话。然而，班上的小月却引起了他的注意。小月是一个性格开朗的女生，正巧坐在离小鑫不远的地方。小鑫觉得她虽然长相并没有那么出众，但活泼好动、说话声音很好听，能跟班上大多数男生都打成一片。小鑫时常趴在书桌上，看小月与其他同学有说有笑，时而发出银铃般的笑声。这时候的小鑫对小月只是欣赏。

后来由于课程的需要，小鑫和小月被分到了同一个学习互助小组。小月是学习小组的组长，负责了解每个小组成员的学习状况和需求。就这样，小鑫和小月开始有了很多的接触。在学习过程中，小月开朗活泼的性格慢慢地感染了小鑫，使他的内心发生了微妙的变化。小鑫意识到自己喜欢上了小月，试图努力克制自己，把精力集中到学习上，但效果不是很理想。更让小鑫觉得难受的是，小月似乎发现了他对她有好感，于是刻意疏远他。因此，小鑫变得更加自闭，学习成绩也受到了很大影响。

## 原理分析

学生对异性产生好感，这是非常正常的现象。在学校中，导致学生对异性有好感的因素包括：

1. 学生身心发展的变化规律。学生进入青春期，随着第二性征的出现，性意识开始觉醒，由此引起学生心理上微妙而复杂的反应，表现出对异性的好奇，促使他们产生相互吸引、彼此接近的需要。学生开始注重自己在异性面前的表现，渴望得到异性的关注。这种异性之间相互吸引所产生的情绪体验是一种良好的积极的体验，对青少年的心理健康起着重要的作用。它可以激发学生的潜能，促进学生的学习和人际交往。

2. 异性吸引是异性交往的基础。异性交往是人类的一种精神需要，是人际交往中很重要的部分，它能使人保持积极的心态。同时，在异性交往过程中产生的情感是丰富而微妙的，不同于同性之间的情感交流和感受。那些能够获得周围异性同辈好感的人，情绪会比较稳定，更能自发地激励自己追求更好的状态。

3. 环境因素。学生对异性产生好感，与周围的环境有很大的关系。在班级中，同学之间的交往容易相互产生好感，培养出异性友谊。或男女同学由于居住一地，一起上学、放学，相互之间结为知己。还有可能男女同学都是班干部，在一起讨论班级事务，共同协商制定班级计划，组织班级集体活动，彼此协作，交流频繁，相互欣赏，增强了异性之间的友谊和感情。

此外，学生对异性产生好感，可能还存在一些偶然因素。比如：与异性的第一次见面，留下了深刻的印象；在自己无助、烦恼的时候，感受到来自异性的关心和帮助，由此产生了对对方的依赖；在与异性日常交往的过程中，错误地理解对方表达的含义，误以为对方对自己有好感等。

## 操作指导

1. 帮助学生分清某种好感是友情还是爱情。异性之间相互吸引，交往频繁，对彼此产生好感，教师应该帮助学生分清这种好感是彼此之间培养的友谊还是男女之间的爱慕之情。如果学生因自身无法分辨而感到困惑，可以鼓励其向身边的朋友、老师寻求帮助。(1) 如果对异性的好感是彼此之间培养的友谊，教师和家长应鼓励学生保持这种友谊。它可以促进学生成长，保持其身心健康。在学习上，可以向对方请教一些问题，相互督促，共同进步；在生活中，可以学习对方身上的优秀品质，女生通过与男生建立友谊，培养坚毅、独立、勇敢等品质，同样，男生通过同女生沟通交流的过程，可以增强自己的社交技能，培养耐心、细心、温柔等品质。(2) 如果学生感觉对异性的好感倾向于男女之间的爱慕之情，教师和家长也无须责备，应让学生认识到这也是一种正常现象。同时，应当提醒学生在还不具备足够的能力和充分的准备去处理这种爱慕之情的情况下，应当好好地审视自己的内心，将这种情感体验转化为内在动力，通过努力学习，成就自己的理想。

2. 引导学生学会与异性交往的正确方式。青春期是发展同伴关系的重要时期，学生在该阶段要学会正确处理同伴关系，增强人际交往能力，促进身心更好地发展。小学阶段，同伴群体中性别体现不是很明显，到了初高中阶段，同伴交往中，出现明显的以性别分类的群体。学生会因为找不到与异性相处的正确方式而产生困惑。针对此类情况，学校可以组织有经验的老师开设关于如何与异性交往的讲座；心理老师可以针对同学们的具体情况，开设相应的心理活动课，让学生找到与异性相处的合适方式；同时，班主任也可以留意个别学生，比如比较内向、害羞、害怕同异性交流的学生，性格特别开朗豪爽、与异性之间交流频繁但不懂得把握分寸的学生，与异性交往采用敌对方式的学生等，与他们沟通，引导其采取恰当的方式同异性建立友谊，促使学生共同成长进步。

3. 营造良好的班级氛围。班级是影响学生日常学习生活的重要环境，学生之间的交往会受到班级环境的影响。因此，创造和维持良好的班级氛围对学生的身心发展具有重要的作用。重视班主任工作的开展，关注学生日常学习生活的动态，及时采取相应措施，促使学生提高学业成绩和锻炼人际交往能力。例如，组织开展关于同伴交往的主题班会活动；组建学习团体，学生在团体内部学习异性的优点，建立与异性的友谊；班主任在选拔班干部或者科任老师在选拔课代表的时候，注重男女比例等。

# 问题 9：中学生遭遇恋爱挫折

## 案 例

小桦和小爱是高中生，两人是同班同学。小桦的成绩在班里名列前茅，而小爱成绩平平。一次偶然的机会，老师让班里的同学组成学习互助小组，小桦和小爱就成了学习对子。小桦不仅非常耐心地帮助小爱，而且在解题过程中，总是以小爱比较能接受的方式进行讲解，这让小爱非常感动。小爱虽然学习一般，但非常努力，特别是组成学习对子以后，进步很快，这也让小桦非常开心。久而久之两人互相有了好感，就自然地确定了关系。

他们每天形影不离，上课偶尔互传纸条，下课一起打闹。有时候，他们还会在教室做出出格的举动。放假了两个人也会黏在一起，一起去逛街、唱歌、吃饭等等。由于把精力过多地放在了谈恋爱上，过了一段时间后，两人的成绩都下降了。马上要面临高考了，小桦和小爱感到非常迷茫。他们既想谈恋爱，又不希望影响学习，他们开始预感两人的恋爱不会太长久。

## 原理分析

随着年龄的增长和生理的成熟，中学生谈恋爱是一种非常常见的现象。但事实表明，中学生的恋爱往往是不长久的。主要有以下原因：

1. 中学生的恋爱观未定型。中学生谈恋爱大多不是出于爱情本身，会受很多因素影响。比如单纯的对异性的好奇与探究、想要找个人陪伴、摆脱父母的束缚、模仿同学或明星等等。很多中学生甚至分不清友谊和爱情。他们往往把男女之间的生理吸引以及青春期特有的对异性的性冲动作为爱慕的因素，把这些当作爱情来对待。

2. 中学生的个人发展趋势变化大。中学生的人生还没有定型，他们的交往面相对来说还比较窄，还没有见过更大的世面。他们没有办法预计自己未来会在哪里学习、哪里工作、哪里定居，会遇见什么样的人，面对什么样的问题，而这些对于维持长久的爱情却是至关重要的。

3. 中学生尚不具备独立生活的能力。中学生的日常生活全靠父母照料，经济支撑全部来自于父母。一旦离开了父母，很多中学生都不知道如何照顾好自己，也就没办法兼顾所谓的爱情。

4. 中学生的人格还不够健全，心智还不够成熟。首先，中学生的能力还不够强，性格、观念、品德等尚未成熟，对于爱情缺乏控制力。其次，中学生心智不够成熟，缺乏责任感。他们尚不能游刃有余地处理自己遇到的学习和生活问题，他们的情绪很容易受一些外在的因素影响，因此在恋爱过程中容易闹出很多矛盾。

## 操作指导

在中国，多数学校对于中学生谈恋爱是明令禁止的。然而，学生谈恋爱并没有因此变少。受学生个性化发展的影响，以及新一代父母恋爱观的开放化，中学生谈恋爱现象似乎越来越多。在西方国家，中学对学生谈恋爱持一种完全开放的态度。禁止还是支持中学生谈恋爱都有各自的理由，关键在于如何引导学生树立正确的恋爱观。

1. 要正确处理好恋爱和学业的关系。家长和教师应让学生认识到，恋爱并不是人生的全部。学生应该以学业为重，学习才是中学阶段的主要任务和目的。恋爱也未必是学业的绊脚石，处理得好的话，也能够对学业起到催化作用。一旦恋爱影响到学业，就要一起坐下来探讨，并尝试解决问题。

2. 端正恋爱动机。恋爱是为了寻找志同道合、白头偕老的伴侣，而不是为了排忧解难、寻求刺激、摆脱父母。教师及父母应引导学生在选择恋爱对象时，考虑经济、政治、文化、个性等方面的综合因素，考虑学生阶段身心发展未成熟、人格未健全等因素，考虑自身的情绪、情感状态和面对挫折的承受能力等因素，考虑双方未来的不确定因素。

3. 引导学生保留友谊成分，鼓励学生在人格健全、心智成熟后恋爱。引导建立异性之间良好的友谊，过滤掉不恰当的想法和行为，让这种积极的情感体验成为学习和成长的动力。建议学生相互督促，形成竞争与合作的关系，从而提高学习成绩；在生活中，遇到难以解决的困难或挫折的时候，寻求对方的帮助，提高自己解决问题的能力；在心情烦闷、焦虑的时候，向对方倾诉，帮助自己调整心态，整理情绪，从而积极乐观地面对生活。

4. 引导学生正确面对恋爱挫折。教师可通过认清现实、换位思考、感情宣泄、情境转移等方式让学生学会如何处理恋爱挫折。认清现实即让学生正视“爱情是双向的，失去任何一方，爱情就会失去平衡，恋爱即告终止”的现实。然后进行换位思考，设身处地地为对方着想，理解双方终止爱情的原因，帮助走出失恋阴影。为了缓解失恋带来的痛苦，可以通过大哭、运动、转移注意力、倾诉等方式进行宣泄。或者可以换一个崭新的环境，或者暂时离开熟悉的环境。通过多交一些朋友、多参加一些集体活动、出去旅游、找人谈心等方式摆脱失恋的困扰。也可以鼓励学生把失恋升华为一种奋发向上的动力，尽快投入到学习中去。

# 问题 10：学生特别害怕老师

## 案 例

盈盈是一名初二女生，在一次考试时，将自己的答案写在纸条上传给好朋友，被老师发现，受到了老师的批评。而后她一直恐惧不安，害怕数学老师瞧不起自己，害怕上数学课。每次上数学课之前，她都特别紧张，注意力不能集中。上课时，也不敢抬头看老师，只是低头“听”老师讲课。

佳佳读小学三年级。老师发现这孩子特别胆小，尤其害怕老师。无论是上课时被老师叫起来回答问题，还是课后老师与她谈话，她的眼睛根本不敢看老师，声音小得像蚊子叫，头低得恨不得地上有条缝可以钻进去。老师要是生气了嗓门稍大些，她的身体竟然会发起抖来。佳佳的妈妈说，佳佳学习成绩一般，平时做什么事情都不主动，虽然才上小学三年级，但已经好几次企图装病逃学。问她为什么不愿意上学，她回答害怕老师。奇怪的是佳佳的班主任是一位非常和蔼可亲的老师，深受学生的欢迎。老师也对佳佳很关心，来家访过好多次，但似乎都没什么用。

## 原理分析

一直以来，校园都被视为是师生共同学习、成长的一方净土。在这里，老师应该是最值得学生信任的人。可是，在不少学生身上，一种奇怪的现象依然存在——怕老师。即便老师抛出橄榄枝，主动敞开心扉，学生依然会逃避、退缩、沉默。那么，为什么有的学生总是怕老师？

1. 怕家长（权威）

孩子在孩童时期的第一位老师是家长。在孩子眼中，扛煤气罐、换灯泡、开冰箱，甚至点根蜡烛、用筷子，都超出了他们的能力范围。能轻而易举地办到这些事的家长，在孩子眼中显然是强大的令他们崇拜的对象。面对这种“强大”，孩子们有两方面的心理：一是依赖、追求，二是敬畏。

精神分析学理论认为，一旦孩子对家长的“敬畏”变成“惧怕”，早教便宣告失败。在家庭中，父母是权力和能力的象征。如果家长的教育方式不当，过于严厉地对待子女，甚至当着子女的面严厉地训斥他人，都有可能让他们对这种“强大”产生阴影。一旦这种阴影演变成持久的恐惧心理，这种恐惧将深入到潜意识中，成为对权威的恐惧，积重难返。学生怕老师，其实是怕家长的延伸。他们害怕的并不是老师，而是幼年时期家长树立起的权威和力量的影子。

2. 怕老师惩罚

在学校里，老师和学生处于不平等的关系。这种不平等关系不是天然存在的，而是在学校教育过程中形成的。每个班级总有几个调皮捣蛋的学生，需要老师出面严加管教。老师为了营造良好的学习氛围，对课堂纪律和班级纪律有严格的要求。老师严厉的一面展现在所有学生面前，学生意识到老师在学校里是绝对的权威，老师有权利惩罚犯错误的学生，比如罚站、叫到办公室谈心、找家长等等。久而久之，学生形成了“恐惧”老师的心理，即便自己没有做错任何事，见到老师仍然会感到害怕。

3. 敬畏老师

学校里多数老师都兢兢业业、严于律己，也非常爱护学生，给学生做了很好的榜样。大部分学生也能分辨哪些老师是真心为学生好的，因而非常敬重这样的老师。这种敬重老师的认知和老师平日里严厉的形象，使学生对老师形成一种既尊重又畏惧的敬畏感。有时候我们会看到这样的情况：学生们只要远远地看到老师，就会悄悄绕开尽量不跟老师直接碰面。这种敬而远之也是害怕的一种表现方式。

## 操作指导

遇到学生害怕老师的情况，可以按照以下几点处理：

1. 了解学生的家庭和成长环境。首先要了解学生的家庭环境。学生害怕老师，可能源于他们在家里害怕父母或长辈。为了了解这方面的情况，老师需要了解学生的家庭教养方式。家长是否是权威型的家长，他们平时是否对孩子过于严厉，是否经常对孩子发脾气甚至打孩子，是否不太容易接受孩子不同的观点，在孩子犯错误的时候是否指责怪罪多于了解孩子犯错的原因等等。其次要了解学生的成长环境。了解学生在成长过程中是否有过一些不好的经历，导致其害怕长辈。

2. 创设轻松自由的教学和管理氛围。老师需要改变过分严厉的教学和管理风格，注重对学生的引领，而非用简单粗暴的震慑、控制等方式，盲目追求在学生中树立威信。老师应该允许学生出错，尊重学生，用言语和行动鼓励学生表达自己的想法，培养学生的主动性和自信心；应尽量少用简单粗暴的训斥、惩罚等方式来处理学生之间的冲突和错误。课后也可以举办演讲活动、师生互动游戏等，增进师生之间的友谊，把老师和蔼可亲、亲切友善的一面展现给学生。对于那些对老师特别害怕的学生，老师应主动探究原因，开诚布公地邀请学生谈心，帮助学生尽量克服害怕心理。

# 问题11：学生不信任老师

## 案例

开学第一天，班级里出现了一位邋遢的孩子，书包乱糟糟、脏兮兮的。为了让他改掉这个毛病，年轻的教师当着全班学生的面把书包里的东西抖出来，并拿出相机拍照，说要在家长返校日公开，还说出了“谁那里有垃圾，就丢到这位同学的桌子上，反正他那里已经是垃圾桶了”的话语。其结果是，家长十分气愤，告到了校长处。最可悲的是当事教师还没有认识到自己的错误，反而认为自己做得对，说现在这个孩子已经知道整理好自己的书包了。

同样是这个孩子，他在交作业时找不到自己的作业，当着老师的面乱翻自己的书包和资料袋。但是老师没有批评指责他，而是低下身子说相信他，相信他写了作业只是找不到了，不过有一个大问题需要注意，那就是乱放东西。然后告知他可以在两位同学中挑选一位，中午帮助他整理资料袋。从此以后这位同学的作业再也没有找不到过。（案例出自《第56号教室的奇迹》）

## 原理分析

在现实生活中，学生不信任老师的现象屡见不鲜。其实信任是双向的，老师和学生任意一方的不信任，都可能形成一种恶性循环，对师生之间的信任关系造成很大的伤害。学生不信任老师的原因可以从以下三个角度来分析：

1. 我国的学校管理模式、育人模式和课堂教学模式容易造成师生之间的不信任。我国大部分学校的管理模式都是时间、空间全覆盖的。学生在校园里的一举一动全在老师的监视之下，且全部转化为“分数”，纳入评价。学校和老师认为，学生脱离了他们的视线就可能是去干坏事了。学校的育人模式更多的是采取“一刀切”的形式，所有学生学着相同的课程，全面发展被异化为全科发展。而学生不一样的潜能则无人问津，每一位学生的个性得不到尊重。此外，课堂教学模式同样缺乏信任。老师讲课力求面面俱到，布置作业也不敢怠慢。课堂上的许多努力似乎是为了让老师自己放心。

2. 从老师的角度来看，老师对学生的较低期望和控制会加深学生的不信任感。例如，课后作业要家长监督完成并签名证明，严格控制学生接触手机和电脑的时间，常常指责学生缺乏耐心、注意力不集中、懒惰等。当老师忽视了学生的需要，不相信学生的自主自觉，一味地控制加指责，不仅容易失去学生的信任，老师也会因为无法达到预期效果变得不安、焦躁和怀疑。

3. 从学生的角度来看，当学生与老师有过不愉快的经历，或者对老师的教学方式持怀疑态度，学生则会逐渐变得不信任老师。例如，老师当众批评学生，老师偏袒个别优等生，老师给学生布置超量的、没有意义的作业等，都会破坏学生对老师的信任。一旦学生不信任老师，学生就会远离老师，老师也就无法真正地接近学生。

## 操作指导

很显然，培养师生信任感，主要责任在于老师和学校。建议从以下几个方面努力：

1. 教师要相信学生。苏霍姆林斯基说过：“每个人都有一颗成为好人的心。”老师不能用带有偏见的眼光看待学生，要尊重学生，倾听学生的意见，相信每一位学生都有变好的倾向。学生犯错的时候，在批评指责之前，不妨问问学生为什么这么做，相信学生的解释，并给学生一个期待，希望他（她）下次能够表现得更好。

2. 教师要给学生自由。老师的作用在于为学生指引正确的方向，帮助学生更好地成长，而不是过分控制以免学生犯错。研究表明，当老师给学生思考和行动的自由时，学生往往能够创造出令人难以置信的成果。因此，老师应该适当放手，鼓励学生用适合自己的方式进行学习，允许学生挑战权威，对问题有自己的理解和思考。

3. 教师要深入了解学生。师生之间的信任要建立在日积月累的相互了解之上。老师要经常与每位学生进行一对一互动。可以通过作业留言、电子邮件等方式，及时交流，化解矛盾，逐步培养师生之间的信任感。

4. 创设有价值的课堂，改进课堂教学模式。老师要积极地为学生创造有趣的学习机会，提供良好的学习资源，通过有意义、有挑战、有成就感的课堂来获得学生们的信任。这样，学生也会乐于学习，成为自觉的学习者。

5. 学校要改变管理模式、优化育人模式和改进课堂教学模式。学校应当给予学生一定的自由，而非对学生进行全方位的监控。学校应鼓励学生的个性化发展，尊重不同特质、不同性格学生的差异，充分发挥学生不同方面的潜能。

# 问题12：学生在学校遇到困难不爱找老师寻求帮助

## 案 例

小美今年刚考上某市重点中学。面对忙碌的初中生活，她有些力不从心，应接不暇。数学一直是小美的弱势学科。数学老师讲课速度很快，外加黑板上晦涩难懂的公式，搞的小美晕头转向，一点儿也跟不上老师的步伐。可是当老师问同学们有什么不理解的地方时，小美看到班上没有其他人提问，自己也把不懂的问题咽了下去，她担心老师批评自己没有认真听课。晚上做家庭作业时，小美思考了个把小时都做不出来，第二天都不敢去问数学老师。小美还观察到除了课代表，班里的同学很少去老师的办公室，大家都很害怕严肃的数学老师，遇到难题干脆就不做等着老师讲。她一想到要去找老师，都会脸红，心跳加速，呼吸急促。久而久之，不会的习题越来越多，小美也越来越畏惧老师，更不敢和老师打招呼，成绩也一落千丈，她感觉自己根本不是学数学的料……

## 原理分析

师生关系是教师与学生在教育过程中为完成一定的教育任务，以“教”和“学”为中介而形成的一种特殊的社会关系。学生在学校遇到困难却不爱找老师寻求帮助，可能是由以下几个方面导致的：

1. 正处在青春期的中学生，其身心的急剧变化造成自主意识增强、情绪不稳定、自控能力较差和普遍存在的逆反心理。这一阶段的学生相对比较自我中心，容易沉浸在自己的内心世界，试图自己决定自己的生活。他们通过和外界的不断探索来协调自我同一性，因而在学校遇到问题时，倾向于用自己的办法去解决问题，提高控制感。

2. 中学生有强烈的交友需要，他们渴望有人了解自己，有心里话或问题更愿意找同龄人诉说或解决，而不愿去麻烦老师和家长。在这种交友的氛围下，中学生把主动求助于老师或家长的行为视为不成熟、没能力的表现。

3. 不同学生拥有的气质类型不同，有些学生比较内向孤僻、胆小拘谨、害羞谨慎、不善于言谈与交际。这类学生不愿主动求助他人，倾向于独立地解决问题。另外，动机的高低也会影响学生的求助意愿。有研究表明，内部动机与学生寻求帮助的意愿成正相关，那些拥有任务成就目标的个体会把寻求帮助看作是促进个人进步和任务完成的适应性策略，而成就目标较低的个体则倾向于不太会向老师或家长求助。

4. 对立紧张的师生关系也会影响师生之间的沟通。对立紧张的师生关系会让学生觉得老师并非安全的避风港，而是不能够理解他们的权威。当遇到困难需要求助时，学生会本能地认为老师并不是那个能够帮助他们解决问题的人，反而可能是一个会责备、怪罪他们的人，因此学生自然不会向老师求助。

5. 不和谐的家庭环境或错误的教育观念会妨碍学生的求助行为。家庭对一个人的性格形成和未来发展具有重要和深远的影响。一方面，夫妻关系不和睦、家庭气氛紧张等不和谐的家庭关系会影响孩子的性格养成，从而影响到孩子的求助行为。另一方面，家长对学校教育的态度也会影响孩子的求助行为。有些家长对学校并不信任，在平时的言传身教中，向孩子传递了不正确的教育观念，导致孩子对学校教育也存在一定的偏见。

## 操作指导

学生在校遇到问题时主动向老师求助，这是老师与家长共同追求的目标。当有的孩子不愿找老师解决困难时，老师可依据上述原因逐步排查，寻找病灶，结合多方面的力量，塑造温馨的校园环境和融洽的师生关系。

1. 学生个体应增强自信心，进行正向的自我强化。将寻求帮助看作是克服困难、解决问题、获得提高的一种适应性学习策略。学生可以尝试使用记录法，准备一个小本子记录自己每天的进步，哪怕是一点点进步或是让自己骄傲的事情，坚持下去就会发现自己拥有很多平时没被察觉到的力量。同时，采取积极的自我暗示法。无论是学习新知识还是人际交往，不断用积极的思想、语言提示自己，克服悲观、沮丧和恐惧的心情，振奋自己的心情。也可以试试借助他人的力量，增强自己的自信心。多关注别人对你的赞赏或鼓励，以优秀的同学为榜样，学习他们的闪光之处，为了成就优秀的自己而不断努力。

2. 营造融洽的师生关系。第一，教师应充分了解学生。教师应融入班集体生活中，探索学生的真实想法和需求，成为他们的朋友，和他们一起克服困难，一起感受欢乐和忧愁；及时组织班会或开展心理健康教育与宣传，树立正确的价值观，消除师生之间的隔阂；当学生遇到自己或同伴解决不了的问题时，鼓励其主动向家长或老师求助。第二，尊重学生，发挥他们的主体作用。教师要像保护自己的眼睛一样保护好学生的自尊心。尊重学生对课程、班集体工作的意见和建议，切忌独断专行，搞一言堂。尊重学生的个性，面对不同性格、脾气的学生要因材施教，不能强迫所有的学生都按自己的意愿发展。第三，情感激励，开启学生的情感世界。在严格要求学生的同时，掌握表扬的艺术，当学生鼓起勇气向老师打开心扉或寻求帮助时，教师应及时给予学生正强化，鼓励并赞赏学生敢于面对问题的勇气和希望解决问题的想法，以增强学生的自信心。

3. 学校应增强家校沟通，提高家长教育孩子的能力。向家长普及学生身心发展、心理健康的常识，使家长全面掌握孩子的心理特点，营造和谐的家庭环境。建议家长与孩子在交往中把握边界，尊重孩子的隐私和秘密；时进时退，鼓励孩子自己去探索解决办法；提供支持，无条件倾听并尊重孩子的想法，建立稳定的亲子关系，鼓励孩子在学校遇到解决不了的困难时，及时向老师求助。有了家长的支持，孩子会更愿意更勇敢地向教师伸出求助之手。

# 问题 13：学生因被老师批评而郁郁寡欢

## 案 例

小迪是一位活泼开朗、成绩优异的初二女生。班里的老师和同学都很喜欢她。有一天上数学课的时候，后面调皮的男同学戳了戳她的背，仿佛想跟她说些什么。一开始她没有理睬，可是男同学愈演愈烈，一直踢小迪的凳子。小迪忍无可忍，扭过头说："别踢了！你想干吗?"此时数学老师正在讲一个很重要的知识点，突然发现小迪扭头说话，便语气严厉地对小迪说："小迪，你回答一下刚才我问的问题。"因为根本没有听到老师的问题，紧张的小迪一时语塞。数学老师继续说："刚才你在干吗！怎么不认真听讲呢。"小迪一时间面色涨红，无法辩解。此后一段时间，小迪一直闷闷不乐。因为她觉得这事错不在自己，但自己却被批评，因此耿耿于怀。自那之后，小迪一看到数学老师就紧张，数学课也没有办法集中注意力。小迪似乎知道自己不能集中注意力的原因，但又不敢跟老师沟通交流，她开始变得郁郁寡欢。

## 原理分析

青少年时期是生命发展过程中一个特殊的时期，此时的个体处于从幼稚到成熟的过渡时期。此阶段的青少年存在较强烈的自尊需要，被老师批评时经常出现悲伤、愤怒甚至仇恨的心态。学生因老师合理的批评而长时期郁郁寡欢，很有可能是其心理弹性不足导致。

研究者认为心理弹性是指个体不受压力与逆境的负面影响，并能在压力与逆境之中奋斗不息而获得发展的现象。也有研究者将心理弹性视为由多元成分构成的人格特征。总的来说，心理弹性是指个体的知、情、意、行不易受外界环境的影响，能较快地恢复到良好的状态的心理个性特征，包括认知、意志、情绪弹性三个维度。

心理弹性者具有以下三种特点：1. 积极的认知。面对挑战或困难时，能用积极归因的方式，积极地看待社会环境，主动寻求方法走出逆境。认知积极的学生更可能在老师批评时发现自己的错误，找到问题的解决办法，用积极的策略应对挑战，而不是一味回避。2. 灵活调节情绪的能力。根据环境需求调节自己的心情，让自己处于稳定的状态，能迅速从压力和负面情绪体验中挣脱出来并做出灵活的行为改变。3. 良好的支持体系。一方面，积极的亲子依恋关系，父母给予的温暖、鼓励和帮助，家庭内部的凝聚力等都和心理弹性有关。良好安全的亲子关系能增强孩子的自尊心并保护其心理健康。另一方面，对中学生来说，学校和同学是重要的关系网络，是情感支持的重要来源。总之，若学生在认知、意志、情绪弹性三方面上表现不佳，即心理弹性不足，便极有可能难以接受老师的批评，表现出消极情绪。

## 操作指导

青少年的心理弹性受多种因素影响，如青少年自身的心理弹性特点、自身的心理素质，以及周围的人际关系网络。青少年自身、教育工作者和家庭应从以下几方面着手来增强青少年的心理弹性。

1. 提高青少年积极的心理素质。青少年应理性地看待老师的批评，用辩证的眼光看待自己的错误，勇敢地承认错误，积极地与老师沟通。家长和教师应鼓励青少年在遇到困难和挫折时，不逃避、不退缩、不气馁，正确对待自己所犯的错误。此外，还可以引导青少年对问题进行积极加工。

2. 创造良好的家庭环境。首先，家长要时刻关注孩子的情绪变化。情绪的变化体现在孩子的生理、认知及生活方面。多关注孩子在生理上是否有异于平常的症状，如出现疲倦、失眠、食欲下降等。在情绪认知方面，是否郁郁寡欢、对日常活动及周围的人和事物丧失兴趣、注意力难以集中、思维迟滞、自我评价过低等。当孩子出现以上表现时，家长应及时着手干预。其次，了解产生情绪变化的原因，并表达对孩子的情感支持。家长应坐下来耐心地与孩子讨论他情绪的变化及原因，以关切而非责备的语气，询问孩子是否愿意和自己分享让他不开心的事情；以第三方的视角，不加批评地认真地倾听孩子对事情发生、发展的描述。最后，站在孩子的立场上，与孩子共同分析原因、探讨解决方案、释放不良情绪。

3. 建构完善的社会支持体系。良好的亲子关系、亲密的同伴关系、良好的师生关系等来源于不同方面的社会支持为青少年的心理健康共同架起了一把保护伞。鼓励青少年扩展自己的朋友圈，发展志同道合的朋友，遇到情绪不佳等问题时，可向亲密的朋友倾诉或求助，听听同学的建议与看法，收获来自同伴的支持。若青少年不想向熟悉的人倾诉，自己又调整不过来，鼓励他们去学校心理辅导中心或其他专业机构寻求专业的帮助。

4. 教师应掌握正确的批评技巧。对青少年最直接的影响来自于师生关系，教师要掌握批评学生的正确方法，尽量遵循以下原则。(1) 老师要明确批评而不是责备。批评的出发点是对学生的真诚和尊重，批评的目标是对当前错误的改进而不是追究。批评前要充分考虑到学生年龄、性格和承受能力等因素。(2) 就事论事。教师要控制好自己的情绪，不要以绝对化、概括化的方式评价学生，泛化其缺点。要以发展的眼光看待学生，切忌以各种不当的方式逼迫学生承认错误并进行惩罚。(3) 进退有度。教师在批评或处罚学生后，应该留给学生一定的改正余地，给他们找个台阶下，为其改变行为赋能，鼓励其勇敢正视问题并积极改正。过度极端的批评和处罚方式，会造成不可预计甚至不可挽回的后果。(4) 因人而异原则。教师应充分考虑个体差异，针对不同气质类型的学生，采用不同的批评教育方式。对胆汁质类型的学生，采用“冷”处理，逐步展开教育；对活泼型的学生，可直接针对问题进行批评教育，增加提醒的次数；对黏液质的学生，要耐心地持之以恒地教育，加强日常的观察；对抑郁类型的学生，要对其多进行积极的暗示引导，润物细无声地鼓励和支持他。

# 问题 14：学生与人交往时极度自我封闭

## 案例

小张是一名初一学生，原本性格直率、开朗活泼。随着年龄的增长，小张开始对父母的一些观点（例如他们认为小张做得不对的地方）产生怀疑。但小张的父母并不是开明的人，每次小张直接地对父母表达自己的看法时，父母总是表现得很愤怒，指责他强词夺理、为自己开脱，甚至说如果小张跟其他同学交往也这样的话，是交不到朋友的。遇到过很多次类似的情况后，小张渐渐变得不爱表达自己的想法，与人交往时总是迎合别人，把自己的真实想法、情感和需要掩盖起来。小张本身并不喜欢违心说谎，但又怕因为说实话而得罪别人，为此他感到十分烦恼和困惑。

## 原理分析

像小张一样，与人交往时喜欢把自己的真实想法、情感和需要掩盖起来的中小学生并不少见，但背后的原因却不尽相同。一般情况下主要有以下两种原因：

1. 学生在交往中过度自我封闭。有些学生在与他人交往时，总是在心理上为自己设置一道屏障，只注重自己的内心体验，对人际交往抱一种无所谓的冷漠态度。而有些学生本身是愿意与他人交往的，但由于个人性格（脾气暴躁、冲动）、沟通交往能力（例如说话缺乏技巧）和交往对象（缺乏耐心、不愿倾听、过多的消极反应）等原因无法有效、顺畅地表达自己的想法，导致在人际交往中经常遭受挫折，对人际环境逐渐变得敏感，自身真实的想法、情感和需要受到压抑，从而使自己的人际关系处于紧张状态。

2. 学生在人际交往中存在不安全感。这类学生常常自我保护意识比较强，不愿意让他人知道自己的真实想法。首先，这种人际交往中的不安全感可能来自于亲密关系（通常是父子母子）中的不安全依恋。一般情况下，如果一个家庭总是能及时地对孩子的需求给予反应和支持，孩子就会形成安全型依恋；如果一个家庭对孩子的需求总是反应缓慢、冷漠，甚至置之不理，孩子就会形成不安全的依恋（回避型、抗拒性或者混乱型依恋）。有不安全型依恋的孩子，由于很少接收到积极的反馈，他们对自己的评价过低，很难对他人产生信任。其次，这种人际交往中的不安全感可能来自于对孩子的过度保护。有些孩子从小被家长捧在手心里，做什么事都要在家长的眼皮子底下；有些孩子被家长过分溺爱，他们的一切要求都被家长尽量迁就和满足，没有学会如何承受失败和挫折。这两类孩子容易在交际方面遇到挫折，从而对正常人际交往产生畏惧和回避的心态。

## 操作指导

中小学生在人际交往中总是把自己的真实想法、情感和需要掩盖起来，不仅会影响与他人的正常交往，而且不利于学生的身心发展和健康成长。帮助学生改变人际交往观念，克服人际交往障碍，掌握人际交往方法，提升人际交往品质，可以从以下几个方面做出努力：

1. 帮助学生树立正确的人际交往观念。（1）许多学生对人际交往存在着一定程度的认知偏差，而对人际关系有一种积极、全面、正确的认知是建立和改善良好人际关系的基础。帮助学生改变思维定式和刻板印象，以良好的心态正确对待自我和人际交往的对象；引导学生正视并纠正人际交往中的心理症结（如自我中心、孤僻、多疑等），了解建立良好的人际关系的必要性和重要性。（2）让学生明白和遵守人际交往的一些基本原则，如平等、诚信、开放、宽容、互利等。方法上，老师和家长可以结合具体的人际交往中的例子，引导学生转换角色，思考和体会人际交往双方的感受。

2. 引导学生有效调控情绪，避免人际冲突。一方面，当学生在人际交往中出现愤怒、悲伤、紧张、害怕等不良情绪时，老师和家长应及时地介入和疏导。可以通过自我反省、自我评估等方式让学生自己认识到不良情绪反应可能导致的后果，避免从不良情绪发展成心理障碍。另一方面，老师和家长还应指导学生在遇到人际冲突情境时，如何运用克制、宣泄、转移注意力等方法进行自我控制和情绪调节，避免不良情绪对人际交往产生不良的影响。

3. 帮助学生掌握和灵活运用人际交往的方法和技巧，建立良好的人际关系。(1) 增加学生与他人交往的机会，鼓励建立自己的人际关系圈。在人际交往方面表现得冷漠、回避、敏感、多疑的学生尤其需要学习和训练如何克服心理障碍，敞开心扉与他人坦诚相处，同时还要注意自己的仪容仪表和行为举止。(2) 掌握语言的艺术和说话的技巧。要根据不同场合、不同对象选择交谈的时机、话题和方式；与人交谈时，表达的内容要清楚准确，表达的方法要恰当；与人交谈要真诚、自然，关注和尊重对方的感受，学会微笑和赞美，还可以使用眼神接触或其他肢体语言来帮助自己更流畅、更有效地表达。(3) 安静、耐心地聆听对方的谈话，不要贸然打断或妄下结论，也不要有东张西望、不停看表、玩手机等影响谈话的行为。此外，如果对方表达有困难，可以用赞同、复述、评论等方法引导和鼓励对方讲下去。

4. 为学生创造有益的交往环境，提升学生人际交往的能力。(1) 学校应当积极创设条件，开设人际交往和心理健康相关课程，同时开展各种促进学生人际交往的活动，如运动会、社团活动、兴趣小组等，增强学生的交往意识，培养学生的交往能力。(2) 健康的家庭交往环境主要依靠提高家长素质、改变不良的家庭教育方式来实现。家长应学习家庭教育相关知识，转变教育观念，用科学的方法来对待和培养孩子。通过加强家校沟通，为孩子的人际交往创造条件，并对孩子的人际交往观念和行为加以引导。

# 问题15：学生缺乏与人交流的自信，畏首畏尾

## 案例

小余是一名初二女生，成绩一般，性格内向，有较强的自卑心理，在学习、生活中畏畏缩缩，缺乏自信。她上课从不主动举手发言，回答老师问题时总是低着头，声音很难听清楚。下课后不主动参加集体活动，也不喜欢主动与他人沟通，在与同学的交往中常常表现得焦虑不安，很少表达自己的意见和想法，偶尔表达时也很紧张，没有自信。放学后就独自在家，只偶尔与几个很熟悉的朋友在家附近玩耍。不爱出门，家里如果来了客人也不敢主动打招呼或者交谈。平时和家长交流正常，但如果被家长批评就吓得不敢说话，也不会为自己辩解。

## 原理分析

在中小学当中，有不少学生和小余一样，比较自卑，缺乏与他人交流的自信，畏首畏尾。学生缺乏人际交流自信的原因是多方面的，大致可分为内部原因和外部原因。内部原因主要涉及学生自身，而外部原因主要涉及亲子关系、师生关系和同伴关系等。具体分析如下：

1. 学生自身条件受限。有的学生因为自身的客观条件受到限制（如身材矮小、其貌不扬、有生理缺陷等），加之周围的人言行间有意无意地伤害到他们，使他们觉得自己差人一等，在别人面前抬不起头；还

有的学生因为家庭境况不好等缺乏自信，不愿与他人交往。

2. 学生对自我的认知存在偏差。一个人对自我的认知往往从与他人尤其是同龄伙伴的比较开始，再经过自我分析判断逐渐建立起来。如果比较方法不当，一味地与比自己优秀的人比较，或者忽视自己的长处，拿自己的短处去比别人的长处，就会失去对自我的正确认知，对自我产生轻视与否定的认知，与他人交往也会产生自卑情结。

3. 家长的教养方式不当。家长的教养方式对孩子的心理健康会产生很大影响。例如，专制型家长要求孩子必须按大人的意愿做事，不容许有自主的想法和行为，孩子稍有反抗或是未达到要求就有可能招致一顿打骂，这样的家庭中成长起来的孩子容易形成自卑、懦弱的性格；而溺爱型家长一切服务于孩子，对孩子事事代劳、处处迁就，但过分保护会使孩子难以承受挫折和失败，进而产生自卑的心理。

4. 学校教育缺少积极关注和评价。跟家庭环境一样，学校也是学生社会化的重要场所，是青少年从家庭走向社会的过渡。学生尤其是低年级学生特别重视老师对自己的评价，他们的心智尚未成熟，在自我认知的形成过程中，往往需要借鉴别人特别是师长的看法来做结论，然而，有些老师往往忽视了这一点。有的老师一味表扬表现好或者进步快的学生，对表现不够好或者进步慢的学生不予重视，在课堂上、活动中不给后者机会；有些老师很少给学生积极的评价，反而喜欢强调学生的短处。这些做法会在无形中给学生的自信造成伤害，甚至可能造成他们的人际交往障碍。

5. 同伴关系不良。青春期的孩子开始出现逆反心理，对家长和老师的教育和引导产生抵触或反对的情绪，他们对同龄人间的交往更加看重，因此同伴关系对青少年的社会性发展具有不可替代的作用。有研究表明，那些受到同伴欢迎和接纳，与同伴交往较多的青少年，总体上都会表现出人缘好、外向、乐于助人等积极的个性特征；与此相反，那些具有较低同伴接纳水平的青少年容易遭到同伴的拒绝，这种拒绝可能会使其始终被排斥在群体之外，因感受到群体的敌意而产生自卑情结，进而影响与他人的正常交流沟通。

## 操作指导

可以采取以下措施帮助学生减轻人际交往压力，建立人际交流的自信，学习人际交往的技巧、方法，提高人际交往的能力，使身心得到健康的发展。

1. 帮助学生减轻人际交往的心理压力。有人际交往自卑情结的学生，在人际交往中虽有自卑、封闭等心理问题，但是他们也希望得到别人的理解和帮助，希望有人能倾听他们的心声，指导并帮助他们克服自卑心理。这就要求家长和老师合理应用疏导、沟通、宣泄等心理辅导策略，鼓励他们把内心的烦恼和疑惑说出来，还可以教授一些心理调适的方法来缓解他们的情绪压力，以免造成更严重的心理问题。

2. 帮助学生建立自信。(1) 引导学生正确认识自我。引导学生对自己进行积极、正确、客观的评价，发掘自身的优点，尽量避免或改正自己的短处和缺点；引导学生以平常心去看待他人对自己的评价和期望，对善意的建议虚心接受，对恶意的诋毁置之度外；引导学生量力而行，制定符合自己实际的目标，不要过分苛求完美；引导学生锻炼坚强的意志，不轻易被失败和挫折击垮。(2) 转变家庭教养方式。家长应摒弃专制型、溺爱型的教养方式，转变为民主型家长，既对孩子有一定的要求，又懂得尊重、理解孩子，用成长的眼光看待孩子，鼓励孩子独立自主，不轻易否定孩子的想法和建议。(3) 改变学校教育方式。老师应注重对学生的积极关注和评价，对于学生做得好或者是有进步的地方，给予语言或者物质上的奖励，增强他们的自信心。

3. 帮助学生掌握人际交往的方法与技巧。(1) 学生本身可以通过参与团体活动来增加与同伴间交往的机会，还可以通过模拟训练和榜样学习的方法来改善自身不良的行为和交往方式，强化人际交往技巧。缺乏人际交流自信的学生可以首先从身边做起，请熟悉的同学或者朋友帮助练习人际交往的技巧，并请他们提出存在的问题和相应的建议；参加团体活动，多结交新朋友，刚开始可以从最基本的交流开始，比如打个招呼、简单的问候，逐渐锻炼自己的胆量，也提高自己的人际交往能力。(2) 学校和家长也有义务对学生的人际交往展开积极的引导，让他们形成对交往行为的正确认识。有意识地为学生创设多种有助于他们交流、合作的情境，组织学习小组、班会、心理素质拓展等活动，利用案例讨论、角色扮演等方式，让学生进行人际交往的实战训练，进而为学生的相互沟通和交流搭建平台。学校可以开设人际交往的相关课程，进行系统、正规的教育和培训，让学生掌握人际交往的基本原则，克服各种交往障碍，切实提升人际交往能力和水平。此外，当学生在实际交往中遇到了障碍或是出现了偏差行为时，学校和家长必须第一时间介入，进行沟通和疏导，及时帮助学生解决问题。

# 第三章 学习问题

# 问题 1：学生学习缺乏主动性

## 案 例

小学四年级的学生小华性格比较活泼，但是一遇到学习，就显得很被动。平时在课堂上老师提问时，别的同学都在认真思考，她却无动于衷，像旁观者般漠不关心，从不主动举手回答问题。对于不懂的问题也不愿意动脑筋，又不肯问老师和同学，不懂装懂。放学回家，把书包往沙发一扔，就去看电视，总要在妈妈三番五次的催促下才去写作业。对待老师布置的作业，她总是敷衍了事，甚至有时还会偷工减料。在小华看来，作业就是一种负担，学习好像是妈妈的事。这样长期发展下来，小华知识掌握不牢固，学习成绩一直不理想。

## 原理分析

类似小华这种“不作为”的学习行为，是学习缺乏主动性的表现，在小学生中普遍存在。新课标强调，“一切为了学生的发展”，要培养学生学习的主动性。那么，什么是学习主动性？主动学习有哪些表现？影响学生学习主动性的原因又有哪些？

学习主动性，是指学生在主体意识的支配下，有目的、自觉自愿地学习，对学习活动有着启动、增强、维持和调节的作用。研究和教学实践表明：学习主动性是影响知识习得、技能掌握和智能发展的一个重要因素。在学习过程中，学生发挥其主动性，表现出主动学习的行为。比如对未知充满好奇心、喜欢观察事物；课堂上经常提问、思考、争论；有动手操作和实验的兴趣，喜爱阅读；努力维护自我形象，对自己的失败或失误不满；有自信心，相信通过努力能够提高成绩和能力。和主动学习相反，被动学习表现为学习目的不明确、态度不认真，对学习没有兴趣；课前不预习，课堂上不积极主动参与学习活动，课下也不积极完成老师布置的作业；抱持“不求有功但求无过”的心态，对学习没有热情，没有探索精神等。

影响学生学习主动性的原因主要有以下几个方面：

1. 学习目的不明确。如果学习没有明确的目的，就会直接影响学生的学习需要，即学习愿望或学习意向。这种需要是驱使人进行学习的根本动力，具体表现为“我要学”。对小学生来说，学习目的不明确，便会缺乏方向感，不知道要做什么，也就不会产生为之努力奋斗的行为，学习主动性也就降低了。

2. 缺乏学习兴趣。众所周知，兴趣是最好的老师。兴趣作为一种非智力因素，在很大程度上会影响学习需要。学习兴趣表现为“我好学”，兴趣越浓，越容易产生学习需要，越渴望多了解这方面的知识，从而学习主动性便会提高。

3. 家长过多地干涉孩子的学习。很多家长喜欢过多地参与孩子的学习过程，例如，帮孩子安排学习时间、学习任务、学习用品等，这会让孩子觉得学习是家长的事，学习是为了家长而学，从而在学习上依赖家长。

4. 家长给孩子的学习随意加码。很多家长对孩子的学习期望值过高，信奉不能让孩子输在起跑线上的信条，过多地给孩子报各种补习班，占用了孩子大量的课外时间，加重孩子的学习负担，极易导致孩子学习热情的减退，严重者还会产生厌学情绪。

## 操作指导

学习的主动性不是教出来的，而是培养出来的。必须培养孩子学习的主动性，是让孩子走向独立学习的必由之路，为终身学习打下良好的基础。小学阶段是培养良好的学习习惯的关键时期，所以我们要营造培养学生学习主动性的环境。这也是小学教育的重点任务之一。

1. 帮助学生明确学习目标，指导学生制定合理的层次目标。教师应明确陈述学习目标及任务要求，使学生的学习行为具有方向性，并引导学生应根据自身的最近发展区制定目标。个体的发展有两种水平，一种是个体自身目前达到的水平，另一种是在他人的帮助下能够达到的水平，这两种水平之间的差距就是最近发展区。目标的制定要有层次性，让学生通过努力能够一步一步达到每一个目标，这类似于游戏中的通关比赛，只不过这里的关卡是学生自己设立的。有层次的目标避免了学生因为心太大而制定不符合自身实际能力的目标，这种目标会导致自信心的缺失，从而降低学习主动性。

2. 建立开放有趣的课堂，激发学生的学习兴趣。在课堂上，教师应灵活运用多种教学方法，把知识、技能融入情景中，使学生在情景中主动发现问题、提出问题、解决问题，在潜意识中接受并理解知识，掌握相关技能。比如在数学课上，教师可以启发学生将生活中的现象和问题与数学知识相联系，解决实际生活中的问题，激发学生对学习的兴趣。

3. 采取有效的激励措施。有效的激励措施是提高学生学习主动性的必备策略。增加激励措施，可以激发学生正确的趋向行为。采用物质奖励与精神奖励相结合，以精神奖励为主的激励方式。

4. 让孩子做学习的主人。家长应把学习还给学生。家长不要过多参与学生的学习过程，让学生自主安排学习时间、学习用品、学习内容等，让学生做自己学习的主人，家长只在孩子需要帮助的时候给予支持和援助。

5. 采用多元评价方式。教学中只以“成绩论英雄”的时代已经过去，成绩不再是衡量学生学习的唯一标准。每个孩子都有自己的闪光点，教师应该去发现这些闪光点，让学生明白自己的优势，提高自我认同感；同时，采用多元评价方式，从多方面、多角度进行评价，减少单一评价造成的不良影响，有利于学生多方面、全方位了解自己，增强自信心。

# 问题 2：学生上课喜欢恶作剧

## 案 例

小林是小学三年级学生，小林的父母忙于工作，很少关心他的学习和心理需求。大多数情况下，小林的父母都是晚上九点以后才回家，小林每天放学后先去托管机构吃晚饭、写作业，然后再回家。平常周末，小林的爸爸妈妈虽然会比较早下班，但难得的亲子时间，大多时候也被手机和电脑占据了。小林想着自己努力在学习上取得好成绩，这样爸爸妈妈就会多关心自己一些，但是他的成绩总是不够理想。小林资质平平，各方面表现也一般，在班级里很不起眼，他感觉老师和同学似乎也都忽视了他的存在。后来，小林就慢慢地在学校里开始各种调皮捣蛋和恶作剧。有一次在英语课堂上，老师教同学们念单词“pig”，刚刚学会的小林不仅对着女同学念，引得女同学大怒，还拍着桌子笑，造成课堂混乱。他不仅捉弄同学，还把目标扩大到老师的身上。思想品德课的老师是一位老教师，普通话夹杂着浓浓的乡音，小林在课堂上模仿老师讲话，引得周围的同学大笑，任课老师和班主任对小林的恶作剧行为多次进行批评教育，却无济于事。

## 原理分析

个体的外在行为是内在意图的外化表现，分析学生的内在意图有助于了解行为背后的产生原因。从上述案例可以发现，小林其实也想努力学习，得到父母老师的关心，但父母工作繁忙，对小林关心不足，老师和同学对小林也缺乏关注，因此，小林采用恶作剧的方法来引起老师、同学的关注。心理学家斯金纳指出，个体行为再次发生的频率，与行为之后的结果紧密相连。简单地说，如果学生恶作剧的目的是引起老师和同学的关注，那么他捉弄同学之后，老师批评他，老师和同学都将注意力放在了他身上，他就达到了求得他人关注的目的，他的行为就得到了强化。所谓强化是指对某种行为的肯定或否定的结果，增强某种行为发生的频率或概率的过程。根据呈现刺激的好与坏，可以将强化分为正强化和负强化。正强化也称积极强化，是指通过呈现令人愉快的刺激，来增加行为反应的频率或提高行为再次发生的可能性，比如，今天小明在课堂上主动举手回答问题了，老师对其进行了表扬，这将使小明以后在课堂上举手回答问题的频率增加。负强化也称消极强化，是通过撤销或中止厌恶、不愉快的刺激，来增加行为反应的频率或提高行为再次发生的可能性，比如，老师给学生留时间写作业，对于安静认真做作业的学生，老师减少他们的作业量，这将使学生以后在课堂上写作业时保持安静和认真的态度。正确地使用强化可以改变学生的不良行为，但如果使用不当，也可能增加学生的不良行为。例如案例中老师和同学对小林恶作剧行为的关注，反而强化了小林的恶作剧行为。

矫正学生不良行为还有一种方法叫消退法，即对个体的某些不良行为漠视、不予理睬，使其行为发生概率下降甚至消失。例如，当孩子因为父母不满足他看电视的需要而大吵大闹、在地上打滚时，父母不理睬他，由于达不到目的，他慢慢地就不再采用这种方法。运用消退法需注意，要与正强化相结合，在消退不良行为的同时，对良好行为进行正强化，这样效果比较明显。消退需要较长时间，因此对某一不良行为可连续采用消退法。

## 操作指导

学生在课堂上做小动作或恶作剧的现象，在小学阶段是比较常见的。为了解决类似问题，教师应掌握学生行为的动机，即了解学生做出此行为的目的是什么。如果学生故意捉弄同学是为了引起老师和同学的关注，这种情况需要谨慎处理。因此，教师应采用以下几类合理的应对方式。

1. 采用消退法。当学生在课堂上捣乱时，教师不予关注，并告知其他同学无视该生的恶作剧行为。该生的恶作剧行为得不到强化，久而久之就会消退。

2. 消退法与正强化相结合。当学生捣蛋时，老师对班上表现好和认真听课的学生进行表扬，当捣乱的学生表现出认真听课的行为时，老师立即对其加以表扬和赞许，让学生明白老师赞许关注的是认真听课的行为。多次重复后，学生就会意识到，恶作剧并不能引起老师和同学对自己的关注，只有认真听课才会得到老师的肯定和关注，从而放弃恶作剧念头。

3. 加强与学生家长的联系沟通，重视家校合作。上述案例中，小林同学的家长因为忙于工作，缺乏对孩子的关注和关心，这也是导致小林在学校制造课堂混乱的因素之一。因此，班主任和任课教师与家长应针对学生的学习、生活和品行等方面的问题及时沟通，及时处理，共同合作，保证学生德智体美劳全面发展。家校合作可以从以下几个方面着手：首先，定期召开主题家长会，结合主题谈学生当前出现的主要问题，探讨如何采取措施共同解决问题；第二，开展家访工作，定期对班上同学进行家访，了解学生的家庭环境与氛围，与家长沟通，呼吁关注孩子的心理成长；最后，邀请心理学方面的专家为学生家长开展讲座，让家长了解孩子的心理特点，学习如何与孩子沟通，采取有效的方法教育孩子，让学生健康成长。

## 问题 3：学生对学习充满厌倦

### 案 例

数学课上，陈林眉头紧锁地听着讲台上老师关于函数解析的讲解，坐立难安的他时而循着鸟叫声看向窗外，时而盯着某个同学的后脑勺发呆，翻开的课本像新书一样没有任何笔记记录，但封面上却画满了各种动漫人物。终于熬过了灵魂无处安放的45分钟，下课后的陈林像是活过来了一样，和后桌开心地讨论起林宥嘉的演唱会。开心的时光总是短暂，十分钟的课间休息时间飞快过去，但好在还有最后一节语文课就放学了。语文课上老师要提问前一天要求背诵的《郦道元》，不幸正好叫到陈林，陈林站起来后低头看着桌子没有说话，老师让他站着上课。放学后陈林把布置的试卷留了两张在桌兜里，带走了一张试卷。回到家后，陈林把书包撂到卧室地板上就去客厅打开了电视，吃完了晚饭家人让他回卧室写作业，他不舍地看了最后一眼电视，回到卧室打开书包，拿出一张卷子翻来覆去看了几遍后，感觉很是厌倦，于是厌烦地把卷子摔到桌子上，倒在床上睡觉去了。

### 原理分析

类似陈林同学的上述课堂表现和对待作业的态度在我国很多中小学生身上都存在，这种现象被称为学习倦怠或厌学。所谓厌学是指学生失去对学习的兴趣，产生厌倦乃至厌恶情绪，进而逃避学习相关活动。厌学的学生通常表现为：把读书学习和上学看作是随波逐流或被迫性行为，缺乏学习的内在兴趣和动力；对学习和上学很排斥，提到就会感到烦躁和痛苦，也经常迟到早退；对学校任务表现出应付和不求甚解，只为完成作业；上课经常心不在焉，对课堂提不起兴趣，老师讲课只起到了催眠的作用。

学生厌学的原因有很多，包括学生自身、学校、家庭和外界因素。

1. 学生自身因素：

(1) 缺乏内在学习动机。根据学习者的目的是指向学习活动本身还是指向学习活动之外的事件，可将学习动机分为内部动机与外部动机。当学生对学习活动本身感兴趣、对学习活动的奖赏是由学习本身提供的时候，他的学习动机可称为内部动机，如好奇心、求知欲、掌握或胜任的欲望、探究的兴趣、操纵的愿望等。当学生的学习活动是由学习以外的诱因（表扬、物质奖赏等）维持的时候，其学习动机可称为外部动机。学习动机特别是内在学习动机，能够促进学生自发地、积极主动地进行学习。很多学生缺乏内部学习动机，在他们眼中，学习不是他们自己的事情，努力学习、考个好成绩是为了父母或者其他人的认可，学习更像是父母的事情。当学生认为学习与自己无关时，就很难对学习产生动力，也就很难投入精力学习。当学习遇到阻力或者困难时，放弃或者厌倦的情绪就会接踵而至。

(2) 对学习缺乏兴趣。众所周知，兴趣是最好的老师。像陈林同学这样，对学习缺乏兴趣，学习、写作业的时候就犯困，遇到困难更加容易放弃。学生从学习中体会不到快乐，就容易产生懈怠厌倦的情绪。

(3) 学习上缺乏成功体验。有些学生厌倦学习，并非他们本来就如此。可能因为方法问题，或者能力不足，他们的努力并没有伴随着成功体验，当失败成为常态，成功变成奢望，那么放弃或者厌恶学习就成了相对容易的选择。

2. 学校因素：在应试教育的大背景下，分数依然是衡量学生的重要砝码。很多学校给学生布置了过多学习任务，使得学生在学习上承受了很大压力。

3. 家庭因素：不少家长害怕孩子输在起跑线上，从小学开始给孩子报各种各样的辅导班、兴趣班，孩子被动地在各种“班”之间奔波，这也是导致学生厌学的重要原因。

4. 社会因素：信息社会，网络发达，很多学生过早接触了网络、电子游戏等，沉迷其中，导致对学习丧失兴趣。

## 操作指导

因材施教、对症下药，是培养学生学习热情的重要方法。改变学生的厌学心态，需要协同各方，共同努力。下面主要从激发学生学习动机角度进行探讨。内部动机是学生热爱学习、获得成功体验的关键因素。激发学生的内部动机可以采取以下几种策略：

1. 用明确具体的语言告知学生学习目标与任务要求，使学生的学习具有方向性。

2. 增强学习内容的现实感，以学生熟悉的现实生活中的事例联系所要传授的知识，使学生对学习的个人价值与社会价值有切身的感受。

3. 提高学生学习的获得感和成就感，促使学生热爱学习。创造条件让学生获得成功，以提高学生自我价值感。为此，教师应给学生制定适合其能力水平而且又具有挑战性的目标，教学前应深入了解学生的知识水平和个体差异，在教学过程中做好铺垫，以增加学生成功的机会。同时要及时肯定学生在学习过程中取得的进步和成功，重视学生成长过程中的纵向比较。

4. 给学生提供自由选择、主动反应的机会，培养学生自我成长的内部动机，使其成为自主的学习者。

5. 教师对每个学生抱有积极的期待，激发学生朝着教师期待的方向努力。

6. 根据教学内容之间的联系，创设不同的问题情境，引起学生认知冲突，激发学生好奇心。

7. 在教学中增加学生自主探索的环节，让学生独立探索，以体验发现的喜悦。偶尔做些学生预料不到的事，学生产生疑惑或惊喜，有利于保持学生对学习活动的兴趣。

8. 采用电影、演示、模拟、角色扮演、游戏等形式进行教学，增强学生学习兴趣。

# 问题 4：学生上课害怕老师提问

## 案 例

一琳是一个文静乖巧的女孩子。一琳在学校表现很好，和班上的同学和睦相处，只是有些内向、害羞，上课一般不主动举手回答问题。在上个月的一节数学课上，一琳被提问，可是因为没准备好，答非所问，同学们顿时哄堂大笑。由于题目不太难，老师看到一琳的表现，对她进行了严厉批评。这让一琳感到很尴尬和丢人。此后，一琳开始害怕老师提问，每当老师说请同学回答问题时，一琳总是把头压得很低，弓着身子，心扑腾腾地跳。一旦被老师提问，她脸颊通红，结结巴巴，有时眼圈泛红，眼泪都快掉下来了。

## 原理分析

日常的教学过程中，老师们都会遇到此类害怕被老师提问的学生，那么，是什么原因导致的呢？

1. 以往经历和不合理的认知。类似一琳这种害怕回答问题的行为，通常跟以往经历有关。以往回答问题被同学嘲笑或老师批评，因而对回答问题产生恐惧心理。也因此形成对回答问题的不合理认知，认为问题回答得不好会很丢脸，会受到同学嘲笑、老师批评。

2. 学生的性格特点。一些学生由于遗传、环境、经历等因素的影响，形成了害羞、内向的性格。这些学生对自己的能力缺乏自信，害怕出错，不敢表现自己，他们即使知道问题的答案，也害怕回答得不够完美因而被同学们嘲笑，被老师当众批评等。

3. 教师的态度。按照强化理论，学生做出某种良好的学习行为后，教师要及时强化。如果不能及时强化，该行为就会逐渐消失。当学生顺利回答老师的提问后，老师不采取表扬或奖励等强化措施，学生回答问题的激情则会越来越弱，甚至不愿回答老师的问题。当学生对老师提出的问题回答错误时，老师进行严厉的批评，可能会使学生渐渐害怕课上回答问题，久而久之，在老师的威严之下，学生可能对回答问题产生恐惧，出现回答问题就紧张害怕的情况。

4. 教师引导不够，教学进度偏快。教师的教学内容要在学生最近发展区内。假如老师提出问题引导不够，学生通过思考达不到知晓答案的水平，没有能力回答这个问题，就会出现害怕回答问题的情况。此外，教师教学进度偏快，学生跟不上，也会出现害怕回答问题的情况。

## 操作指导

学生出现害怕被提问的现象，长久下去，会阻碍学生进步，制约学生的发展。作为老师，应当采取何种有效措施呢？

1. 改变学生对回答问题的认知。帮助学生理解老师提问的意义。通过师生问答这一过程，教师可以获得及时而有效的反馈信息，依据学生的掌握程度实施下一步的教学安排，提问不是为了让学生难堪，而是要了解学生对教学内容的掌握程度。如果学生不回答老师的问题，把回答问题看成一件可怕的事情或者糟糕的体验，是不利于学习的。

2. 营造民主的课堂氛围，增强学生学习动机。一是对教师权威的认识。中小学生认知能力不够成熟，离不开老师权威的指导。但是老师不应该因此而形成“独裁主义”，应该允许学生有不同的见解，允许学生犯错误。二是尊重学生，创设民主课堂。课堂应该是师生有效互动的平台，老师和学生在平等的位置上，教师提供给学生足够的安全感，学生才能产生认知需要。三是开展课堂竞争活动。中小学生争强好胜的心理比较强，可以设置小组进行合作与竞争，激发学生参与回答和讨论问题的动机。

3. 对学生的表现及时强化。如果学生的答案没有获得老师的重视和认可，久而久之，学生会丧失回答问题的勇气和信心。所以老师要对学生的正确答案给予强化和鼓励，这样才能让学生感受到肯定和尊重。当学生回答错误时，不应该批评指责或任由其他同学嘲笑他，应该对学生主动回答问题的精神给予肯定和鼓励，并及时纠错。

4. 培养学生的自信心。结合校园活动，创造更多机会，鼓励学生在大庭广众之下发表自己的观点，展示自己的才艺，并对学生的表现进行鼓励和肯定。

5. 教学进度和内容安排符合学生发展水平。教师在安排教学内容和进度时要考虑学生的发展水平以及对知识的掌握程度，而且所提问题必须符合学生最近发展区水平，在提出问题之前给予充分铺垫，并预留一定的时间让学生思考；当学生回答问题有困难时，教师适当加以引导和提示，使学生在教师的帮助下能够表达自己的观点。

# 问题 5：学生上课听得懂却不会做题

## 案　例

小陈是一名高一学生，他遵守课堂纪律，上课认真听讲，积极回答问题，看似能够听得懂老师讲课的内容，但是他的学习成绩平平，特别是数学等理科成绩不尽如人意。某天的数学课堂上，老师在讲解函数，小陈认真听着课，函数的概念和例题他都能够明白，他满心欢喜觉得自己掌握了函数这一章的内容。晚上放学做数学作业，小陈看着题目似曾相识，却束手无策，不知道从何下手。小陈很苦恼，明明自己上课的时候听懂了，可独立做题的时候怎么就不会做呢？为什么这一道题会做，另外一道题稍微变化一下又不会做呢？

## 原理分析

在学习的过程中，不少学生都遇到与小陈类似的情况。上课的时候明明听懂了，可是做题的时候却一头雾水，不知道怎么下手。其实，认识事物是一个复杂的过程，要经过认识和实践之间的转换。听课和做题是学生学习的两个过程，听课是获取知识的过程，是一种输入，做题是应用知识的过程，是一种输出。听课和做题之间过渡失败，会导致学生能听懂课却不会做题。

究其原因如下：

1. 没有将所学知识内化为自己的东西。听得懂和会做题是两码事。听得懂一方面表明老师对知识比较熟悉，能够清晰地呈现给学生；另一方面表明学生具备一定的理解能力。但是会做题的要求更高，需要有效提取关于题解的知识点以及掌握相应的解题思路。学生上课听得懂却不会做题的主要原因是没有把知识内化为自己的东西。案例中的小陈同学在上课的时候能够听懂老师讲解的知识点和经典习题，但也仅仅是止步于此，没有进行复习，将知识巩固内化为自己的东西。

2. 迁移失败也是导致学生不会做题的主要原因。迁移是指已有的知识经验对解决新问题的影响。而学习迁移则指一种学习对另一种学习的影响，或者指已经习得的知识或经验对完成其他活动产生的影响，如学会骑自行车对学习骑摩托车有影响。影响学习迁移的因素有学习材料之间的相同要素、原有认知结构、学习的心向与定势。其中原有认知结构与小陈同学听得懂却不会做题关系最为密切。原有认知结构主要包括三个方面：第一是学生的原有背景知识。学生原有的知识储备为学生做题奠定了基础，原有的知识储备越丰富，学生越能主动积极地加以运用，做题的效率也会越高。知识是一个累积的过程，小陈同学能够听得懂本节课，模糊记得本节课的知识点，但做题的时候可能会需要运用以前的知识点，原有知识储备提取失败导致小陈同学不会做题。第二是学生原有知识经验的概括水平。学生对知识的概括水平越低，越不可能产生迁移，不会答题的可能性也越大。小陈同学对知识的概括水平比较低，迁移能力欠佳，导致做题时特别困难。第三是学生的学习策略水平。学生对知识和解题思路等掌握和应用水平越高，越有可能成功迁移。如果学生没有掌握适合自己的学习方法，没有掌握有效的学习策略，会导致学习效率低下，对知识似懂非懂。

## 操作指导

在教学过程中，学生是主体，教师是主导。教师合理发挥领路人的作用对减少学生听得懂却不会做题能起到事半功倍的效果。那么教师如何帮助学生改善上课听得懂却不会做题的现状呢？

首先，教师可以帮助学生掌握内化知识的方法。教师在课堂上精讲知识点，同时给予学生更多的时间进行复述和练习，有助于学生在运用的过程中实现知识的内化。

其次，为迁移而教，提高学生的迁移能力。主要通过以下几个方面来实现。

(1) 确定合理的教学目标。教师要确立明确而具体的教学目标，这是教学活动的出发点和落脚点。具体的教学目标有利于学生理解和把握，从而促进知识的有效迁移。

(2) 教师要精选教材。教材是学生获得知识的媒介，教师要挑选那些既包含基本的原理和理论知识，又具有很强迁移价值的教材。具有例题及相关知识迁移的习题的教材是个不错的选择。

(3) 教师应合理安排教学内容，建立教材内容之间的联系，融会贯通。通过对教材内容进行系统、有序的分类、整理与概括，可以将烦琐、无序、孤立的信息转化为简明、有序、相互联系的知识结构。

(4) 设计有效的教学程序。教师应合理地组织每一堂课的教学内容，安排教学顺序，依据从已知到未知、从简单到复杂、从具体到抽象等顺序来建构知识体系。

(5) 教师传授学生学习方法与策略，促进学生迁移能力的提高。教师不仅要教授给学生知识，还要教学生如何运用知识，如何实现有效的迁移，以减少学生听得懂却不会做题的现象。

最后，倡导精讲多练，教师要引导学生培养举一反三的能力。精讲是指老师要以精炼的方式讲解知识点，精选习题进行讲解。多练是指教师要引导学生及时练、分层练、充分练。如对于数学等理科课程学习，教师可以充分利用经典习题，不断变换已知条件和问题，变换题型，引导学生通过不断练习深刻掌握知识点，不断提高解题能力。

# 问题 6：学生上课不能集中注意力

## 案 例

小河和小峰是小学一年级学生，他们俩在课堂上经常不能集中注意力，但两个人情况有所不同。小河小动作非常多，要么动一动前桌同学的衣服，要么左右摇晃，要么抠桌子上的木屑，但是当老师提问他时，他也能正确回答问题。而小峰虽然很安静地坐在那儿，貌似很认真听课，却不时地发呆，当老师提问他时，他站起来一脸尴尬，支支吾吾回答不出来。班主任与两个学生和家长沟通后，了解了事情的原委。小河在上小学前就把小学一年级的课程都学了，上课老师讲的内容他都懂了，觉得太简单，不需要听都会了。而小峰平时在家经常一边看电视一边写作业，很少专心做一件事情，上课不由自主地就会走神。

## 原理分析

小学低年级儿童注意的集中性比较差。据观察，一年级儿童对学习的注意力集中时间往往不能持续很久，他们的注意常常会从教师的讲课中转移到其他方面。中年级以上的学生，注意的集中程度会有很大的提升。当然，注意集中的时间不是一成不变的，往往受许多因素的影响，如知识水平、理解能力、兴趣、教材性质、教学设计等。

我们首先要弄清楚孩子上课为什么注意力不集中。从孩子的知识水平和理解能力角度分析，主要有三种情况。第一种情况是老师讲的孩子都懂了，所以就不想听了。由于很多家长害怕孩子输在起跑线上，常常让孩子超前学习，课堂上老师讲的内容有些孩子都学过了，因此课堂内容难以吸引孩子的注意力，这种情况在小学低年级学生身上比较常见。第二种情况是孩子听不懂，有些孩子基础较差，累积了很多问题没有解决，因此难以理解上课内容，特别是理科的课程，这种情况在高年级特别是高中比较常见。第三种情况是孩子想要认真听讲，可是在无意识间注意力就开始分散，不由自主地走神。因此，对学生上课注意力不集中的现象要具体问题具体分析。

## 操作指导

对于上述第一种情况，教师可以给学生布置一些比较难的任务，让他在不影响其他学生的情况下完成任务。对于第二种情况，教师可以与家长联系，让孩子及时补缺补漏，尽快跟上教学进度。下面主要针对第三种情况，就是孩子想要认真听却不由自主地走神的情况进行具体分析。

一、从教师角度出发

1. 对学生进行注意力训练。注意力训练的方法有很多。比较简单易行的方法是利用每天的早读时间，安排 10—20 分钟让孩子选择他们喜欢的小文章大声朗读，这是使孩子口、眼、脑相互协调的过程。要求孩子在读书的过程中，尽量不读错、不读丢、不读断，要做到这些必须注意高度集中。把这种训练一直坚持下去，孩子的注意力和理解能力会有所增强。在学习的过程中，还可以要求孩子在审题时把题目的要求、条件用下划线画出来，以防止走神出错。这些方法可以增加孩子的自信，让孩子感觉“我能自觉集中精力做好一件事”。

2. 课堂活动安排张弛有度。小学生在一节课 45 分钟里，注意力集中的有效时间大致在 20—30 分钟，若要学生上课全程保持注意力高度集中，大脑会相当疲劳。因此，教学活动安排要有张有弛，讲授新课要求学生注意力集中，练习时段可让学生稍微放松些，这样可以保证学生的听课效率。

3. 优化课堂教学设计，培养学生对教学内容的兴趣。运用多媒体技术辅助教学，利用音频、视频等方法来呈现知识，并结合现实生活，使课堂学习内容更加生动、有趣，吸引学生的注意力。在授课过程中适当地邀请学生来讲解。例如，在某一道典型例题的分析过程中，让掌握程度较好的同学上台讲述，吸引其他学生的注意力，避免注意力分散。

4. 对低年级学生的要求一定要具象化。教师和孩子沟通时，要很详细地告诉孩子应该如何做。比如我们要求孩子上课注意力要集中，就需要很详细地告诉他们："上课要看着老师，跟着老师一起看黑板，不能看窗外。"只有这样具象化的要求，孩子才会更容易理解、更容易做到。

5. 代币奖励法。老师可以和学生一同在课堂上制定规则，将其放在教室醒目位置。如果孩子在课堂中完成了规则中的目标任务，可以打一个勾，积累到一定数目，便可以换取一个奖励。

二、从家庭教育角度出发

1. 养成良好的作息习惯。充足的睡眠是保证孩子注意力集中的前提。家长应该督促孩子形成早睡早起的习惯，与孩子共同制定合理作息的时间表，并要求孩子严格遵守。孩子得到充分的休息和睡眠，注意力会相对集中，学习效率就会相对提高。

2. 塑造安静整洁的学习环境。在家里为孩子营造良好的学习氛围，在孩子写作业时，尽量不要播放电视或进行其他嘈杂的活动，为孩子营造安静的环境。孩子的书桌布置整洁，减少无关刺激的干扰。不管是写作业还是读书，不要把所有要完成的任务全部堆在孩子面前，以免分散孩子的注意力。

# 问题7：学生课堂学习效率低下

## 案例

数学课堂上，小明正昏昏欲睡。因为基础差，而且没有预习，小明对老师所讲的内容一窍不通。小明在课堂上总是“开小差”，比如分神观察偶然飞进教室的虫子，或者一不留神就联想到其他事情。课上记笔记经常来不及，不知道哪些该记，哪些可以不记。有时在课堂上还会因为睡眠不足而打瞌睡，在数学课上都是浑浑噩噩的。

## 原理分析

学习效率是指充分调动和发挥学生的潜能，以最少的时间和精力的投入，获得最多的知识和较强的能力。学习效率主要与学生的学习状态、学习习惯与方法以及老师的教学方法有关。

首先，学习效率受学生自身状态的影响。身体疲劳、精神状态不佳，容易导致注意力不集中、效率低下。在本案例中，学生因睡眠不足等原因导致在课堂上精神状态不佳，无法保持良好的学习状态。

其次，学生缺乏良好的学习习惯也会影响课堂学习效率。我国教育学家叶圣陶曾说过：“教育就是习惯的培养。”学习习惯的培养在学习过程中起着至关重要的作用，不良的学习习惯会降低学生的学习效率。在本案例中，小明不会记笔记，上课注意力不集中，容易走神，这些都是不良的学习习惯。

再次，学生学习方法不当也会导致效率低下。学习方法可直接影响到学习效率，高效的学习方法可以达到事半功倍的效果，不良的学习方法则会事倍功半。学习要注重知识的理解和迁移应用，很多学生并没有真正地理解知识，解题只会死记硬背，套用公式，课前没有进行有效预习，课后没有及时复习等，都是学习方法不当的体现。

最后，教师的教学设计和语言表达不符合学生的认知特点，也可能导致学生听课效率低下。理科课程的学习对学生的抽象逻辑思维要求相对较高，而初中生的抽象逻辑思维正处于发展过程中，并且不同的学生之间具有较大的差异。如果教师的教学设计和语言表达太过抽象，没有结合具体例子进行讲解，可能会使基础知识薄弱的学生听课效率下降。

## 操作指导

如何让学生以较少的时间和精力的投入，掌握较多的知识和较强的能力？这应该是每个教育者一直在思考的问题。首先，要让学生养成良好的学习习惯。在教育教学过程中，可从以下几个方面着手解决。

第一，培养学生课前预习的习惯，教会学生预习的方法。可以让学生在假期或是开学前，提前预习新学期的学习内容，看标题、读目录，大致了解新的知识结构。开学初，老师可以在学生假期预习的基础上，勾画出本学期的重点和难点内容，让学生在宏观预习的基础上，进行精细的预习。在进行每个章节的精细预习时，可以让学生边看边批注，预习时遇到新的公式、定理时尝试着从实际生活中的例子去佐证和理解，多思考，做出标记。在章节预习完后，标出本章内容的重点，写出自己的理解，同时标出自己的疑惑和没有掌握的内容，以便在课堂上进行深入学习。

第二，培养学生在课堂上保持高度注意的习惯。有关注意力培养的方法，详见本章“问题 6”部分。

第三，培养学生认真记笔记，课后及时复习的习惯。教师可以教授学生高效记笔记和复习的方法。常见的记笔记与复习的方法有 5R 学习法、思维导图法、符号记录法、制图法。

第四，鼓励学生敢于质疑。一些学生在课堂中比较沉默，不好意思提出自己的质疑，长此以往，问题不断积累，是不利于学生学习的。因此教师须鼓励学生不懂就问、敢于提问，引导学生积极克服学习中遇到的困难。

第五，培养学生独立完成作业和勤于思考的习惯。课堂学习只是学生学习的一部分，还有其他大量的任务需要学生在课后通过思考独立完成。因此，在平时课堂上的例题与练习题的讲解中，学生需要着重掌握解题思路，独立思考，进而更好地消化新知识。

在养成学习习惯的过程中，需遵循持之以恒的原则，定时定量完成学习任务。同时，还需要时常进行反思和总结，最终养成良好的学习习惯。

此外，教师还要了解学生的认知发展特征，清楚学生的理解能力，在此基础上掌握一些提高课堂效率的教学技巧和方法，可以从以下方面入手。

第一，教师可以在备课上下功夫。将课本的知识与实际生活有机结合起来，通过多媒体技术，让学生更加直观、形象地从实际生活的例子入手，掌握相关的原理及知识。还可以创设问题情境，让学生自己尝试着去发现问题、解决问题，激发学生的学习热情。

第二，教师在课堂上应多与学生互动，让学生更多地参与到课堂中来，进而了解学生是否理解和掌握课堂内容。

第三，教师应根据学生的回答进行及时反馈。反馈不是简单的肯定和否定，而是要根据学生的具体表现有根据地表扬和肯定学生。当学生回答得不完整或者不正确的时候，老师可以适当地提醒或引导，从而激发学生积极思考。

# 问题 8：学生学习虎头蛇尾

## 案 例

学校开设了素质拓展课，有硬笔书法、汉小筝、小提琴、线描等。上小学二年级的小琳，看到很多同学在课外学钢琴、古筝等，也想学个乐器，以后可以上台表演，因此报名汉小筝。刚开始，小琳很积极，认真练基本功，比如坐姿、手形，认谱子等。但是三个月之后，小琳遇到些困难，曲子总是弹不好，她开始失去耐心，觉得弹练习曲很枯燥，渐渐地对学汉小筝失去兴趣。一学期结束后，小琳就不愿意再学汉小筝了。第二学期开始，小琳看别人的线描画很漂亮，就跟老师报了线描班。上了几次课，小琳觉得线描要画那么多线条，一幅画要画那么久，她又没有耐心了，又想打退堂鼓。勉强支撑到一学期结束，就不愿意再学了。

## 原理分析

案例中的小琳对学习只有三分钟热度，碰到困难就打退堂鼓，缺乏恒心。学生学习虎头蛇尾，可能是以下几个方面原因造成的：

学生自身方面。一方面，缺乏坚定的意志力。意志，指的是一个人能够自行确定行动目标，并且能够根据目标来支配、调节自身行动，克服一切阻力，最终实现目标的一种心理过程。多个意志品质构成人的意志力。意志品质包括自觉性、坚韧性、果断性及自制性。自觉性，指为了目标的实现自觉地采取行动；坚韧性，指在确定目标之后，即使遇到困难也不会放弃；果断性，指在遇到问题需要做出决策时，能及时做出判断，不优柔寡断；自制性，指对自身行动方面的控制和支配，能控制住自身的欲望和情绪，坚定完成目标。现代家庭对孩子的关注度较高，但多体现在物质方面，孩子较少体验挫折和逆境，其意志品质在一定程度上相对薄弱，尤其是在自觉性、坚韧性和自制性上，学生缺乏一定的自律，无法坚持完成事先计划好的活动，遇到困难容易放弃。另一方面，学生学习动机不明确，特别是内部动机不强，容易受到外部动机影响。内部动机是指由内在心理因素或先天因素所引起的动机，例如兴趣爱好、求知欲等，会促使学生积极主动学习；外部动机是指由外部因素所引起的动机，例如为了奖励、避免受到惩罚等。在上述案例中，小琳刚开始想学汉小筝，是受到同学的影响，想上台表演，并不是出于内部动机。外部动机引发的学习活动，容易受到其他因素的影响，例如遇到学习上的困难，或是遇到更吸引人的活动，学生往往会在学习上表现出虎头蛇尾的情况。

家庭方面。第一，家长过于溺爱、迁就孩子，孩子想学就学，不学就罢，这不利于培养孩子的意志力；第二，家长过度包办孩子的事情。有些学习活动不是出于孩子的自愿，是在家长的强迫下进行的，因此，孩子的内部学习动机不强。第三，不恰当的外部奖励，比如，过度使用外部奖励，容易弱化孩子的内部学习动机，转移孩子的学习兴趣。

## 操作指导

意志力培养就是要让学生面对困难，并通过自身努力来克服困难。教师可以通过设计有一定难度、富有挑战性的教学内容，引导学生勇敢面对困难，帮助学生树立克服困难的信心和勇气。体育课程教学是常见的意志力培养的途径，每一项体育项目都需要学生付出汗水，克服体能、精神上的困难。因此，体育教学是培养和提升学生意志力的一种有效途径。

在激发和培养学生学习动机方面，教师应侧重培养学生的内部学习动机，关于内部学习动机的培养详见本章“问题 3”。

关于学生外部学习动机的培养，首先，教师要向学生明确传达学习目标要求，让学生有方向地进行学习活动，例如语文写作字数需要达到多少，数学试卷需要在几分钟内完成。其次，当学生完成学习活动时，教师要及时提供明确的反馈。学生可以通过反馈了解自身的学习情况。反馈要及时，以促进学生的元认知的发展，以便学生及时调整学习策略。反馈内容要具体，对于低年级的学生，评价反馈太抽象、模糊，不能起到激励作用。教师还要多肯定、表扬学生。给予学生正面的积极的评价，可以提高学生的学习积极性；一味地批评和惩罚，不利于学习动机的培养。

从家庭教养方式来看，父母不能过度放纵孩子，对孩子百依百顺，一味地满足孩子的要求；也不能太过专制，不考虑孩子的愿望和需求，以父母的意愿为主，强迫孩子做某事。最好的方式是，与孩子有良好的沟通，在满足孩子的心理需求的同时，也明确父母的行为期望和标准，允许孩子表达自己的意见。比如，报兴趣班时与孩子进行沟通，找到孩子的真正兴趣所在，不要仅从父母的意愿出发。当孩子学习虎头蛇尾时，父母要具体分析原因。若真是孩子能力尚未达到，不要强求。若孩子出于畏难情绪，实际是可以完成学习任务的，父母一定要督促和鼓励孩子，让孩子坚持下去。此外，在日常生活中注重培养孩子的意志力，让孩子在碰到困难时学会坚持不懈。

# 问题 9：学生总是记不住知识点

## 案 例

初一下学期的历史课程快要结束了，但是小琳对整个学期已学过的内容都没有很深刻的印象。今天上课的时候，老师让几位同学回顾前几章学过的内容，他们都完整并准确地回顾出了先前学过的内容。小琳非常担心老师会让她起来回顾知识，因为小琳只零星地记得一些历史事件。小琳心想，平时我上课很认真地做笔记，老师讲的重点知识都记录下来，为什么上完课很快就忘了呢？再看看同桌小丽，她也和自己一样记笔记、做习题，但她总能准确地回答老师的问题，而且先前学过的知识她都记得非常牢。小琳不知道，每学完一章的课程时，小丽都会按照时间表进行复习和巩固，隔段时间复习先前学过的内容，不懂的地方就向老师和同学请教。而且，小丽对知识点的记忆有自己的方法和策略，她将不同的知识点联系起来，通过图表进行归纳总结，然后结合自己的理解进行复述。而小琳上完课都没有复习，眼看期末考试快要到了，整个学期的知识点太多了，小琳非常担心自己考不好。

## 原理分析

虽然小琳上课认真做笔记，但是很多知识点仍记不住，主要是因为她没有及时进行复习，没有采取有效的方法进行巩固。艾宾浩斯于1885年首次提出了遗忘曲线，用以揭示人类记忆的遗忘规律。艾宾浩斯发现，刚刚记忆完毕，记忆量能达到100%，基本可以完整地回顾先前学过的内容；但是二十分钟之后，记忆量只有58.2%；一小时之后，记忆量只有44.2%，还不到开始的一半；一天之后，记忆量只有33.7%，之后逐渐趋于稳定，记忆量保持在20%左右。由此可见，遗忘的进程并不是均匀的。最初的遗忘速度很快，后面逐渐缓慢下来并趋于稳定，它遵循着“先快后慢”的规律。因此，在学习的过程中，要及时地巩固学过的知识，这样才能减少对知识点的遗忘。

此外，记忆策略也会影响学习者对知识点的记忆效果。记忆策略是指个体经过主观努力，在一定的目标指导下，用以增强记忆效果所采取的各种策略。很多学生不会有意识地采取记忆策略，只知道机械式地死记硬背。进入初中后，由于学科增加，要记忆的内容大幅增加，如果不采取科学有效的记忆策略，很容易产生“忘了记、记了又忘”的现象，长此以往，学生容易对自己的记忆力产生怀疑，对学习失去信心。因此，让学生了解和学会一些有效的记忆策略很有必要。下面介绍一些常用的记忆策略。

1. 有意识记与意义识记策略。心理学实验研究表明，有意识记的效果较无意识记好；意义识记的效果较机械识记效果好。当个体有了明确的识记目标任务，就会将注意力集中在所要识记的对象上，因此记忆效果较好。此外，学习材料一般都有一定的意义，学习者应将识记材料的意义与自身已有的知识经验相联系，增强识记效果。

2. 积极思考策略。学习者若把所学材料变为操作对象，将大大增强识记效果。这是因为学习者对活动对象能进行更积极、详细的感知和思考，因而能获得更好的识记效果。苏联心理学家斯米尔诺夫曾做过一个实验，让两组被试分别记住一系列成对的句子，A组被试要指出每对句子的语法规则，B组只要求记忆。第二天要被试回忆这些句子。结果发现，A组经过积极思考的识记效率比B组高3倍。

3. 多感官并用策略。心理学研究表明，多种感觉通道参与记忆能够取得更好的识记效果。多感觉通道的运用可以使学习内容在大脑皮层建立更多联系，留下较深的记忆痕迹。研究者做过一个实验：让三组学生分别用三种方式记住 10 张画，A 组学生只听他人讲述画面的内容，结果记住了 60％；B 组学生只让他们观看画面，结果记住 70％；C 组学生既让他们看，又给他们讲述画面的内容，结果记住了 86％。从上述实验结果可知，在学习和识记知识特别是文科内容时，充分调动各种感官参与，眼看、耳听、口读、手写、心想相结合，能够取得更好的记忆效果。

4. 复习策略。复习可加深对学习材料的印象。复习也要讲究策略，否则起不到巩固记忆的功效。除了前面讲到的及时复习外，还可以采取以下策略。

（1）集中复习与分散复习相结合策略。从时间分配角度来说，复习有两种不同方式：一是集中复习，即在一整段时间内，反复多次学习所学材料，直到熟记；另一种是分散复习，即分散在几段相隔的时间内进行复习。大量的心理学研究证实分散复习的记忆效果优于集中复习。

（2）尝试回忆策略。尝试回忆法是指学习者在识记材料几遍后，尝试回忆材料内容，当回忆不出来时再去看材料，反复几次直至能够完整回忆出来为止。盖茨（Gates）曾进行一项实验，要求被试识记无意义音节与传记文章，各用 9 分钟，用于诵读和尝试回忆的时间分配比例不同，结果表明，用 20％时间阅读，80％的时间尝试回忆，回忆的正确率最高。因为每次尝试回忆就给予一次记忆信息的反馈，使学习者在记忆时有的放矢，也提高了学习者记忆信息的自主性和主动性，因此能够提高记忆效率。

（3）追加学习策略。所谓追加学习是指学习次数或时间超过了对学习材料最低限度熟记所需的额度。有实验表明，追加学习以学习度在 150％时，记忆效果最佳，超过 150％，记忆效果并没有太大的改善。也就是说，并不是追加学习的额度越大，识记的效果越好，因此在进行追加学习时要把握好尺度。

## 操作指导

教师和家长可以帮助学生认识记忆规律，采取有效的记忆方法，促使他们更好地理解和识记学习内容。

1. 教师可以依据记忆的遗忘规律，及时引导和帮助学生对知识点进行归纳、复习和巩固。

2. 教师在教学过程中应注重新旧知识间的联系，加强知识点之间有意义的联结。另外，鼓励学生自己对知识点进行总结和概括，并及时对学生进行表扬和奖励。

3. 教师可以传授学生一些记忆策略，并结合教学内容进行引导，以帮助学生学会采用更有效的记忆策略。

4. 教师可以激发学生的学习兴趣，引导学生采用适合自身的有效记忆策略。

# 问题 10：学生学习很努力，却总是学不好

## 案　例

黄芳在父母、老师眼里是一名乖巧、勤奋的学生。进入初中后，黄芳的成绩一直不理想，这让她感到非常懊恼。为了能够提高成绩，黄芳把每天的时间都安排得满满的。上课时，为了能够尽量记住老师讲的内容，黄芳总是在书本上记满了笔记。放学后，为了能有更多的时间做习题，黄芳也不愿和同学一起参加体育锻炼。晚上回到家，黄芳在完成老师布置的作业外，又找了很多课外习题做，遇到问题时，独自冥思苦想，每天到深夜才睡觉。虽然黄芳全身心地投入学习中，但学习效果却并不理想。由于长时间处于疲劳状态，她的精神越来越差，老师讲的内容也记不住，内心总处于紧张、焦虑中，学习成绩更是一落千丈。黄芳想不明白，有的同学轻轻松松就能考得好成绩，而自己那么努力，每天都把时间花在学习上，为什么成绩反而不断下滑？黄芳陷入了困惑当中，是不是自己的脑子太笨了，根本就不是读书的料呢？

## 原理分析

人们常说：一分耕耘，一分收获。但是，案例中的黄芳，明明比别人付出了更多的努力，却不能收获好成绩。在现实生活中，这类学生并

不罕见，他们虽然每天都很用功，把大部分的时间都花在了学习上，但却不能取得理想的成绩，这是为什么呢？有的人可能会说，这些孩子脑子笨，不是学习的料。其实，每个人的天赋可能存在一定的差异，但这种差异并不大，更主要的是是否懂得应用学习策略，以及学习策略应用是否得当。

学习策略指的是在学习活动中，学习者为了提高学习效率所采用的方法策略。学习策略包括认知策略、元认知策略和资源管理策略三部分（具体见下表）。平时我们说的“如何有效记忆、思考问题”属于认知策略，案例中的黄芳没有采取有效的认知策略，导致学习效率低，在本章的“问题9：学生总是记不住知识点”中已有论述。这里我们主要阐述元认知策略和资源管理策略。

案例中黄芳没有制定合理的计划，不懂得对自己的学习过程进行监控和调节，这是不懂得应用元认知策略的表现。黄芳充分利用了每一分每一秒的时间，但由于缺乏休息和调整，大脑始终处于疲倦、抑制状态，学习效率很低；遇到学习困难时，不懂得寻求外部支持，而是习惯于独自冥思苦想；在成绩不断下滑的情况下，怀疑自己脑子笨：这些是不懂得使用资源管理策略的表现。

**学习策略分类表**

| | | |
|---|---|---|
| 认知策略 | 复述策略 | 重复、抄写、作记录、画线等 |
| | 精细加工策略 | 联想、口述、总结、做笔记、类比等 |
| | 组织策略 | 列提纲、画图表、画思维导图等 |
| 元认知策略 | 计划策略 | 设置目标、浏览、设疑等 |
| | 监控策略 | 自我监察、集中注意力、领会监控等 |
| | 调节策略 | 调整阅读速度、重新阅读、复查等 |
| 资源管理策略 | 时间管理策略 | 列时间表、设置目标等 |
| | 学习环境策略 | 寻找固定的地方、安静的地方、有组织的地方等 |
| | 努力管理策略 | 归因于努力、调整心境、坚持不懈、自我强化等 |
| | 寻求支持策略 | 寻求他人帮助、使用小组学习、获得个别指导等 |

## 操作指导

根据上述分析我们发现，光靠勤奋未必能够成功，还要掌握高效的学习策略，教师应引导学生在学习中使用策略，以帮助学生提高学习效率。

1. 计划策略。引导学生根据长、中、短期学习目标，制定学习计划。学习计划应包含明确适当的学习目标、具体的学习内容、合理的时间安排。

2. 监控策略。对学习目标坚持性、学习策略有效性、注意分配合理性、学习时间合理性等方面进行自我监察、自我反思。

3. 调节策略。随着学习任务和情境的变化，结合自我监察的结果，对学习策略的各个方面进行调整，采取补救措施。

4. 时间管理策略。引导学生合理分配时间，注意劳逸结合。一方面，引导学生分清事情的轻重缓急，放弃重复、价值不大的事情。另一方面，引导学生注意劳逸结合，善于交替用脑。引导学生抓住自己的“黄金时间”，在这段时间中完成难度大、强度大的学习任务，如对难题的重点突破、对复杂问题的深入思考。在效率较低的时间段里，完成难度较低的学习任务，并适当地放松休息，如听音乐、进行体育锻炼等。研究表明，体育锻炼能使人体不断地消耗能量，但经过恢复再合成的能量总是超过其原有水平，因此，适当的体育锻炼能使学生精力充沛，减少疲劳，有利于提高学习效率。

5. 学习环境策略。引导学生为自己创设良好的学习环境。有些学生在家里学习容易懈怠和分心，可以到学校或图书馆自习，以提高学习效率。

6. 努力管理策略。学会正确的归因（见本章“问题 14”），不断调整心态，坚持不懈，努力学习。

7. 寻求支持策略。引导学生在学习中遇到困难时，大胆向老师或同学求助，或找父母帮忙，或通过网络途径寻找答案。还可以参加一些合作学习小组，在小组内相互分享学习经验、解决学习上的各种难题，从而提高学习效率。

# 问题 11：可以对学生的不当行为进行惩罚吗？

## 案 例

胡月是初中二年级学生，性格比较内向，各科成绩中等。有一次在物理课上，胡月想起一件和后桌李明有关的事情，便转过头和李明说话。物理老师看到了，便点名胡月回答问题，胡月答非所问，引得同学哄堂大笑，物理老师板着脸当众严厉地批评了胡月一顿，并罚她抄写该节课的知识点。胡月从来没有被这样批评过，一时间脸像火烧似的，感觉很丢脸，羞愧难当。后来，每次上物理课时胡月总是小心翼翼，努力让自己跟上老师的节奏。但胡月心里却越来越抵触物理，不想看到物理老师，不想写他布置的作业，甚至不想上他的课，对物理越来越感到厌恶。

## 原理分析

在这个案例中，物理老师对胡月在课堂上的不当行为采取的是批评惩罚的方式，胡月在受到惩罚后对物理老师和物理学习产生了消极情绪。惩罚的方法在教学过程中经常被采用，那么，惩罚到底是什么？对学生进行惩罚会有什么样的影响呢？从心理学的视角来看，惩罚是指凡是能够减弱个体行为或者降低行为反应频率的刺激或事件。通常将惩罚分为两种类型：第一种为Ⅰ型惩罚，是指通过呈现令人厌恶的刺激来降低行为反应频率（例如当学生在课堂上注意力不集中，与其他同学交头接耳时，老师对学生当众批评，从而减少学生上课讲话的行为)；第二种为Ⅱ型惩罚，是指通过撤销愉快刺激来降低反应频率（例如当发现学生在课堂上开小差时，老师扣掉学生的课堂奖励积分，以此减少学生上课开小差的频率）。通过撤销愉悦刺激以减少行为发生频率的惩罚方法在当前教育中是比较常见的。

恰当地采用惩罚的方法会取得一定的效果，但如果应用不当对学生的学习与发展将产生负面影响。首先，不恰当的惩罚可能给学生的心理带来沉重的负担。当教师使用不恰当的方式对学生实施惩罚时，会使学生产生羞愧、窘迫心理，伤害学生的自尊心，不利于其健康发展。其次，相对于外在的体罚，言语上的惩罚更为隐蔽、伤害性更大、更持久。例如对学生说“你上课不认真学习，对得起你的父母吗?”“你真是班上最差劲的学生了”等等，不仅会疏远师生之间的关系，还会造成学生心灵的创伤，长期下去会导致学生对学习失去兴趣和信心。再次，对青春期的学生要慎用惩罚。处于青春期的学生在受到惩罚后易产生逆反心理，对老师和课堂产生厌恶，从而导致厌学。最后，在教学过程中过多地采用惩罚会削弱学生学习的积极性。他人的肯定是个体形成良好自我评价的重要组成部分，获得他人（特别是教师）的鼓励，能有效提高学生学习的动机。惩罚一方面能让学生看到自己的错误，另一方面也会让学生放大自身的缺点与不足，不利于学生自信心的培养，容易造成学生成绩下降的后果。

## 操作指导

需要说明的是，惩罚并不完全是消极的，操作得当的惩罚对纠正学生的一些不良行为具有一定的积极意义。在实际的教育教学过程中，运用惩罚要注意以下原则和尺度。

第一，目的性。惩罚是让学生改正错误的一种手段，而不是目的。在对学生的错误行为实施惩罚时，一定要讲清楚她（他）错在哪里，为什么要批评或惩罚以及惩罚的目的。只有把学生的错误说清楚，把惩罚的目的说明白，让学生知道惩罚是自己错误行为的必然结果，让学生愿意接受惩罚，这样的惩罚才是成功的惩罚。这种惩罚，不是教师为了个人的目的进行的惩罚，是老师在一定方式约束下让学生改正错误，以便让学生明白规则，汲取教训的惩罚教育。

第二，灵活性。针对不同的时间、违规程度及学生的性格特点，灵活地选择惩罚方式，不能千篇一律。比如，在课堂上对于故意扰乱秩序和过失违纪的学生，应根据实际情况采用合适的惩罚方式，既让学生明白自己的错误，又不伤害学生的自尊心和学习积极性。

第三，惩罚与其他教育方法相结合。单纯惩罚的方式可能不能达到预期的效果，必须与其他教育方法结合起来，尤其是与沟通、激励、赞美等相结合。

最后，惩罚必须能解决当前的问题，而不产生新的问题。通常教师采用惩罚是为了快速解决问题，如果达不到这一目的，惩罚就很容易产生消极的作用，比如上述案例中胡月被物理老师批评之后，表现出明显的厌学情绪。因此我们在教学中运用惩罚时要注意把握尺度，把握时机，避免产生副作用。

马卡连柯说过："正确地和有目的地应用惩罚是非常重要的。优秀的教师利用惩罚制度可以做很多的事情，但是笨拙的、不合理的、机械地运用惩罚会使我们一切工作受到损失。"因此，在教育活动中惩罚的使用技巧和使用条件是不容小觑的，惩罚本身不是目的，让学生明白自身错误并改正，才是根本。

# 问题12：学生在合作学习中滥竽充数

## 案　例

语文课的下课铃声一响，漫长的一天终于结束了。由于一周后轮到自己小组成员向大家讲解《祝福》这篇课文，组长便在放学后通知小组成员，让大家回去想想要怎么向全班同学讲解。组长说完后，王琳拿起书包就往门外冲，骑着自行车回家了。回到家后的王琳把查资料的任务忘到了脑后，把书包扔到沙发上，打开电视开始追自己心心念念的新综艺。吃完晚饭后，家人催促她去写作业时，王琳才想起来还要思考如何讲解《祝福》。打开电脑开始查资料的王琳又被网页的新版游戏吸引了，心里想：天塌下来有高个子顶着，自己不做，为了完成这次讲解，组长总会做的吧。于是心安理得地打开了新游戏。就在讲解前三天组长要每个人提供想法时，组长发现王琳没有完成，于是再一次催促王琳。回到家后，王琳只好打开电脑找资料，她想着组长汇总资料的时候一定会进行修改，无论自己做得好或者坏都没有关系，只要随便应付就好了。想到这里，王琳打开了百度百科，随便复制粘贴了一些东西给组长，就一头扎进了游戏的世界。

## 原理分析

上述案例中，王琳同学面对组长分配的任务总想逃避不做或者敷衍了事，类似的情况在学生群体中并不罕见。在小组合作学习中，王琳同学这种寄希望于别人帮忙完成自己负责的工作的表现称为“社会懈怠”，也称为“社会惰化”现象。社会懈怠效应，是指当群体共同完成一件任务时，群体中的成员所付出的努力比个体在单独完成任务情况下的付出偏少的现象，它一般发生在多个个体为了一个共同的目标集合在一起，而个人付出不能单独计算的情况下。19 世纪 80 年代，心理学家黎格曼最早研究了社会懈怠现象，他发现让一群人一起拉一根绳子比群体成员单独拉，每个人的努力都有减少。那么社会懈怠效应产生的原因又是什么呢？

首先，责任分散是出现社会懈怠效应最主要的原因。责任分散是指在与他人合作完成工作时，个人回避完成自己的工作而将工作推给他人去做的现象。产生责任分散的原因是群体的责任压力在群体中分散开来，落到每一个人身上的责任就减少了。伴随责任分散而来的就是责任感的减弱，正如上述案例中的王琳，当组长没有明确分工时就产生了个人责任感的降低，任务是共同的，个人没有什么责任压力，所以会互相依赖，相互推诿。

其次，在合作学习中，学生个体的努力难以被评估，外部评价是针对整个小组的，学生个人可能无须对自己的行为负责。当学生认为自己的贡献无法被衡量时，就会产生回避的心理，小组的合作效率就会下降。

再次，不公平感也是产生社会懈怠效应的原因之一。因为人们常常会将自己付出努力所得的奖励与别人付出努力所得的奖励进行比较，如果比较的结果是公平的、合理的，那么人们就会心情愉悦地继续努力完成任务，相反，如果比较的结果是不公平、不合理的，那么人们就会产生不公平感，进而影响其学习和工作的积极性。此外，一部分学生存在畏难心理，遇到困难总想着依赖别人解决，自己缺乏迎难而上的勇气。

## 操作指导

社会懈怠效应不仅存在于学生合作性学习当中，也存在于我们的日常生活当中，那么我们应该如何减少社会懈怠效应的发生呢？

首先，控制小组人数。小组人数越多，责任分散得越厉害，进而导致个人的责任感越低，教师应该控制合作小组的规模。根据以往经验，合作小组的人数控制在4至5人为最佳，否则就会出现类似案例中王琳将自己的任务推脱给别人或者敷衍了事的情况。

其次，建立组内评价机制。在小组合作学习中，应该设立评价机制，使得每一个人的贡献都能被评估。这样可以增强学生的公平感，使小组每个成员所做的贡献都能被公平、客观地测量。

再次，任务分工明确。在安排小组合作学习之前，应该使学生明确小组共同的学习任务，然后进行明确细致的分工，明确个人的任务，加强学生的责任意识，增强学生的责任感。对于学生的良好表现，要及时进行个别评价和反馈，使学生感到虽然在小组中合作学习，但自己的任务需要自己努力完成，不能依赖他人。

此外，在平时的教学当中教师应及时鼓励和强化学生取得的每一次进步和突破，可以将学生每一次的进步和取得的优秀成果公开展示，以增强学生的自信心和成就感，让学生获得依靠自己完成任务的荣誉感和满足感，经历从不行到可以，从不能到能的过程。

最后，教师应该重视对学生不畏困难、迎难而上的品格的培养。在日常教育教学过程中，以“润物细无声”的方式培养学生敢于吃苦、不畏艰险的品格，这样不仅可以有效减少社会懈怠效应，对学生一生的发展都有不可磨灭的积极作用。

# 问题 13：学生“晕考”

## 案 例

初三学生杨阳在一次年段统考时，成绩跌出了年段前一百名，而在这之前杨阳的成绩一般稳定在年级前五十名。杨阳觉得非常难过和不甘心，在老师和家人的鼓励下，杨阳决定重整旗鼓，下次考试一定要一雪前耻。但是在距离第二次年段统考时间越来越接近的时候，杨阳变得很烦躁，越想集中注意力复习越是静不下心来，晚上常常睡不着，吃饭也没有胃口，杨阳常常和同学倾诉害怕像上次一样发挥失常。考试当天，坐在教室里，杨阳直冒虚汗，感到脑袋一片空白，难以集中注意力。考完试，杨阳捶胸顿足，预感这次考试又考砸了。果然，这次考试成绩还是没有起色，甚至比上次年段统考还差了一些。

## 原理分析

在上面的例子中，杨阳对于考试的潜在担忧和焦虑影响了他的日常学习，并且在一次考试失利后，这种不良的考试经验和情绪体验产生了恶性循环的效果，让杨阳更加担心和害怕考试。还有许多同学反映，自己平时成绩都还不错，但是一到大考就脑袋一片空白，往往发挥失常，不知道该怎么办。学生出现这些“晕考”现象，其实是压力过大和过于焦虑的表现。

近年来这一问题也受到了社会方方面面的关注。其实考试焦虑是一种正常的情绪状态，适度水平的焦虑和紧张有助于学生能力水平的发挥，而过度焦虑则会影响学生正常发挥。

一般来说考试焦虑有三种程度，即轻度焦虑、中度焦虑、重度焦虑。轻度焦虑表现为每当接近考试日期的时候开始担心不能考出自己的真正水平，但是不会影响学生的日常生活，考试结束后这种焦虑也随之消失。中度焦虑表现为对于考试的担心影响到学习状态和进度甚至影响睡眠和饮食，但是这些状况都会在考试结束后渐渐恢复正常。重度焦虑则会严重影响日常生活和学习计划，在这种长时间的精神紧张下会出现暴躁、多梦、失眠等心理疾病，并且重度焦虑的学生往往过于看重考试结果，从而导致焦虑恶性循环，难以自行排解。

究竟是哪些原因引发学生不同水平的焦虑呢？从学生内部因素看，学生的人格特质、学业自我效能感、学生对考试的认知评价是导致考试焦虑的主要因素。

首先，不同的人格特质是产生不同水平焦虑的根本原因。研究表明，情绪不稳定、内向、神经质倾向的学生更容易出现焦虑情绪，他们往将考试失利更多地归因于自我的不足而不是偶然和运气等外在因素，并且倾向于采取回避问题的策略，容易产生自责情绪，所以老师和家长应更多地关注这一类型学生的心理状态。

其次，学生的学业自我效能感低是导致考试焦虑的另一个主要因素。学业自我效能感是学习者对自己能否利用所掌握的知识去完成学习任务的自信程度的评价。研究表明，学业自我效能感与考试焦虑呈显著负相关。学业自我效能感较高的学生，一般考试焦虑水平比较低，对自己的考试成绩也比较满意，从而形成良性循环。但是学业自我效能感较低的学生，一般考试焦虑水平较高，一旦在学习过程中遭遇挫折，便会怀疑自己能否达到预期目标，因此容易紧张焦虑。

再次，学生个人对考试的认知评价也与考试焦虑有着直接联系，个人认知评价是指学生根据自己本身的经验来对客观事物进行认识和评价。学生之所以会产生焦虑情绪就是因为把考试看得很重，甚至将考试当成证明自己的唯一方法，将考试结果与个人名誉、前途、人生成败都联系在一起，因而产生了认知偏差。个人认知评价与家庭教育环境和学校培养方式息息相关。

从外部因素看，生活和学习环境也是影响考试焦虑的主要因素。有时候学生对考试的焦虑很大一部分来自父母和老师的焦虑，他们真正担心的不是考试，而是担心得不到家人和老师的认可。一般来说，学生不仅承受着自己发展的压力，还承受着成长环境所寄予的希望的压力。

## 操作指导

针对以上影响考试焦虑的几个因素，向学生、家长和教师提出以下建议。

学生要学会调整认知和心态，以平常心应试。

1. 树立正确的认知评价体系。正确对待考试，明白考试是对自己所学知识进行检验的一种方式。江光荣等人在吸取理性—情绪辅导的思想观点的基础上，提出一套自助性认知矫正程序，用来缓解中学生的考试焦虑，取得了较好效果。该程序包含以下几个步骤：①检查自己的担忧。要求学生把自己对于考试的担忧写出来，将担忧的项目按程度加以排列。②对担忧进行合理性分析。分析自己所担忧的事项哪些是合理的，哪些是不合理的，从而找出认知错误。③与担忧论辩。要求学生针对担忧的不合理处用事实、常理予以驳斥，并对不合理的担忧做危害分析。④得出合理的反应。

2. 积极备考。不断改进学习方式，对知识点进行系统复习，建立框架，查缺补漏。

3. 积极运动。运动是一种可以有效缓解焦虑情绪的方式，所以在学习过程中要注意劳逸结合，不要为了节省时间而忽略体育锻炼。

在自我调整无效的情况下，应寻求心理老师的帮助，进行心理咨询，有需要的话可以在医生的指导下使用药物。

家长应该明白自己对孩子的重要影响，以及孩子容易将父母所表现出来的焦虑和期待内化为自己的压力。

1. 减少关注。在和孩子交流的过程中，不应该过多地涉及学习和成绩，更不要将孩子和其他同学进行对比。

2. 降低期待。父母应该客观地看待自己孩子的实力，正确地认识孩子的个性和兴趣特长。

3. 给予爱和支持。如果父母可以与孩子建立稳固的亲子关系，让孩子有足够的安全感，让孩子知道不管发生什么父母都会爱他认可他，那孩子的焦虑也会得到缓解。

教师应注意以下方面的改进。

1. 调整认知，不要过度强调考试的重要性，建立多元评价机制，不应只关注学生的学习成绩。

2. 树立合理目标。调整学生的学习目标，使其与学生能力和水平相适应。

3. 生涯指导。学习科学的心理健康教育知识，对学生进行正确的生涯教育指导。

# 问题 14：学生对学习失去信心

## 案 例

看到期末成绩的林雨，一下子像被霜打过的茄子似的，接过成绩单一屁股坐到了座位上。上高中之前，林雨的学习成绩虽然不是很拔尖，但她也属于成绩较好的、老师喜爱的学生。可自从上了高一，一切都开始变了。面对繁重的课业压力和频繁的考试，林雨越来越感到力不从心，成绩渐渐退到班级中下水平。随着成绩不断退步，林雨的压力越来越大，她更加废寝忘食地学习，哪怕是课间休息，林雨都抱着课本和习题不撒手，这时有些同学就会说："这么用功啊！"她听了觉得同学似乎在嘲笑她"花了那么多时间看书，却只考出那样的成绩，真是个笨蛋"。林雨开始怀疑自己的能力，自己那么努力学习，为什么成绩却上不去？自己真的是笨蛋吗？林雨觉得反正就这样了，学不学有什么区别呢？从此以后，林雨上课开始漫不经心，作业也应付了事，不再付出努力了。

## 原理分析

林雨同学在学习退步后对学习失去信心，在发现努力却没有改变境况后，变得越来越焦虑，开始放弃学习，这种表现称之为"习得性无助"。那么，什么是习得性无助呢？习得性无助指个体在学习和生活中经历多次失败之后表现出一种无能为力、自暴自弃的状态。导致习得性无助的原因又是什么呢？

研究表明，一个人会产生习得性无助感，对学习失去信心，是由外部因素和内部因素两方面造成的。内部因素主要是个体自身的认知、情感因素，是学生产生习得性无助感的重要原因。面对生活和学习中的挫折，有些人会从此一蹶不振，丧失信心，甚至放弃努力，但是有些人却能反思失败、对症下药进而重新站起来，这是为什么呢？原因在于个体对事情成败的不同归因。我们可以把事情成败的原因大致归于能力、努力和运气三个方面。其中能力和努力属于内部因素，运气属于外部因素。如果一个人把成功归因于能力和努力，把失败归因于缺乏努力，那么在他看来成功就是可以控制的，只要努力了就会有收获，就能增强自信心，从而帮助个体克服困难，走向成功。反之，如果把成功归因于运气好，把失败归因于能力低，就会感觉成功是不可控的，就会不断否定自己，长此以往，就会产生习得性无助感，从而放弃努力。

除了内部因素外，还存在外部因素。外部因素主要是教师、家长和同学给予的消极评价，这种消极评价会不断打击学生的自信心。多数学生一开始都会对一门新的学科充满兴趣，但是经过一段时间的学习以后，如果他们发现自己无法理解老师上课讲的知识，无法完成作业，并且经常受到老师家长的批评或同学的嘲笑，就会产生一种恐惧回避的心理，久而久之，就会产生习得性无助感，最终放弃学习。

## 操作指导

习得性无助感严重影响学生的学习和生活，那么如何改变这种习得性无助感呢？

1. 家长和教师应该转变观念，适当淡化分数和成绩的重要性，给予学生积极的支持与关注。学生很在乎家长和教师的评价，这种评价是学生自我评价的一项重要依据。如果受到家长和教师的表扬与鼓励，学生会以更加积极的心态面对学习。所以，教师和家长在评价学生时，应当以开放包容的心态接纳学生。

2. 教师应该对学生进行正确的归因训练，让学生把自己的失败归因于缺乏努力或学习方法不恰当等可控因素，而不是个人能力等不可控的因素。

3. 教师可以帮助学生制定一些通过努力可以达成的目标，让学生在一次次达到目标的过程中体验成功的喜悦，并且制定奖赏制度，对学生进行鼓励，从而提高学生的自我效能感。

4. 对于那些像林雨同学一样，学习很努力却未能取得好成绩的学生，教师应该思考他们的学习方法是否正确。教师可以和家长配合，引导学生采用正确的学习方法和有效的学习策略。

5. 最后，教师和家长都应该认识到学生是有个体差异的，有各自的优缺点和能够达到的水平，因材施教，引导学生发挥自己的长处，从而增强学生的自信心，避免他们因为学习不好而产生习得性无助。

# 问题15：学生总是逃课

## 案 例

刘玉是一名初一的学生。经任课老师反映，最近两周刘玉逃课了五次，大家都不知道她的去向。随后，班主任王老师在网吧找到刘玉，了解了事情的原委。刘玉的父母经商，工作繁忙，很少陪她，因此刘玉与父母缺乏沟通。刘玉自幼与爷爷奶奶一起生活，从小家庭经济条件比较优越，学过钢琴、绘画等，拥有多项艺术特长的她深受老师的喜爱和同学们的羡慕。而到了初中，因为课程增加，学习内容的难度和强度加大，刘玉学习上比较吃力，学习成绩下滑，她感觉压力很大，对学习彻底失去了兴趣，老师似乎无视她的存在，从不关心她的学习。由于刘玉个性孤傲、任性妄为、需要他人迁就，且不会主动与人交往，因此身边的朋友极少。加上本学期唯一的好友小红因琐事与她发生争执后渐渐疏离了她，刘玉感觉没有人关心自己，形单影只，甚至开始讨厌自己，情绪压抑之下她逃课了。逃课后刘玉在网吧结识了一些新朋友，一起在网吧玩游戏，相比于在学校学习的压力，网络游戏给她带来了成就感和愉悦感，于是她接连又逃了四次学。

## 原理分析

中学生逃课现象屡见不鲜，不仅影响学校教学秩序，而且给学生个人发展带来不良影响，严重者甚至可能导致青少年走上犯罪道路。对学生逃课问题的原因进行探讨，我们需要从学生、学校、家庭三个方面作全面的分析。

从学生个人角度分析，主要有以下三个原因。

第一，学习压力大，产生厌学心理。在上述案例中，刘玉因为上初中后学习难度和强度加大，学习成绩下降，感觉学习压力大，对学习失去兴趣和信心。

第二，缺乏关心与支持。青春期学生发展自己社会性能力的需求很强烈，主要表现在渴望友谊，追求人际关系和谐，因此交友问题常是困扰青春期学生的一个主要问题。在案例中，刘玉性格孤傲，但又渴望友情，渴望与周围的同龄人成为朋友。刘玉因为学习成绩不好，不再像小学时那样受到老师的器重和同学的喜爱，这样的落差使她难以融入新环境。因为性格原因，不会主动与他人交往，刘玉缺少朋友，外加与父母的沟通较少，父母与身边的朋友都不足以满足她的情感诉求，使其时常觉得很孤独，因此产生压抑的情绪。而逃课后结识了一群朋友，让她获得了情感支持，从而致使她接连逃课。

第三，沉迷网络。很多学生沉迷网络是因为在现实生活中得不到认可，体验不到成就感，而网络能弥补他们在这方面的心理需求。再加上中小学生的自控能力较差，容易沉迷于网络中不能自拔。正如案例中刘玉逃课后去网吧玩游戏，网络游戏的诱惑也是逃课的原因之一。

从学校角度分析，主要有以下两方面原因：一方面，由于升学、转学等因素引起生活环境的变迁，学生可能会出现适应不良的现象。就如刘玉因为小升初的原因，学习环境发生改变，老师与同学态度上落差很大，这让刘玉无法适应新的环境。另一方面，因种种原因在校受冷落歧视，甚至遭遇校园暴力，也会导致学生逃课。

从家庭角度分析，主要有两方面原因：一方面，家长忙于生计，忽视孩子的心理需要。案例中父母与刘玉之间沟通较少，父母忽视了刘玉的生理和心理的发展，没有给刘玉提供足够的情感支持，爷爷奶奶虽然一直对她宠爱有加，但更多的是关注物质上的满足。另一方面，家长采取不恰当的教养方式，或给孩子施加过大的压力，使孩子不堪重负。

## 操作指导

对于学生逃课问题，切忌一味地批评教育，教师应了解学生逃课的原因，做好家校沟通工作，从学生的内心需求着手，具体情况具体分析。

如果是厌学导致逃课，可以参考本章“问题 3”的操作指导。

如果是压力太大导致逃课，教师可以教授给学生应对压力的方法，帮助学生缓解压力。一般来说，学生压力的源头是多种多样的。首先，可以利用分解法，让学生将不同的压力源罗列出来，逐一分析和突破解决，从而有利于压力缓解。其次，引导学生用恰当的方式发泄、调节情绪，缓解压力。比如，通过运动或者是向家人、老师、朋友倾诉。此外，身体健康是维持心理健康的重要条件，也为学习、生活提供基本保障，因此要让学生保持良好的作息和饮食习惯。

若是因校园暴力等原因而逃课，应让相关人员参与并合力妥善解除校园暴力，并让心理辅导老师对受欺凌学生进行心理辅导。

若是因沉迷网络而逃课，因具体分析学生沉迷网络的原因，与家长沟通，一起采取恰当的方法引导孩子正确适度地使用网络。

若是因为一些家庭因素而逃课，教师应当将相关情况向家长反映，让家长从孩子的角度出发，关注孩子的心理需求，与孩子进行平等的沟通，共同解决问题。第一，要让家长意识到家庭教育对孩子成长的重要性。家长需要靠自己的努力来陪伴和帮助孩子成长。第二，家长不能过分关注学习成绩，要关心孩子的成长。教师可引导家长在家庭教育中注重学习兴趣、学习习惯的培养，帮助孩子纠正不良的习惯，引导孩子在学习上逐渐进步。第三，家长应掌握一些沟通技巧，多倾听孩子的心声，信任孩子，多鼓励、少批评。让家长与孩子进行有效沟通，从而有效地解决逃课问题。

# 第四章　人格问题

# 问题 1：学生容易生气

## 案 例

小强是三年级学生。课间休息的时候，小强喜欢一人独处，自得其乐。每当有同学拉他一起玩时，他总是一脸的茫然。老师和同学们从没见过小强的笑脸，大家都说小强很古怪。小强是个受不得半点批评的孩子，很容易发怒。一次语文课，小强未带语文书，老师批评了几句，他竟然大哭不止，将书本全部扔到讲台上，说不要上学了。还有一次，有位老师借用教室，坐在了他的位置上，他来到教室后跟老师说："起来，这是我的座位！"这位老师批评他不懂礼貌，他拿起自己的课本用力地砸在桌上。诸如此类的事情屡屡发生。据小强的父母描述，在上小学之前小强很乖很听话。等到小强上了小学，父母把全部的精力与注意力都放在学习成绩上，对他的要求也很严格，认为分数便是孩子的智商和能力的综合。小强的父母习惯定一个分数线，每次考好了就奖励他。若考到分数线以下，父母总是用批评和指责的方式教育小强。在家里，小强经常与父母争吵，动不动就发脾气。父母说小强几句他总是很不耐烦，有时候还会用偏激的言语顶撞、刺激父母。

## 原理分析

小强的这种愤怒情绪其实在心理学上被认为是攻击的表现形式之一，而攻击行为的产生受到多种因素的影响，家庭和学校是其中重要的两个因素。

1. 家庭是孩子成长的重要环境，家庭成员，尤其是父母的个人修养、价值观、言行举止是孩子最好的教材，具有潜移默化的影响作用。

（1）相比耐心的沟通和交流，父母说一不二的家庭教育方式容易导致孩子表现出更多的攻击行为。采用这种教育方式的父母要求孩子按照自己的规则行事，孩子的行为一旦不符合规则，父母就会怒目相向。这样的父母忽略了孩子正常的心理需求，经常拒绝、否定和排斥孩子，引发孩子的挫折感，导致孩子攻击父母或者同伴，以便发泄心中长期积郁的不满。父母不恰当的教育方式，不但不能抑制和消除敌意行为，反而助长了这些儿童的不良行为。

（2）父母采取忽略的态度和方式对孩子进行管教，使孩子完全处于“散养”状态。当孩子偶尔出现攻击行为时，父母采取忽视的态度，对孩子的攻击行为放任自流而不是加以制止，于是便助长了学生攻击行为的进一步发展。

（3）情感缺失。父母是孩子的第一任老师，也是终身教师，父母以身作则，是对孩子最好的教育。当父母之间的相处模式是使用语言、身体、情绪等形式进行争吵或攻击对方，家庭中就缺少温暖，孩子在情感上得不到满足就会导致攻击欲望无比强烈，在孩子看来，解决问题的方式就是攻击。所以，产生矛盾时，孩子会模仿父母的行为去攻击别人。

（4）有条件的爱。父母对孩子有条件的爱会让孩子害怕依赖父母，降低孩子的不安全感，从而导致孩子产生消极行为。

2. 学校是学生学习和生活的重要场所，教师和同伴构成了孩子最初级的社会化小环境，小学生的攻击行为与学校环境及教师和同伴有着密切的联系。

（1）教师的评价。在学生心中，老师是完美和全能的，是值得信任和依赖的。老师说的每一句话和做出的每一个评价，学生都信以为真。

当教师给孩子贴上“坏学生”标签的时候，孩子就失去了获得肯定的机会，孩子的自尊心、自信心在教师的不关注、不相信中消失殆尽，最终变为自暴自弃。其实，处于失败和困境中的学生，内心对教师的依赖性在任何时候都不曾消失，老师的一个赞许、一个微笑表情或一个肯定眼神都能让学生觉得自己的存在是有意义的。一句鼓励和公正的评价能激发“坏学生”变成“好学生”的愿望，促使他们修正自己的言行。老师如果能在学生犯错和迷茫时给予正确的评价和鼓励，就能使学生明白暴力并不是解决冲突的唯一方式。

（2）同伴的影响。俗话说“近墨者黑，近朱者赤”。学生习惯的养成与同伴的影响密不可分，孩子通过模仿同伴的行为形成自己的行为模式。当一个小学生通过攻击别人达到了某种目的，其他同学看到了这种行为带来的“好处”，就会模仿学习这种方式，因而，同伴负面的榜样效应是引发小学生攻击行为的一个重要因素。

## 操作指导

1. 建立良好的师生关系。教师可以采取赏识教育的方式，给予学生积极的关注和正向的评价。小强在家中得到的是有条件的爱，父母对他的要求很严格，关注点也只在成绩上，把成绩看作是孩子智力和能力的综合。然而老师应该多给小强鼓励，当小强在学校出现问题时，先去了解小强行为背后的原因，给予温暖与鼓励，这样他感受到的就不是严苛而是包容，教师要引导学生主动自觉地做好各项任务，并在小强表现好时鼓励他。表现不好时依然相信他，用温暖代替他在家中感受到的有条件的爱，帮助他找到“自己能做好”的信心，做不好也不担心得到的只有指责和批评，让他建立正确的成败观，用积极的方式解决问题。对小强要多用积极正向的语言，比如“你可以做得更好的”“老师看到你的努力啦”“对自己要有信心哦！”“这几天你进步了！”“你的发言说到老师心里去了！”等等，教师如此积极正向的语言，带给学生前进的动力是无穷无尽的。

2. 开展丰富多彩的班级活动，促进同伴交往。有意识地开展丰富多彩的班级活动，为学生的人际交往与情感交流提供良好的契机与平台，在活动中逐步培养学生开朗的性格。培养学生敢于与别人交往，虚心听取别人的意见，同时产生与他人成为朋友的愿望。针对小强这样的学生，班主任与心理教师应积极鼓励他们多参加集体活动。可有意识地安排一些工作任务，让他们在活动中得到认可，在参与中体验快乐，在与同学交流中增强自信，摆脱负面情绪的影响，形成乐观向上、积极进取的心态。

3. 与家长沟通。平时，教师要利用互联网随时随地和家长沟通，如建立微信群、班级博客，利用校讯通等，及时将孩子在校的情况反馈给家长。通过家访，老师和家长及时了解学生在校在家的学习和生活情况以及思想动态，让每一个学生不在学校却继续享受学校给予的关爱。同时给家长推荐积极的教育方式，比如，家长应该改变说一不二的教育方式，家长要对孩子的点滴进步及时表扬，通过对积极行为的及时肯定与表扬，强化好的表现，刺激孩子向好的方向发展。平时应该在生活中多关心孩子，对孩子给予足够的爱与关注，重视他的需求，而不是一贯忽视。同时，父母也应该注意自己在孩子面前的形象，不要总当着孩子的面传播负能量、表现攻击行为。还可以请家长多带孩子接触外界环境，使孩子与同龄人有更多的交往，培养孩子的交往能力。

# 问题2：学生内向胆小

## 案 例

小敏是一名小学二年级学生，性格内向、行为拘谨，很少主动与老师交谈，回答问题也是轻声细语、唯唯诺诺，甚至不敢直视老师。在父母面前小敏也很胆小羞怯，不太与父母亲近，仿佛更愿意与奶奶相处。由于性格比较内敛、沉默寡言，小敏也很少与班级同学交流，常常独来独往。小敏父母双方工作都很忙，平时很少有时间与小敏沟通、辅导小敏功课。小敏周一到周五住奶奶家，周末回自己家。奶奶没文化，平时只管小敏的衣食住行，对于小敏的学习一概不闻不问。另外，由于奶奶与老师之间语言不通，所以与老师之间的沟通也屡屡不畅，老师无法将小敏在学校的表现及时传达给家长。

## 原理分析

案例中的小敏在学校和家里表现得内向和胆小，可能是以下几个方面原因造成的：

1. 依恋关系。心理学家约翰·鲍尔比通过对儿童与母亲的情感连接关系的研究提出了依恋理论，认为早期亲子依恋关系对儿童是否形成积极的社会行为影响很大。约翰·鲍尔比根据儿童与母亲情感连接的关系将儿童分为安全依恋型和不安全依恋型。一个形成安全型依恋关系的婴儿，能够把母亲作为探索的安全基地，在恐惧、焦虑时把母亲当作安全的避难所。心理健康最基本的要素是婴幼儿应当与母亲（或一个稳定的代理母亲）有温暖、亲密的连续不断的关系。儿童在这种关系中可得到满足感、愉快感。安全型的依恋关系可以使孩子变得更加自信，并且能够与自己的同伴和后代建立良好的依恋关系，从而形成良好的社会交往能力，结交到很多相处友好的朋友。相反，没有安全依恋关系的儿童，则缺乏自己的“安全基地”，因此他们缺乏信赖、自信，不敢有探索行为，这不利于儿童社会技能的发展，也使儿童在人际交往中常常产生退缩行为。当然，也有研究表明，过于强烈的依恋也会导致儿童更多的依赖、焦虑和退缩行为。

2. 父母的教养方式。父母教养方式主要包括父母的教养态度和行为。消极的父母教养方式与儿童的胆小和退缩性行为密切相关。如父母经常对儿童采用命令、强迫、威胁、生气、否定和打骂等消极的教育方式，儿童就容易表现出胆小和退缩行为。此外，父母的拒绝也会导致儿童产生退缩性行为，如父母经常忽视孩子的要求，对孩子的反应缺乏敏感性，对孩子缺乏关心，当孩子出现错误时才给予注意或表现出生气、失望和难堪等情绪反应，并把儿童的问题或过失归咎于儿童自身特性等。这类父母教养出来的孩子极易产生胆小等社会性退缩行为。

3. 师生关系。作为儿童生活中的一种重要的人际关系，师生关系不仅影响到小学生的学习情绪和自我概念发展等方面，而且对小学生的亲子关系和同伴关系有重要影响。受教师信任、重视的学生，会与教师有更多的积极情感交流，更有自信，社会交往能力更强，表现欲望更强；而一些不遵守学校纪律和学习不突出的学生，经常被教师忽视和拒绝。这些经常被教师忽视或拒绝的小学生，缺乏教师的关心、鼓励和肯定，缺乏与教师之间的积极情感交流，对教师反应冷漠，对班级和学校的集体活动以及与同学交往缺乏兴趣，对自己丧失自信，对一切都感到索然无味，于是变得胆小和退缩。

## 操作指导

1. 建立良好的师生关系。针对小敏的情况，可以主动和她亲近，和她做朋友。因为小敏胆小，可以暂时对她实施特殊的待遇：她喜欢坐哪儿就坐哪儿。针对她比较依赖奶奶的特点，经常向她讲述奇妙、有趣的关于老人的故事，并在关键的地方停顿下来，请她帮忙说一句，引发她对教师的依赖感，并且敢于讲话。鼓励她与小朋友和老师交流，并且主动与她交谈，谈谈她身边的事情，让她有事情可以讲。同时，在交流过程中，教师要注意多用积极正向的语言。比如“对自己要有信心哦!”“这几天你进步了!”“你的发言说到老师心里去了!”等等，教师如此肯定、表扬的方式，会带给学生前进的动力和自信。

2. 与家长沟通。平时，教师利用互联网随时随地和家长沟通，如建立微信群、班级博客，利用校讯通等及时将孩子在校的情况反馈给家长。首先请家长理解和接纳孩子的各种行为，由于个性、气质、成长环境的不同，儿童的交往水平也各不相同。其次，要求家长采用赏识教育和挫折教育相结合的方法对儿童的点滴进步及时表扬，通过对积极行为的及时肯定与表扬，强化其好的表现，刺激他向好的方向发展，而对其不良的表现不关注或者进行适当的惩戒，使其不良的行为表现逐渐得到抑制甚至消退。再次，在时间允许的情况下，请家长带孩子与同龄人多接触，多交往，培养孩子的交往能力。

# 问题3：学生容易焦虑

## 案 例

小强是一年级学生。新生入学的第一节课刚打铃，小强就说要上厕所，老师让他去了。过了三分钟，他又说：“老师，我要上厕所!”老师很纳闷，不是刚上的厕所吗？但一看他那着急的样子，只好又让他去了。可他没过几分钟又喊着要去上厕所，基本上一节课他就在厕所和教室间穿梭。第二节课还是如此。据孩子的爸爸和妈妈讲，在家里孩子没有不停地上厕所的现象。只是，孩子一向都很胆小。每次去一个陌生一点的环境，都要有一个明显的过渡期，即使去姥爷姥姥爷爷奶奶家也不能离开父母过夜，从来不肯离开父母单独跟别人玩耍活动。

## 原理分析

从以上状况来看，小强的这种表现是分离焦虑所致。分离焦虑的产生主要受儿童自身以及儿童之前所处的家庭环境和师生关系的影响。

1. 儿童气质类型。气质是指个体的行为风格和反应方式的个性特点，气质是与生俱来的，是人格的生物和情绪基础。儿童的气质类型影响着分离焦虑水平的高低。托马斯通过研究将儿童气质分为困难型、轻松型和迟钝型三个类型。困难型的儿童时常烦躁易怒，爱哭泣，爱发脾气，在饮食、睡眠等生理机能活动方面缺乏规律，对新事物、新环境接受很慢，很难适应环境变化。轻松型儿童情绪一般积极愉快、爱玩，对成人的交往行为反应积极，爱笑，也容易接受新事物和不熟悉的人，能获得更多的社会支持，能够快速地适应新环境。这类型的儿童在进入寄宿制学校时较容易融入新环境，与人交往。迟钝型儿童的活动水平很低，行为反应强度很弱，情绪总是消极而不甚愉快，但也不像困难型婴儿那样总是大声哭闹，而是常常安静地退缩，情绪低落。迟钝型儿童逃避新事物新刺激，对外界环境和事物的变化适应较慢。但在没有压力的情况下，他们也会对新刺激缓慢地发生兴趣，在新环境中能逐渐地活动起来。

2. 父母教养方式。家庭环境是儿童最早接触的环境，父母的教养方式影响儿童的分离焦虑。父母长期不当的教养方式及不良的社会环境与子女的诸多心理问题的形成过程有显著的相关性。研究者通过研究总结出权威型、专制型、忽视型、溺爱型等 4 种类型的父母教养方式。采用权威型教养方式的父母从孩子自身的需要和发展出发，给孩子制定高水平的目标，同时设立了一致的行为准则，采用积极的强化方式使孩子遵守规则。在这种教养方式下，儿童会感受到尊重并知道自己的行为是安全有效的。入学后会通过老师的帮助找到自己相应的位置以及行为准则，相对来说焦虑水平比较低。采用专制型教养方式的父母是以自身为中心，给孩子制定高水平的目标，以惩罚的形式要求孩子。孩子常常感受不到情感交流，导致在新环境中容易出现冲突的表现，很难融入集体，导致焦虑偏高。溺爱型和忽视型教养方式都对儿童存在低水平的要求。并且溺爱型的父母会过多地与孩子产生情感联结，孩子入学后对于学校生活的严谨有序无法适应，时常想通过回家来躲避学校的任务与学习。采用忽视型教养方式的父母不给孩子进行指导和支持回应，这样很难使孩子发展出自理能力和亲社会行为，入学后也存在较高的分离焦虑。

3. 师生和同伴关系。作为儿童生活中的一种重要的人际关系，师生关系对学生的情绪有重要的影响。受教师信任、重视的学生，就与教师的积极情感交流更多，并且更富有自信；而一些不遵守学校纪律和学习不突出的学生，经常被教师忽视和拒绝。这些经常被教师忽视或拒绝的小学生，缺乏教师的关心、鼓励和肯定，容易产生焦虑。同伴关系是指年龄相同或相近的儿童之间的一种共同活动并相互协作的关系，是同龄人之间或心理发展水平相当的个体之间在交往过程中建立和发展起来的一种人际关系。个体可以从同伴的接纳和喜欢中获得归属感，即一个人属于群体或被其接纳的感受。具有良好同伴群体关系的儿童会表现出友好、谦虚的品质，焦虑水平比较低，并且能很好地适应环境。

## 操作指导

理解了分离焦虑的缘由和影响因素，可以从以下两个方面来预防和应对学生的分离焦虑情绪。

1. 教师采用多种形式促进学生适应学校。首先教师可以利用各种途径和方式让学生熟悉学校的校园，教室，操场，图书馆，男、女厕所的位置和标记，消除陌生感，让其尽快适应新的生活。教师可以在开学初利用班会课等形式让学生了解小学学习和生活与幼儿园是不同的。创设良好的班级氛围，促使学生建立良好的同伴关系，降低学生的焦虑情绪，以便快速适应新环境。其次，根据儿童心理发展的特点组织和设计儿童喜欢的丰富多彩的游戏活动，帮助儿童转移不愉快的注意力。针对个别和部分群体开展个体心理辅导与团体辅导。积极建立良好的师生关系，使孩子有一个良好的心理环境，心情愉快，情绪稳定，弥补学生情感上的缺失。

2. 与家长沟通。首先，教师应及时与学生家长建立紧密的联系，了解学生的各种动态，并且主动和学生家长及时交流学生刚入学时的各种表现，努力做好家校衔接和家长工作，并明确告诉家长近期在家要教育孩子必须习得的内容，争取家长的积极配合，以便共同帮助学生克服新入学产生的不良情绪。其次，请家长做好自我的心理调适，因为很多家长自己对孩子过度担心，本身就会产生一种担忧与焦虑，这样反而会增加孩子的焦虑情绪，进而干扰孩子在学校的适应行为。再次，在孩子冷静的情况下，请家长用平等、耐心的心态与孩子聊聊在学校发生的事以及同学和老师的优点，让孩子对学校有大致的了解，让他们熟悉学校，慢慢接受和喜欢学校的老师和小伙伴。当孩子出现适应不良问题时，认真聆听孩子的倾诉，表达对孩子的尊重与关心，并积极与老师沟通，共同制定计划，协助并监督计划的实施。

# 问题4：学生容易抑郁

## 案例

小江是一名初三女生。据小江自己描述，她每天只睡7个小时，睡不够……经常晚上躺床上睡不着，会想一些事情，比如老师布置的作业没写完怎么办，明天会不会被老师批评，去学校里能不能抄上别人的作业，上课被老师提问不会怎么办……半夜有时会惊醒，醒来之后就再也睡不着了，一直躺着……什么也不做，到天亮了起来吃饭上学……上课会觉得累，也不知道为什么，经常一个人坐在座位上，觉得挺没劲儿的。朋友也少，感觉很孤独。据小江的父亲描述，小江还有一个妹妹，小江五年级时父母离异，生母带妹妹走了，小江则由父亲抚养。由于父亲长年在外地工作，没法把小江带在身边，就把小江托给爷爷奶奶抚养。小江的爷爷奶奶重男轻女，嫌弃小江是个累赘，经常辱骂小江，有时还会动手打小江。

## 原理分析

从小江的行为表现来判断小江患有抑郁症。儿童抑郁症是以情绪低落为主要表现的一类精神障碍。案例中的小江的抑郁症可能是以下几个方面原因造成的：

1. 学习方面的压力。学习不好英语、语文、数学等任意一门课均会使儿童对自己的能力产生怀疑，产生忧愁、沮丧和无助等不良情绪。如果儿童不能恰当地调节这些不良情绪，就会进一步影响学生的学习，从而形成恶性循环。

2. 父母或老师不恰当的教育方式。如果孩子成绩倒退或犯错误时，父母和教师不是给予理解和鼓励，而是进行严厉的批评、指责和惩罚，儿童自信心就会受挫，自尊也会遭受重创，容易陷入胆怯和恐惧中，从而造成孤僻、自卑、悲伤等抑郁情绪。

3. 心理应激事件。失去亲人、父母离异、缺乏家庭温暖，以及遭到虐待、抛弃等心理应激事件也是造成抑郁的重要原因。对小江而言，父母离异导致她有着强烈的被抛弃感，父亲离婚后对小江缺乏关心、关注和肯定，爷爷奶奶对小江动辄打骂，这些导致小江自我价值感低，觉得自己是多余的，情绪消极悲观。

4. 性格因素。性格因素也是导致儿童患抑郁症的重要因素。性格过于内向、自尊心过强、心理承受能力差的儿童发生抑郁的比例高于那些活泼开朗的儿童，此类儿童遭受一点困难就会感到较大的精神压力，长期积累，就容易患上抑郁症。

## 操作指导

1. 引导学生学会调节不良情绪的方法。教师在对学生进行心理疏导的时候，还应教导学生如何自我调节抑郁情绪。首先，要让学生对自我做出客观的评价。对有抑郁症倾向的学生，可指导他们学习心理卫生保健知识，让他们对自己的疾病有一个正确的认识。通过学习相关知识不断提高心理调适能力，增强抗抑郁情绪的能力，逐渐从不正确的认知中走出来，对自己有一个客观、公正、正确的评价，最终接纳自我。其次，要学会放松心情，释放压力。这种方法对抑郁症学生或有抑郁倾向的学生来说，是一种很好的方法。体育锻炼也是一个不错的选择，能舒缓紧张情绪，还能提高学生的精神健康指数。相关研究显示，每次运动后人都会产生一种轻松自在的感觉，体会到锻炼的快乐。因此，参加体育锻炼有助于克服心理上的孤独感。

2. 开展丰富多彩的班级活动。丰富的班级活动可加强学生人际交往与情感交流。它能为学生心理健康发展提供良好的平台。知识竞赛、球类竞技比赛、诗歌朗诵比赛、社会实践等活动不仅能缓解学习压力，使学生身心愉悦，而且还能拓宽眼界，发掘和培养学生的兴趣。在比赛中学会磨炼意志，正确对待得失成败，培养乐观进取、积极向上的心态。针对有抑郁倾向的学生或心理有困惑的学生，班主任与心理教师应积极鼓励他们多参加集体活动。可有意识地安排一些工作任务，让他们在工作中得到认可，在参与中体验快乐，在与同学的交流中增强自信，摆脱抑郁阴影。

# 问题5：学生易冲动，喜欢打人

## 案 例

小王是小学二年级学生。从小爱冲动，经常动手打人，爱哭，遇到不顺心的事情就大吵大闹，情绪起伏较大；学业方面，成绩中等，喜欢数学，但无明显偏科现象，智力正常；生活习惯正常，不存在睡眠障碍、进食方式问题以及生活自理问题；社会交往方面，小王基本没有朋友，人际交往情况不稳定，心情好时和朋友开心玩耍，不开心时谁都不理，可能突然由开心转为暴怒，也可能由愤怒瞬间好转，同学们都怕他。有一次同学不经意碰到小王的脚，小王瞬间暴怒，拿着铅笔就戳向同学的耳朵，幸好老师及时发现并阻止。小王和年龄较大的爷爷奶奶一起生活。母亲在外地打工很少关心小王，父亲会负责每个月的生活费，但对于小王的学习很少关心。爷爷奶奶对小王言听计从，千方百计地满足他。

## 原理分析

儿童的攻击行为与家庭、学校和社会环境有密切的关系。

1. 家庭环境。父母的教养方式与儿童的攻击行为密切相关。研究者通过研究总结出权威型、专制型、忽视型、溺爱型等四种类型的父母教养方式。通常，权威型的父母善于根据孩子成长发展的特点，利用积极强化模式使孩子习得正确的行为规范，并适当满足孩子的需求，从而培养出良好的心理品质，以便达到高水平目标。专制型的父母则把自身的道德评判标准强加于孩子身上，要求孩子达到他们期望的高目标，甚至采用惩罚的形式来束缚孩子。父母的过分控制易损害孩子的自主能力，经常遭到父母的指责、否定甚至体罚的孩子，极易模仿父母的暴力行为，出现逆反心理和对抗行为。溺爱型和忽视型的父母均以孩子的意愿为中心，对孩子设立要求较低的目标，不仅没有与孩子建立起恰当的情感联结，而且不会适时矫正孩子不正当的行为表现，一味纵容和忽略孩子，容易导致孩子不良行为逐渐增多，一旦养成不良行为习惯，则很难再进行矫正。另外，溺爱型和专制型是相互对立的教养方式，溺爱型父母过度关爱孩子，无原则满足他们的所有要求，甚至包括一些不合理的请求。由于缺乏理智，孩子无法体会到违背自己意愿的心理体验，生活中一旦有违背心意的事情出现，孩子则会形成过激的反抗心理，甚至出现攻击性行为。同时，家庭氛围和父母日常行为也对儿童攻击性行为具有一定的影响。父母是孩子人生的第一位老师，如果父母脾气火爆，满口脏话，不明是非辱骂甚至鞭打配偶或孩子，孩子虽然没有能力抵抗父母，但是会将自身的委屈发泄到同伴或者陌生人身上，从而导致攻击性行为的发生。

2. 教师的态度和同伴的关系。“近墨者黑，近朱者赤”，学生习惯的养成与同伴密不可分，孩子通过模仿同伴行为形成自己的行为模式。当一个小学生通过攻击别人达到了某种目的时，其他同学看到这种行为带来的“好处”，会模仿学习这种方式。因而，同伴负面的榜样效应是引发小学生攻击行为的一个重要因素。如果教师对儿童的攻击行为持默许态度，则会强化和增加儿童的攻击行为。

3. 大众传媒。大众传媒也是影响儿童攻击行为的重要因素。儿童不可避免地会接触到电视和游戏，由于电影或者游戏多以惩奸除恶为宗旨，为塑造坏人形象而将其暴力化，在惩处坏人的过程中必将出现肆虐的打斗场景。当媒体中的暴力内容看起来像真实生活，个体就会忽略现实与虚幻的差异，当认同游戏中的攻击性角色时，儿童就会不自觉地模仿学习其中的情节或镜头，形成攻击性思维，产生更多的攻击性行为。

## 操作指导

就小王目前的行为表现来看，其家庭采用忽略型和溺爱型的教养方式，由于小王从小就缺少适当的情感联结，没有习得恰当的规范，逆反心理和攻击性行为较为严重，需要家人共同配合，才能重新培养健康人格。可采用以下方法进行日常干预：

1. 教其学会宣泄侵犯性情感。教师应当引导儿童及时将内心的消极情绪采用适当的方法宣泄出来。比如，内心烦闷，感到委屈和不满时，可以向父母或者同伴倾吐心声；或是适当大声喊叫与哭泣；或是采用沙袋、解压墙等不具有生命和价值的道具模型；或是参加有趣的涂鸦游戏等。在寻找宣泄工具时，应当考虑不会让儿童习得攻击技能的物品。

2. 开展丰富多彩的班级活动，促进同伴交往。为增强儿童与同伴之间的合作与交往，促进情感交流，班主任应当积极组织主题多样的文化活动。在完成任务的过程中，儿童学会倾听他人意见，照顾他人的感受，同时懂得合作与助人的乐趣。针对小王的情况，班主任及心理辅导员应当积极鼓励其参加班级活动，在与同学交流时体会换位思考、公平合作的意义，逐步摆脱逆反及反抗情绪，逐步减少甚至杜绝攻击性行为的发生。

3. 与家长沟通。小王性情暴躁主要由于父母过于忽略，解铃仍需系铃人，父母应注意：(1) 鼓励及支持。父母应当对孩子的正确行为及时给予奖励和表扬，以便儿童获得积极反馈，从而形成愉悦的心理体验，不断强化巩固良好的行为表现。当父母合理利用鼓励和表扬时，儿童可获得有效的社会性发展。(2) 说服教育与适当惩罚。要让儿童清晰认识到自己的错误，结合社会规范建立起道德是非评判标准。对于过分的攻击性行为，家长可采用适当惩罚来减少类似行为的发生。比如取消购买儿童喜欢的物品的计划。(3) 针对暴力电影及游戏情节，应适当告诫儿童，此为作者虚构，现实生活中攻击性行为会伤害他人，违反社会规范，是不可取的。

# 问题6：遇到困难，学生容易退缩

## 案 例

静静念小学四年级，是一个漂亮的小女孩，生活在一个幸福的五口之家。爸爸妈妈工作比较忙，所以大部分时间由静静爷爷奶奶照料。在家里，静静是个安静、听话的孩子，喜欢一个人静静地玩玩具、发呆或者看动画片。在学校时，静静总是安静地坐着，极少发言，不愿表现自己，很少抬头看老师，而且经常走神。只有音乐课是静静是最喜欢的，上音乐课时，静静注意力集中的时间更长一些，节奏感也很好，学习歌曲也比较快。静静喜欢独处，一般情况下不会主动与同学接近，即使同学侵犯到自己的利益，她也不愿去和同学争辩或对话，只是自己默默忍受。自幼儿园中班起，学校每周一的早晨都会安排周末亲子读书分享会，全班只有静静从来没上台分享过。老师最初还劝导静静要勇敢一点，后来发现并没有效果。

## 原理分析

小学生社会退缩性行为产生的原因是多方面的，这些原因相互作用、相互影响。

1. 儿童气质类型。气质是与生俱来的，是人格的生物和情绪基础。儿童出生后几周就在气质上表现出明显的个性差异。通过研究，美国心理学家和精神病学家托马斯将儿童的气质分为容易型、困难型、迟缓型三种类型。其中困难型儿童活动没有节律，对新生活很难适应，遇到新奇的事物或生人容易产生退缩行为，心境十分消极，常常表现出行为抑制和不寻常的紧张反应。迟缓型的儿童不活跃，情绪比较消极，表现较为安静和退缩，对环境刺激的反应比较温和和低调，对新环境适应慢，但通过爱抚和教育能逐步适应新环境。

2. 家庭氛围。和谐的家庭关系有助于孩子培养良好的心理品质。如果父母之间缺少沟通和理解，经常吵架，那么孩子就无法体会到与人和谐相处的快乐。在这种家庭背景下耳濡目染，儿童极易形成逆反心理和对立行为，或者导致儿童在日后的人际交往中不自信和胆怯，甚至对与陌生人交谈感到恐惧。

3. 父母教养方式。专制型的父母经常采用批评、打骂、指责、逼迫和否定等方式对儿童进行管教，儿童就会不自信、内疚，感觉自我价值感低，面对新事物就极易产生退缩行为，故这种消极的教养方式与儿童退缩行为的产生存在极大的相关关系。另外，忽略型的父母与孩子之间缺乏有效的沟通，孩子缺乏父母的关注和爱，当孩子犯错误时，父母表现出愤怒、失望的情绪反应，会让孩子产生无助和自我否定的心理，从而变得敏感且怯懦，从而产生退缩行为。

4. 师生和同伴关系。师生关系是对儿童有重要影响的人际关系，通常儿童将教师视为权威，教师的赞赏和批评往往直接影响到孩子的情绪。受到教师重视以及赞赏的学生一般善于表现自我，具有较高自信，并且敢于尝试新事物；而成绩落后或者调皮捣蛋的孩子，如果教师对其采取拒绝或忽视的对待方式，孩子会给自己贴上错误的标签，由于缺乏教师的鼓励和肯定，儿童对于新事物就会不敢尝试，即出现退缩行为。同伴关系是指具有相近的心理发展水平的儿童，在不断发展和成长过程中，由于共同活动、相互合作而建立起的人际关系。儿童在同伴交往过程中被接纳和认可，就会产生归属感，也会变得善于交际，敢于接触新事物。否则儿童就会产生焦虑、不自信、退缩行为。

## 操作指导

1. 教师创设有利同伴互动的游戏环境。首先教师应当利用有限的条件为儿童创设比较温暖、舒适的游戏环境，帮助儿童舒缓紧张情绪，以便更好地游戏与活动，从而获得愉悦的体验。教师要注意在儿童没有积极主动的参与时及时进行干预指导，对他们多一些鼓励和肯定。

2. 家校合作。学校应当采用适当形式与父母建立起有效的沟通，比如家长交流会、微信群等，以便获得多方面的信息，及时关注孩子的情绪以及行为变化，更好地把握孩子的成长动态。教师应当向家长宣传儿童成长期的发展特点以及常见问题的应对措施，鼓励家长采用积极的教育方式来处理孩子的问题。比如，孩子成绩倒退，不要一味指责和打骂，先与孩子共同寻找问题产生的原因，换位思考，及时沟通，在理解的基础上给予鼓励和支持，这样孩子才会变得更加自信。亲子之间多一些身体接触来增进彼此的感情，比如拥抱、抚摸。同时培养孩子多与人交往，积极参加社会实践活动。

# 问题 7：学生容易嫉妒

## 案 例

李某是小学二年级学生，性格活泼，兴趣广泛，能言善辩，成绩优异，备受教师喜欢。李某在课堂上积极发言，课后按时完成作业，主动向教师请教问题，经常受到教师表扬。李某善于表现自己，经常参加学校组织的活动并屡次获奖。其父母经营两家大公司。李某上学与放学，一般由祖父母和外祖父母轮流开车接送。长辈对李某宠爱有加，只要她开口，都尽可能满足其要求。父母和长辈对李某期望很高，希望她以后能考上好的学校。家人宠着她，老师表扬她，同学羡慕她。但李某经常会莫名其妙地闷闷不乐，有时因其他同学穿着好、被老师表扬而生气。因其原因导致班级活动评比失败，她也从不承认是自己的过错。与她交好的同学只能夸赞她好，不可说别人比她好。只要谁夸赞别的同学，她就非常生气。有一次，李某无意间听到和她玩得较好的同学夸了班上另外一个同学，她顿时生气起来，还伙同其他同学孤立这个同学。渐渐地，朋友们都疏远了她。

## 原理分析

从李某的表现来看，她存在明显的嫉妒情绪。小学生嫉妒心理的成因可能有以下几个。

1. 自身原因。小学一、二年级的孩子抽象思维能力较弱，缺乏判断力，自控力差，缺少独立自主能力，且知识面尚窄，还未完全养成良好的学习与生活习惯，易受周边不良风气的影响。如李某年龄还小，知识有限，因自己家庭条件和成绩都不错，就觉得自己各方面条件都优于他人。当发现别的同学表现比自己好时，不能理性地面对，心理起伏波动非常频繁。

2，父母教育方式。李某觉得自己是最棒的，所有人都得围着她转，在学校，李某不允许其他同学比自己优秀，也不愿听到赞美和夸奖其他人的话，这与其父母的教育方式有很大关系。当今社会，许多学生都是独生子女，父母在家里对孩子有求必应，极度溺爱孩子。在案例中，长辈对李某宠爱有加，只要她开口，就尽可能地满足其要求，父母和长辈们对她的期望很高。但在学校中，李某只是班级中的普通一员，并非独一无二，原先在家里是“小公主”的李某失去了家中父母那种无微不至的关怀与关注，在这样的心理落差下，就会产生嫉妒心理。

3. 学校因素。学校是孩子成长过程中的重要场所，学校教育对每个学生都产生着重要影响。小学生的自我评价很大程度上依赖于老师，每个学生都特别希望得到任课教师的鼓励与肯定。教师对单个学生的偏爱、过分表扬、奖励等极易触发其他同学的嫉妒。另外，有些教师“唯分数论”，虽不直接公布学生成绩排名，但要求学生在试卷上记下每个分数段的人数，其实这会使学生感到压力很大，极易引发同学间的嫉妒。案例中李某渴望得到教师表扬，当别的同学取得好成绩时，她便异常愤怒。

## 操作指导

要有效预防和克服小学生的嫉妒心理，应努力做好以下几个方面的工作。

1. 教师积极引导。教师要积极引导学生进行换位思考，让学生去设身处地站在对方的角度体会对方的观念、情感及处理问题的方式。要引导有嫉妒心理的学生宽以待人，用宽容的心态去对待其他同学和处理问题，让同学们意识到每个人都是独一无二的，都有优点和缺点，对别人的优秀要给予鼓励，对自己的缺点和过错也要勇于承认。另外，要给学生创设良好的课堂心理环境，通过营造正确的集体舆论使学生树立正确的是非观。最后，在情感、态度与价值观教学目标的设定上，尤其是德育课上，应将嫉妒心理的知识融入课堂教学中，通过典型案例来认识嫉妒心理。

2. 教师公平对待学生。教师应公平地对待学生，帮助其树立自信。同样，教师需要引导学生正确认识嫉妒心理，认识其产生的必然性和积极性，让学生明白嫉妒心的存在和科学的转化是激发人前进的不竭动力。所以，在日常教学中，教师可采用“结对竞赛法”，让班上的学生先确定自己的学习目标，在班会上让学生分析各自竞争对手的长处和短处，正确地认识、分析和评估对方的长处，善于自我评估与分析，取其之长，补己之短，制定赶超计划。暗示学生在竞争中赶超他人，通过良性的竞争转化嫉妒心理，将嫉妒心转变为虚心向别人学习的动力。

3. 与家长交流。定期组织学生家长参加家长会，向学生家长传递家庭教育观念，让他们认识到家庭教育的重要性，一起讨论家庭教育的心得体会，共同关注学生健康成长。（1）家长理应洞悉孩子的嫉妒心理，并进行及时的家庭教育。同时，家长应更新教育观念，树立正确的教育观，努力为孩子营造出和谐、轻松的学习与生活环境，正确、客观地评价孩子，时刻注意言行，做好榜样示范。家长也要教会孩子勇于面对自己的不足，化不足为前进的动力，促进孩子的健康成长。（2）倾听孩子的心声。首先，家长要常与孩子沟通，让孩子说出自己内心的想法，了解其学习与生活。其次，家长要讲究倾听时机。在倾听孩子心声时，要选择恰当的时机。要依据孩子的面部表情和行为动作判断其是否愿意继续诉说，不能一味地刨根问底。再次，特别是当孩子有嫉妒心理时，要耐心地听他诉说，用温和的话语去开导他。其实，家长的理解可以有效地抑制嫉妒心理的蔓延。最后，家长应该注意倾听的策略，让与孩子的沟通变得更加顺畅。

# 问题 8：学生容易自卑

## 案 例

毛某是小学五年级学生，从小在老家，直到上小学才来到深圳。父母一直在深圳上班，平时工作较忙。由于父母工作繁忙，毛某在家与父母沟通较少，毛某做错事，父母责怪多于教导，会有打骂的现象。毛某既要照顾自己又要照顾妹妹的饮食起居，因此自理能力较强。毛某在家附近社区的学校上小学，平时成绩中等偏下。毛某性格内向，在人面前不苟言笑，上课从不主动举手发言，老师提问到她时她总是低头回答，声音很小，老师说听不太清让她放大音量，她紧张得满脸通红。下课除了上厕所外总是静静地坐在自己的座位上发呆，老师叫她去和同学玩，她冲你勉强笑一下，但仍坐着不动。毛某在班里安安静静，没有什么存在感，没有朋友，不参加校园以及班级的活动，但也比较乖，作业按时完成，不打架斗殴，不闹事不惹事。

## 原理分析

自卑感是对自己所具备的条件及所作所为感到不满，对自我存在价值的重要性的缺失感，对疲于应付的生活环境的无力感，以及对自己主观行为的习惯性否定，是个人对自己的消极态度。著名的奥地利心理学家阿德勒认为："自卑感是人类的普遍现象，而且也是正常现象。"自卑对个人既有正面作用，又有负面作用。适度的自卑，可以激励个体奋发向上，努力超越自我，从而补偿自卑感所带来的消极影响。但是，过度的自卑负面作用也很明显，往往伴随着诸如害羞、内疚、忧郁、失望等情绪，对人的心理健康和日常生活造成极为严重的影响。过度自卑的形成有以下原因。

1. 自我认知。学生不能正确评价自己的潜力，总是看到自己不好的地方，一向怀疑自己的优点。喜欢拿自己的短处跟别人的长处比，就容易自卑。

2. 父母关系不和谐。如果父母的关系不和谐，每天不是争吵，就是打架，孩子长时间处于这样的环境，势必变得十分胆小。在这样的家庭环境下成长，孩子的内心会充满恐惧，但是又不懂得如何解决。如果长时间这样，孩子自然很自卑。

3. 父母教育方式。如果家长总是责骂孩子，把自己的孩子和别人孩子做比较，说“你怎么这么笨，这点小事都做不好。你看看谁谁，比你强多了”，孩子在家长无数次的批评指责中慢慢地失去信心，打心底里认为自己笨，不如他人。由于父母工作繁忙，毛某在家与父母沟通较少，毛某做错事，父母责怪多于教导，会有打骂的现象，这种不良的沟通方式，加剧了毛某的心理负担。俗话说：望子成龙，望女成凤。在孩子出生的那一刻，很多家长就已经规划好了孩子的一生，从小对孩子要求很高。当发现孩子某一阶段没有达成目标时，家长们就开始对孩子表现出失望的感情，批评、指责和否定孩子。孩子发现自己达不到父母的要求，就会失去前进的动力，觉得自己得不到父母的认可，从而缺乏自信，极度自卑。

4. 教师因素。在学校里，如果教师对一些同学了解不够，关注不多，就容易造成对这些同学的评价偏低，一旦如此，几个月或者几个学期以后，这些同学便逐渐产生失落感，得不到老师适时的表扬和赞叹，久而久之便否定自己的一些行为和想法，慢慢地不相信自己的潜力与水平，也就越来越不自信。另外，老师对少数优等生日益产生的偏爱，进一步加大学生的心理压力，使学生的自卑心理日趋严重。

## 操作指导

过度自卑不仅会影响学生正常的学习生活，不利于学生的人际交往，而且会损害学生的心理健康，对整个家庭产生不良的后果。由于生理和心理都还未成熟，过度自卑的学生，在面对自己的问题时，没有办法克服自卑感，更别谈正视问题和解决问题了。这就需要教师、学校、学生和家庭的共同努力。

1. 建立友好的师生关系。教师在学生的学习和生活中具有举足轻重的作用，教师采用激励教育，可以让学生重拾自信。针对毛某这样的学生，班主任与心理教师应积极鼓励他们多参加集体活动。可有意识地安排一些工作任务，让他们在活动中得到认可，在参与中体验快乐，在与同学交流的过程中增强自信，摆脱负面情绪的影响，形成乐观向上、积极进取的心态。比如，针对毛某喜爱绘画的特点，老师可以安排她负责板报之类与绘画有关的工作，帮助她建立自信，发现自己的闪光点。

2. 与父母沟通。可以通过多种形式与毛某父母交流，详细地分析毛某在校的表现及原因，共同商量改善孩子不良心理状况的办法，推荐家长选取适当的教育方式。对于毛某照顾妹妹，给妹妹讲题这种事情予以肯定和鼓励，肯定她在这个家的重要性，至于毛某做错事，应该积极寻找原因，找到正确的解决办法，而不是一味指责和打骂。在工作之余，多一些亲子互动活动，多沟通，多倾听孩子的想法。

3. 对学生进行积极评价，开展形式多样的评比活动，用激励的方式使学生扬长避短。比如，教师可以让学生设立自己的成长档案，记录自己每天相对于前一天的进步，以及自己的不足之处，每月总结一次，通过自评、小组评，把自己所取得的进步记录下来。毛某可以从自我批评中，学会反省，逐步完善自己，可以从他人的肯定中得到满足，获得自信。

# 问题 9：学生任性

## 案 例

小华是高中二年级学生，出身于普通的工人家庭，小学一年级时，父母离异。当老师问起这段历史，小华记忆非常清晰：父母当时天天争吵。小华小时候十分逗人喜欢，刚上学时，父母对他也很关心，每天到学校又接又送，期望他能有出息，所以小华成绩尚可。父母离婚后，小华跟母亲生活，一旦他成绩倒退或者犯错，母亲就对他进行指责、批评和否定，甚至打骂。上小学三年级时，小华再也听不进母亲的话，内心开始憎恨父亲。有一次，小华因没完成作业，遭到任课教师批评，直接冲出教室回家。母亲把他带到学校的年级组长办公室，年级组长、班主任等人苦口婆心地教育他，但小华只是把头微微一侧，脸上没有任何的表情。

## 原理分析

从心理学的角度来看，孩子任性是个性偏执、意志薄弱和缺乏自我约束能力的表现。孩子任性主要表现为以自己的兴趣、爱好、想法和标准为中心，而不考虑他人的感受和想法。儿童在成长过程中普遍存在着不同程度的任性行为，这主要是儿童自身生长发育特点和父母的教育方式导致的。

1. 生长发育和心理特点。从心理学的角度来看，孩子任性是一种心理需求的表现。随着心理的发育，幼儿开始逐渐接触更多的事物，但此时他们对许多事情缺乏认识和判断能力，仅凭着自己的情绪与兴趣来参与，而不管这些事物是否对自己适宜、有利。在正常发育的情况下，婴幼儿两岁左右就开始出现心理反抗现象，表现出强烈的独立意识。如自己吃饭、自己穿衣服、上下楼梯不愿别人牵领，自己的东西不让别人动，处处以自我为中心，遇到不满意不顺心的事情就大哭大闹，劝阻和强制都不起作用，直至家长妥协，自己满意为止等。青少年正处于叛逆期，常常以自我为中心。他们坚持我行我素的态度，或者我的地盘我做主，一副小老大的样子。无论什么事他们都喜欢自己做主，因为他们觉得自己已经是大人了，然而这个时期的孩子还没形成正确的价值观，应给予正确引导。案例中 16 岁的小华正处于青春叛逆期，对于老师和家长们苦口婆心的教导，他故意表现出无动于衷的态度，不愿接受他们的思想引导也不愿向他们倾诉自己内心的想法，企图用这样的行为来表示自己的不满。

2. 父母教育方式。孩子任性与父母的教养方式有密切的关系。如果父母采取溺爱、娇惯、放任、迁就等方式教育孩子，孩子则容易任性。如果父母无视孩子生理、心理的发展，无视孩子的兴趣、爱好，一味采用命令、否定和指责等简单粗暴的方式，要求孩子绝对服从、让孩子就范，这种做法不仅违背孩子的意愿，也违背孩子的身心发展规律。同时，这种做法也往往造成孩子的逆反心理，不管家长说得对还是不对，孩子都不接受，从而埋下任性的种子。此外，如果父母总爱讽刺、挖苦、谩骂孩子，或者当着众人面数落孩子，即使父母说的话是对的，但刺伤了孩子的自尊心，就算孩子心里明白自己错了，可为了保全面子也拒绝承认，不接受批评，于是就“拧”起来对抗。案例中，小华跟母亲生活，一旦他的成绩倒退或者犯了错，母亲就对其进行指责、批评和否定，甚至打骂。这种教育方式不仅没有起到积极的作用，反而阻碍了母亲与小华沟通，让两人关系变得糟糕。

3. 家庭环境。家庭环境对人的成长具有重要意义。案例中小华小时候，父母对他很关心，每天到学校又接又送，期望他能有所出息，后来父母天天争吵，然后离婚，他与母亲一起生活，母亲也不再像以前那样关心他，这种成长环境的改变，给小华带来了巨大的心理落差。

## 操作指导

1. 建立良好的师生关系。教师面对任性的学生，要保持一种平和冷静的态度，班级任课教师和学校行政在课堂提问、批评处罚、个别谈话、集体活动等场合要注意保护学生的自尊心，且要在适当的场合、使用适当的形式，引导他们形成自尊、自爱、自强、自立等积极的心理状态，使他们逐步养成积极、健康、向上的自尊心。学生任性性格的形成，往往与家庭教育背景有着直接的关系，所以，他们的任性性格的成因和特征也有较大的差异。教师在了解学生任性性格成因及特点的基础上，要采取有针对性的教育方法。例如：有的孩子是由于从小家长溺爱养成的任性性格，就要加强社会公德意识和集体意识的教育；有的孩子是由于家庭条件优越养成任性性格，就要加强艰苦朴素和劳动自理教育等。

2. 与家长沟通。如案例中的小华，教师在干预时需要通过各种形式与父母进行沟通，详细反馈小华在校的表现及原因，与他们交流，共同商量改善孩子不良心理状况的办法，推荐家长选取适当的教育方式。提醒家长教育要持之以恒。多数任性性格学生的教育，需要一个长期、反复的过程。家长把孩子当朋友，试着了解孩子的想法，不要过分打骂孩子，用鼓励代替批评。特别是对青春期少年，应该以沟通为主，了解他的内心想法，对于不正确的观念加以引导，不能强制说服教育。

# 问题 10：学生情感冷漠

## 案 例

丁丁是一个单亲家庭的孩子，入园半年以来，对同学疏远，对集体活动不上心，似乎什么都不能引起他的注意、提起他的兴趣。在幼儿园里，每个小朋友都希望每天都能得到老师的表扬，可是丁丁从未主动做点什么来得到老师的表扬，只是沉浸在自己的世界里，安安静静的。进行集体游戏的时候，每个小朋友都争着去玩游戏，以得到老师奖励的贴贴纸，在班上展现自己的成果，但丁丁却像个局外人一样，自己在座位上安静地坐着看别人游戏，旁边一位小朋友对他说："你怎么没有贴贴纸啊，快点举手，要不老师不叫你。"他却轻轻地说了声："无聊，我要贴纸干吗?"奖品对他来说没有丝毫吸引力，所有的活动都与他无关，他与热闹的班集体看起来格格不入。据了解，丁丁的父母夫妻感情不和，经常吵架，在丁丁两岁的时候就已离婚。丁丁跟着父亲生活，丁丁父亲在丁丁三岁后重新组建家庭，丁丁父亲对丁丁放任自流，只要不哭不闹，不生病，丁丁想怎么样就怎么样。继母对丁丁简单粗暴，有时候会谩骂甚至殴打丁丁。

## 原理分析

1. 家庭结构的缺陷。不同的家庭结构，各项家庭职能的发挥有所差异，就子女教育来说，一个理想的家庭应该是父母健在，并且能对子女负起养育责任。一旦家庭的这种完整性受到破坏，如父母亡故、病残、离婚就会导致家庭教育职能减弱。在这种家庭中成长的孩子，大多人格发展都很不完善，性格孤僻、冷漠、偏激、容易冲动，在学校里很难和同学相处。正如案例中的丁丁，其父母因为感情不和，经常吵吵闹闹以致离异，离异后孩子得不到应有的爱，受到继母的冷遇和歧视，心灵受到严重的创伤。父亲对孩子也放任自流，只要不哭不闹，不生病，孩子想怎么样就让他怎么样，对孩子可谓是漠不关心。久而久之，丁丁发现自己无论做什么都难以得到父亲的积极反馈，这使原本就性格内向、寡言少语的他变得更加冷漠，总是沉浸在自我的世界里，慢慢地对什么都不感兴趣和在乎了。

2. 家庭教育的不当。心理学界普遍把父母对子女的教养风格分为四种类型，即专制型、溺爱型、忽视型和民主型，其中前三种教养方式已被大量事实证明是不当的家庭教养方式，均不利于子女正常人格的形成。暴力行为的产生与施暴者家庭缺少沟通、父母缺少教育、家庭关系冷漠、缺少爱和理解有关。父母不良的教养方式，会使孩子产生逆反心理和形成暴力倾向。严厉粗暴型家庭培养出来的孩子对人怀有敌意、攻击性强、内心缺乏安全感、人格容易有缺陷。他们在人际关系方面存在困难，自卑心理严重，不能善待自己和他人，遇到挫折、失败很容易做出偏激的行为和反应。就如案例中丁丁的父亲对其放任自流，导致丁丁不能适应幼儿园有规律的生活，不习惯遵守幼儿园的规则。同时，继母的冷遇和歧视，也使丁丁保持戒备和警惕心理，害怕受到同伴的冷遇、嘲笑、歧视，从而造成心理障碍。

## 操作指导

1. 关爱学生。老师可以多抱抱、多夸夸孩子，重新点燃孩子内心积极情感的火花。例如每天早晨迎接孩子入园时，与学生握握小手，吻吻脸蛋儿，摸摸头，让孩子一进幼儿园就有安全感。无论是在课堂上还是在游戏中，都有意安排情感较为冷漠的学生回答问题、交谈或一起做游戏，逐步提高学生的口语表达能力，增强社会交际的自信心。如有意安排开朗活泼的幼儿陪他一起做游戏、玩玩具等。

2. 组织活动促进人际交往。组织学生一起参加爬山、逛公园、玩沙、采摘等活动，让孩子走出家庭小天地，到大自然、大社会中去愉悦身心，拓展人际的交往面。创造与同龄伙伴共处的机会，利用小伙伴之间的友谊感化情感冷漠的学生，循序渐进地让他和小伙伴们无拘无束地玩成一片，增强情感较为冷漠学生的社交能力。

3. 努力做好家长工作，尽力为孩子创造一个温暖的生活环境。鼓励家长尽量多和孩子接触，通过感情交流，解除孩子心理上的压力，如用手轻轻抚摸孩子的背部、手背、手腕、肩膀，睡觉前吻吻孩子的额头，尽可能满足孩子的心理需要。家长需要每天与孩子多交流，了解孩子的需要并及时满足。多陪孩子阅读，从优秀的文学作品中汲取营养满足孩子爱的需求。

# 问题 11：学生偏执

## 案 例

小张是高中三年级学生。小张刚上学时，父母对其十分关心与疼爱，那时的小张学习与生活各方面都表现优异。父母离婚后，小张便与父亲一起生活，父亲的恶习感染了小张，小张的脾气开始变得倔强。好动的小张因在学校犯了错误，父亲便对他进行粗暴而严厉的打骂。从此，小张对待自己的问题，总会寻找各种理由来向父亲辩解，直至说谎。上小学三年级时，不仅父亲的话听不进去，小张内心也开始怨恨母亲；到了小学四年级，家长发现小张和社会上的混混在一起抽起了香烟，旷课的情况也经常发生，学习成绩一落千丈。小张的攻击性心理从报复家长逐步扩展到针对班内和班外其他同学。

## 原理分析

1. 自身原因。偏执兼冲动型人格障碍倾向特点及形成：认知偏差与当事人成长过程中负性经历和积累起的对人、社会、学校、人生、未来、战争等的许多不合理的信念有关。还与其内向、孤僻、自卑、敏感、多疑、争强好胜、斤斤计较的性格特点有关。这些性格特点的形成可能与父母自小溺爱有关。而敏感、多疑和抑郁可能与各阶段学习生活中的人际冲突，持久的负性情绪记忆有关；敌对、恐怖、情绪冲动和行为攻击性可能与小时经常挨打、受欺负和嘲弄、没有安全感有关。情绪和行为冲动、攻击他人与暴力、血腥的网络游戏、战争影片和书籍的影响有很大关系。

2. 人际关系欠佳。人际交往中不受欢迎，以自我为中心、争强好胜、斤斤计较、敏感、多疑、冲动等性格易造成偏执人格。学生缺乏基本的人际沟通和交往技能，或是不能准确识别与人交往的信息，往往会造成人际关系紧张，导致不愿意与他人交往，长此以往，易导致人际关系的恶性循环。

3. 不良环境因素的影响。学生性格的养成与家庭环境密不可分。当家庭环境较为民主时，学生便更愿意与他人协商做出合理的决策，并拥有较为亲密的人际关系圈。当家庭环境为专制型或者放纵型时，孩子会表现为以自我为中心，桀骜不驯。例如案例中的父亲虽管教严厉，但体罚式的教育使当事人经常挨揍。父亲情绪的周期性爆发，父母间的争吵、赌气自幼便对当事人产生很大影响，使其情绪也具有周期性变化，一点小事或一句不经意的话，甚至天气的变化都会令其情绪起伏与恶化。

## 操作指导

1. 建立良好师生关系，创设民主和谐的家庭气氛。当教师了解到班级中一些特别偏执的学生的情况后，千万要保持一种平和冷静的态度。教师要做的第一件事情，不是马上去对学生发出警告或重提往事，而是耐心地观察他们进入新集体后的表现。当学生有了点滴进步时，哪怕是微不足道的，都要及时给予表扬。真诚地肯定、表扬孩子的优点，这样可以温暖孩子冰冷的挫伤心理，化解其对别人的敌意。

2. 对学生进行自我控制和情绪调节的训练。对学生进行心理疏导和自我调适，教给学生一些心理健康教育的知识和自我调适和矫治的方法。（1）宣泄法。遇到不愉快的事，可以到无人的地方大哭、放声大叫、唱歌、做剧烈的运动（跑步、打球、打沙袋等）、向他人倾诉等。（2）转移注意力。当出现情绪不佳的情况时，把注意力转移到自己感兴趣的事情上，如散散步，看电影，读读书，打打球，下盘棋，找朋友聊天等，这样有助于使情绪平静下来，在活动中寻找到新的快乐。(3) 放松疗法。针对身体上的各个肌肉群，先集中注意，然后使肌肉绷紧，仔细感受并保持肌肉的紧张状态，5 至 10 秒钟之后，解除肌肉的紧张状态，并注意体会肌肉放松时松软、无力、温暖的感觉。用同样的方法逐一收紧并放松全身的肌肉群。放松的顺序是手臂部、头部、躯干部、腿部。根据需要，可以对这个顺序进行新的排序。情绪失控时，要学会放松，提醒自己控制情绪。(4) 角色转换法。就是设身处地为他人着想。把自己的角色与他人进行互换，体验别人的情绪。

3. 鼓励学生多与他人交流思想，减少对他人的猜疑。鼓励偏执的学生多与朋友、同学进行谈心，与大家建立交流思想感情的“热线”。鼓励学生多去了解他人的心理状态，了解他人的喜悦和苦恼。鼓励偏执的学生主动去帮助有困难的同学和朋友，体会助人为乐的幸福感，培养自己对他人、对周围世界宽容的心态。同时鼓励家长采取正面的方式教育孩子；鼓励家长让孩子多参与集体活动，克服“自我中心”；鼓励家长给孩子创造机会，让孩子多关爱身边的人或参与公益活动。

4. 与家长沟通。平时，教师利用互联网随时随地和家长沟通，如建立微信群、班级博客，利用校讯通等及时将孩子在校的情况反馈给家长。通过家访，老师和家长及时了解学生在校在家的学习和生活情况以及思想动态，让每一个学生即使不在学校仍继续享受学校给予的关爱。家长和教师的相互理解和支持，有助于加深教师与家长的感情，共同致力于教育和培养孩子，使他们健康、快乐地成长。

# 问题 12：学生容易内疚

## 案 例

小爽今年读高二。小爽的父母在家务农，家里经济条件很差。父母省吃俭用供应小爽和她弟弟上学。小爽心理一直有个信念，必须好好学习，考上重点大学。她几乎没有周末，没有假期，没有娱乐，每天都紧张地学习。某一道数学题不能独立解开时，小爽当天就会不想吃晚饭；模拟考达不到目标分数时，周末下午就会不想回家；每天晚上熄灯后，小爽都必须打着小电筒复习到深夜……这一切的理由很简单，她绝不能辜负家人。尽管学习很努力，但是小爽的成绩却不理想。小爽说："马上就要高考了，而我的成绩却还是那么糟糕，父母虽然从不责备我，反而很是关心和理解，但我痛恨我自己。"

## 原理分析

案例中小爽说"但我痛恨我自己"，这句话折射出小爽强烈的内疚感。内疚感是指个体认识到自己过去的（真实的或假想的）行为违背了自己的道德准则，并应该为之负责时所产生的痛苦情感体验。内疚作为一种高度复杂和社会化的道德情感，在塑造人类的社会行为和决策过程中起着重要的作用。一方面，从进化心理学的角度看，内疚有其积极的一面，能够促进人类的亲社会行为和个体对社会道德准则的遵守。另一方面，当内疚发生时，人往往会感到痛苦，如果过度内疚，人往往产生负性的自我评价和逃避行为，从而有可能导致个体患上抑郁、强迫症和反社会人格障碍等心理疾病。

在上述案例中，小爽设定的目标是考上重点大学。每次考得不好，她就觉得自己“犯了错”，对父母有深深的罪恶感。自我设定的严苛要求与现实能力之间的矛盾导致过度内疚，它的危害表现在两个方面：其一是对个体功能的影响。严重的情绪困扰阻碍了她把注意力集中在学业上，同时经常通过变本加厉的自我惩罚来缓解内疚感；其二是对人际关系的影响。它限制了小爽与父母之间的真诚沟通，因回避矛盾而使关系变得更加紧张。

## 操作指导

针对学生容易内疚的现状，教师可以尝试从以下几点入手。

1. 建立友好师生关系。多关心学生内心的想法，倾听学生的心声，尊重学生，帮助其分析内疚的原因。

2. 帮助学生重构认知，形成合理信念。采用心理调整的有关方法，帮助学生驳斥相关非理性信念。比如，让学生练习表达自己为什么要这样做，这样做可能带来的后果是什么。尝试这样做之后，学生便会更深入地发现内疚如何妨碍和困扰自己，以及为此所付出的代价。帮助学生宽容自我，肯定自身价值，与自己和解，把内疚感的消除变作一个自觉改变的过程。

3. 与家长沟通。平时，教师利用互联网随时随地和家长沟通。如建立微信群、班级博客，利用校讯通等及时将孩子在校情况反馈给家长。通过家访，老师和家长及时了解学生在校在家的学习和生活情况以及思想动态，让每一个学生即使不在学校仍继续享受学校给予的关爱。

# 问题13：学生自负

## 案例

小杰是一个思维活跃、聪明伶俐的男生。他有较强的学习能力，曾获得教育部“学宪法讲宪法”演讲比赛全国二等奖，从古诗词到现代科技，从人文艺术到科学技术，小杰都有所涉猎，兴趣广泛，样样出彩，学习成绩在班级里一直名列前茅。同学们非常佩服他，有什么问题总是请教他。可是小杰总是爱理不理，常常不屑地说：“连这也不会，真是太笨了。”时间长了，同学们也不愿意多接近小杰。在新一届的班委改选中小杰落选，他认为这是大家嫉妒他成绩好。由于自我感觉成绩很好，小杰在数学课上经常不听讲，有一次甚至拿出手机查英语单词。老师没收了他的手机以后，他居然丝毫没有感觉到自己错了，还振振有词地对老师说：“对我来说数学课的内容太简单了，我还不如用数学课的时间来学习英语，这样可以提高成绩。”

## 原理分析

产生自负心理的原因是多方面的：

1. 父母的影响。父母在生活中表现出来的行为和性格很容易被孩子学习，如果父母看不到同事和邻居的优点，而经常议论其缺点，说某某不如自己，孩子听到这些，就会仿效父母。长此以往，孩子容易养成自负的性格，只看重自己的优点与长处，而常常掩饰自己的不足与短处；而看别人时正好相反，只看别人的缺点，不看别人的长处。自负的学生还会拿自己的特长与别人的不足去比较，从而感到自己比别人优越，并陷入自我陶醉、自我标榜之中。除此之外，当今家庭大多都只有一个孩子，这就使得几个大人围着一个孩子转，而在这种环境下成长的孩子会产生“我是最重要的人”的感觉。并且，来自家长无条件的满足、无原则的赞赏会使他们觉得自己“相当了不起”。

2. 缺少挫折与磨炼。现在的学生在生活条件上都比较富足，出现困难也往往是父母帮忙解决。如果学生在学校出类拔萃，又招老师喜爱，并且没有遇到过各种挫折和打击，他们就会感觉自己无所不能，从而产生自负的心理。

## 操作指导

如何对有自负心理的学生进行干预，有以下一些建议：

1. 教师对自负学生的教育要采取策略。当教师了解到班级中一些特别自负的学生的情况后，千万要保持平和冷静的态度。此时，要耐心地观察他们进入新集体后的表现，而不是马上对学生发出警告或重提往事。因为，这往往是教育和改变这些性格自负学生的绝佳契机。教育自负的学生，首先要培养与他们的感情。这就要求教师要善于利用恰当的机会建立好一定的感情基础。有了一定的感情基础后，才能获得孩子一定的认同感，在以后的交往过程中，他们对教师及教育的接受度也会有所提高。打好与自负性格学生的感情基础，可以使他们消除对教师的戒备心理，为以后对他们的教育和引导打下较好的情感基础。

2. 帮助学生形成正确的自我认识。采用多种方式和活动，帮助学生认识到每个人都有自己的独到之处，都有他人所不及的地方。自负者形成正确的自我认识并不容易，但我们可以循序渐进地培养他们这方面的能力，具体有以下几个步骤：（1）看到别人的优点。让来访者通过仔细观察，列出同学的优点，并和自己进行比较：哪些优点是自己也具备的，又有哪些是自己不具备的。经过一段时间训练后，请来访者从欣赏的角度为自己的同学写评语。（2）接受别人的评价。建议来访者寻找自己欣赏或信任的同学、师长，请他们客观地对自己进行评价，在肯定优点的同时，指出自己的不足之处。让来访者更了解自己在别人眼中的形象，可以适当多找一些人，得到更多的客观评价，有助于其形成正确的自我评价。(3) 学会和他人合作。要求来访者主动去和自己选择的一位同学合作完成一件事情。在此过程中，要求来访者做到以下几点：一是尊重他人，听取他人意见；二是通过恰当的方法与他人交流，让对方了解自己的想法；三是分析自己和他人想法的利弊；四是在实际中使用这些方法与合作者一起完成任务；最后把自己在这整个过程中的个人感受写出来。

3. 与家长沟通。平时，教师利用互联网随时随地和家长沟通。通过家访，老师和家长及时了解学生在校在家的学习和生活情况以及思想动态，让每一个学生都能享受学校给予的关爱。家长和教师的相互理解和支持，有助于加深教师与家长的感情，有助于共同为孩子的成长教育而努力。

# 问题 14：学生做事拖延

## 案 例

小森是小学五年级学生，学习成绩一直是班里的二三十名。小森有拖延逃避的习惯，在课堂上写作业时，他要么玩笔，要么和同桌说话，要么趴桌上一动不动，就是不愿意写作业，即使老师反复提醒也无济于事，往往是到了快下课时他才开始动手写。写家庭作业时，父母为他提供了一个安静的学习环境，可是小森常常左顾右盼，摸东摸西，写的字缺横少点，遇到难题也不愿意动脑筋思考，只会向父母求助。小森父亲脾气较暴躁，常常因为小森不能按时完成作业而把他打得身上青一块紫一块，因此小森对父亲抵触情绪很强烈，无论父亲怎么说服教育依然我行我素。小森妈妈也说小森很傻，爷爷却认为小森还小，不论是生活方面还是学习方面，凡是孩子觉得有困难的事情一概包办。

## 原理分析

拖延是一种十分普遍的行为，甚至成为一部分人的生活习惯。学生拖延的原因有以下几种：

第一，缺乏做事动机。在完成任务时缺乏动机的个体倾向于把事情向后一拖再拖。与之相反，高成就动机的人尽管给自己设定了困难的目标，但由于他们投入是缘于对活动本身的关注，在这种内在动机的驱动下，任务带给个体的感觉是愉快的而不是令人厌恶的，所以他们也不太可能拖延。

第二，低自尊和低自我效能也可能导致个体表现出拖延。低自我效能的个体往往不相信自己能够取得所期待的成果，这会降低个体对成功的期望，损害动机，最终导致个体拖延。与此类似，低自尊的个体对自己缺乏信心，认为自己无法完成超出能力范围的任务。因此，低自尊的个体往往回避一切他们认为困难的任务，因而在完成这些任务时表现出拖延行为。

第三，缺乏做事的原则性。拖延者缺乏组织能力表现在他们做事根据“方便 ”的原则，先做容易、有趣的事情，而不是按事件的轻重缓急来决定做事的顺序，从而造成对重要或紧急任务的拖延。正是由于任务组织和规划能力的缺乏，一些拖延者往往认为要完成的任务是巨大且不可分割的整体，因此产生了畏难情绪，从而导致拖延。此外，拖延者缺乏自我控制的能力，容易被分心物吸引，并且常常把“有别的事情需要做”作为借口，来掩饰行为控制的失调或分心，从而拖延当下需要完成的任务。

## 操作指导

要避免拖延行为的产生，可从以下方面着手：

1. 给学生“做主”的机会。让学生自己制定学习计划，提高学生的自主决定程度，树立积极的动机信念，增强自我效能感。

2. 纠正“完美主义”“害怕失败”等不合理观念，在具体实施过程中，可采用认知—行为疗法，帮助拖延者与非理性观念进行对抗，进而树立起理性观念。

3. 针对拖延者实施相关的时间管理策略培训，以提高拖延者规划事情的能力。设定截止日期即完成时间。例如运用时间表科学规划每天的活动，与学生一同画出 24 小时表，然后与学生共同画出当前活动所占用的时间表，以及应该完成的学习任务的时间表，通过对比让学生意识到目前的时间管理存在的问题，与学生一同制定不同任务的时间表，并教授学生运用四象限工作法来合理安排时间。

4. 向家长推荐积极的教育方式。比如，请家长从积极正向的角度来评价孩子。不要总是埋怨孩子，抱怨孩子老是这么“拖拉”。在提醒孩子时，少说“你很慢”，而是有意识地强调“你可以快起来”。

# 问题 15：学生优柔寡断

## 案 例

蒙蒙是初二学生，身体健康，发育良好。蒙蒙从小就十分活泼可爱、聪慧伶俐，能说会道是他最大的优点。蒙蒙不像其他孩子那么叛逆，对老师可谓言听计从，几乎没有自己的主见，性格上也表现得优柔寡断。比如，在超市购物时，父母问应该为春游、秋游买点什么物件时，蒙蒙拿不定主意，不知道该购买什么用品；再比如，与同学交往时，蒙蒙从来没有自己的主见，同学说什么就是什么。蒙蒙父母表示，他们总觉得儿子还小，除了学习上给他充分的自主权外，生活方面也尽量帮他安排妥当。

## 原理分析

优柔寡断的心理现象，实际上是意志薄弱的一种表现。优柔寡断现象究其原因有以下两种：

1. 父母过于保护，孩子依赖性强。父母出自“好心”，唯恐委屈了孩子，一味包办或过多干涉孩子的事情。孩子无独立做事的经验，一旦遇事需要他拿主意时就不知所措，祈求别人的帮助。案例中，蒙蒙的父母除了在学习上给他自主权外，生活方面也尽量为他做好安排，导致了蒙蒙在生活中缺乏独立性，总是优柔寡断。

2. 家长要求过分严格，孩子自信不足。爸爸、妈妈望子成龙心切，对于孩子期望过高，总是不满意孩子的表现，赞许少，批评多。特别是当孩子自主做决定时，家长总是以否定的方式与其沟通，可能会打击其自信心，那么在以后需要自主做决定时，孩子就会胆怯，缺乏信心，不敢有自己的主见，长此以往便会形成优柔寡断的性格。

## 操作指导

对优柔寡断的学生进行干预，有以下一些建议：

1. 教师教育优柔寡断性格的学生，首先要培养与他们的感情，关怀和关爱学生。教师要用自己的爱心来感染学生，要爱自己的每一个学生，发掘每一个学生身上的闪光点，点燃学生心灵的爱之火。其次，教师可以通过组织活动，让学生更加全面地认识自己。例如组织学生写自己的十个优点，通过优点展示肯定学生的长处，增强学生的自信心；再者，让学生阐述以往独立做主的事件，从以往的事件中获得积极的经验，进一步让学生意识到其具有独立自主的能力。

2. 与家长沟通。孩子的教育是需要家长与教师共同配合的。在日常家庭教育中，家长需要注意以下几点：

（1）不要给孩子“贴标签”。内向随和不等于没主见，对于有这样个性的孩子，父母首先要做的是接纳孩子，并帮助孩子积极地接纳自我。家长对孩子持否定态度，会使孩子产生自卑感与缺陷感，使孩子失去自信心，从而变得更为内向和没主见。

（2）给孩子“做主”的机会。孩子是一个独立的个体，也是家庭的一部分。那么，家长做决定时可以征求孩子的意见，肯定孩子的想法，并尽量采纳孩子的合理建议，以不断培养孩子的自信心与决策能力。

（3）给孩子“犹豫”的时间。孩子在做决定时，可能会因对决策事件的不熟悉或者想法过多而犹豫不决。此时，家长可以与孩子一同分析孩子的想法，以及不同决定可能导致的结果，在家长的引导下孩子能更好更快地做决定。

# 第五章 心理危机干预与疏导

# 问题 1：学生因亲人离世而出现心理异常

## 案　例

某学生的母亲因病离世，该学生平日与母亲关系很好，因此这一事件对他造成了很大的精神创伤，他甚至出现了失眠、做噩梦、注意力难以集中等状况，对学习和日常生活造成了一定程度的影响。因此，心理教师针对这一危机事件对该学生产生的严重应激反应进行心理辅导，帮助他放松情绪、减轻压力，还针对具体情况进行有针对性的疏导，逐渐治愈其母亲离世造成的心理创伤，回归正常的学习生活。

## 原理分析

亲人离世对人生阅历尚浅的中学生来说是一种巨大的心理刺激，即使成年人，也可能因亲人离世产生心理创伤，导致个体出现一些心理应激反应，即个体在突然遇到强烈的刺激后出现的异常心理反应。心理应激反应通常表现为噩梦、失眠、回避、易联想起刺激的活动和情境以及刺激情境在脑海中的反复重现等。在这样的应激反应中，个体往往容易产生紧张、焦虑、抑郁和悲观等情绪，导致情绪失控。而这种心理失衡是否能够恢复，与个体对事件的认知方式、环境或社会支持以及应对技巧这三方面密切相关。

首先，从个体对事件的认知角度来看。案例中个体对事件的认知即该名学生对亲人离世事件的情感、态度和看法。一般来说，不同的认知方式会产生不同的情绪和情感体验，进而影响个体的身心状态。面对亲人离世事件，学生更多的是持有消极悲观的认知，这种认知会让他们持续处在焦虑紧张的情绪状态中，导致一系列的应激反应。因此，要帮助学生减缓这些应激反应，阻止应激反应的迁延，就需要先改变他们目前的认知状态，从而减轻他们的心理压力。

其次，在着眼于改变学生对亲人离世事件认知方式的基础上，培养学生对此类事件的应对技巧也尤为重要。学生若能成功掌握解决自身焦虑紧张等情绪、降低不良应激反应的技巧，便能在很大程度上走出阴影，消除心理压力。

最后，给予学生一定的环境或社会支持也十分重要。如果教师、同学或者其他重要人士通过沟通、交流、陪伴等方式给予学生足够的心理支持，让他们感受到自己并非孤军作战，便能在一定程度上降低他们的焦虑感，缓解他们因应激而引起的各种不适。

## 操作指导

1. 进行心理疏导要注意以下几个问题：一是要让学生能够得到情绪上的宣泄，要积极倾听并回应学生的情绪宣泄，不可压制对方的情绪。二是要进行具体并有针对性的疏导，不同的学生面对相同或相似的事件时所产生的反应可能是不同的，因此要针对学生的具体问题进行有针对性的疏导。三是在心理疏导的过程中，我们要帮助学生面对现实而非逃避，因此应注重帮助学生适应和接纳。

2. 心理疏导可遵循以下几个步骤进行：（1）让学生阐述自己对此次事件的想法和感受，鼓励他们充分表达自己内心的感受和对逝者的追忆，让他们能够在老师的帮助下宣泄自身的情绪，并对自身的情绪状态进行系统的认识和梳理；（2）让学生描述自己在事件发生以来所产生的各种心理应激状态，如失眠、注意力下降等，以及这些不适状态对自己的学习生活产生了什么影响；（3）对学生的心理应激状态进行疏导，告诉学生他们出现的心理应激状态属于正常反应，同时结合此次事件帮助他们了解应激反应的模式，并与学生共同商讨适应和应对的方法（如放松疗法、注意转移法等），帮助他们从认知和情感上重新接纳此次事件，投入新的生活。

# 问题 2：学生因遭遇家庭经济变故而出现心理异常

## 案 例

高二男生林某突然失联数小时后于学校操场找到。班主任与学生家长及时沟通，了解到林某所在的家庭为重组家庭，由于今年继父借钱做生意失败，原本过着小康生活的林某一家突然负债累累。在林某失联前，债主曾上门与其父母沟通债务偿还方式和偿还日期，继父提议将林某母亲的房子交由法院拍卖进行债务偿还，林某母亲不能接受这个现实与林某继父争吵，林某见状立马哭喊“如果你们再吵，我就消失在你们面前”，随后脱离众人视线并失联。在寻找林某的过程中，班主任还从林某的室友口中了解到，原本开朗的林某这学期突然变得孤僻阴沉，总是一个人独来独往，拒绝参加任何集体活动并且经常在宿舍发呆。开学初，林某曾在与室友的一次交流中表示“我本想报考艺术院校，但是家里最近遭遇经济变故，我越来越觉得生活没有希望，有点扛不住了”。找到林某并了解情况后，学校马上启动了危机干预流程，该校心理教师通过一系列心理危机干预的手段帮助林某重建支持系统，度过了此次心理危机。

## 原理分析

遭遇家庭经济变故会给学生带来很大的精神压力，学生可能会无意识地拒绝承认那些不愉快的现实以保护自我。尤其是那些缺乏社会支持（不擅长人际交往）或不擅长用其他方式（如写日记、跑步等）宣泄自身压力的个体，在遭遇家庭变故时因为缺乏相应的有效应对方式，往往更容易产生认知偏差，对自身遭遇的变故只抱消极悲观的态度而缺乏积极乐观的解释，从而导致一蹶不振，产生无力感、空虚感、失落感等。此外，多数遭遇家庭经济变故的学生由于家庭窘境、学习成绩下降及未来的不确定性等原因，精神经常处于一种焦虑状态，存在一定程度的自卑心理，容易陷入悲观、失望等情绪的恶性循环中，从而失去对生活的积极性和主动性。因此，教师应注意帮助这些学生疏导负性情绪、调整负性思维和认知偏差，引导学生进行积极的思维活动、体验积极的情绪情感，使个体在应对压力时能有更积极的体验，采用更积极的策略，减少消极的自我体验和应对策略。

## 操作指导

1. 通过交谈，在建立良好的师生关系和咨访关系的基础上明确学生的具体心理问题，引导学生在倾诉中及时宣泄消极情绪。面对家庭经济变故，学生内心存在恐慌、茫然和悲伤情绪是正常的，教师应保持冷静，运用共情、尊重、无条件积极关注和具体化等心理咨询技巧，鼓励学生放心倾诉自己的想法和心情，并对学生的倾诉进行适当的回应。

2. 通过放松训练，帮助学生释放压力。在情绪宣泄的基础上，教师还可以通过放松训练帮助学生进一步缓解精神压力和情绪焦虑，以便对学生进行下一步的心理危机干预。

3. 在危机干预过程中，面对因家庭经济变故而产生心理不适的学生，心理教师应从以下三个方面入手：第一，让学生感受到他背后的社会支持系统——老师、家长、同学以及好朋友；第二，让学生认识到目前碰到的经济困难不是绝境，是可以通过寻求其他途径和方法去解决的问题，家庭经济变故并非只发生在他一个人身上，还有很多人遇到并且顺利解决；第三，肯定学生之前所做的所有努力没有白费，增强学生的自我效能感和价值感。

4. 通过一定的合理训练，帮助学生掌握有效的应对策略。教师应帮助学生掌握有效的应对策略，使学生在遭遇此类事件时能够有足够的心理资本去应对。比如通过合理情绪疗法，帮助遭遇家庭经济变故的学生改变诸如“遭遇家庭经济变故等于人生被毁”“家庭经济变故令人看不到未来”等消极悲观的认知，代之以积极的认知；通过解决问题的训练，提高学生在逆境中寻求问题最“优”解的能力；通过自信训练，让学生在陷入困境时可以保持相对积极的心态。

# 问题 3：学生因家庭原因而深感自卑

## 案 例

高一男生刘某性格内向，不喜欢与其他同学交往，平常总是自己学习或看小说，同学找他说话的时候会表现出极度的紧张和不安。对于班级的集体活动，刘某也总是以自己不能胜任为由拒绝。有些时候，明明是完全能够做到的事情，刘某也表现出极度的不自信。班主任了解后发现，刘某的父母几年前离异了，他跟着父亲生活。在新的家庭中刘某很不适应，和后妈的关系并不融洽，而且新家中还有一个姐姐，他感觉父亲给他的关心很少。而刘某母亲很想念他，常常哭着给他打电话，讲离异的原因和痛苦的体验。这些使刘某觉得自己与周围其他同学不同，周围同学幸福的家庭生活也总是让他觉得痛苦和难堪，因而产生了极大的自卑感。

## 原理分析

自卑是指一种自我否定的自我认知，主要表现为对自己的能力和品质评价过低，觉得自己各方面不如人，并且往往还伴随一些特殊的情绪体验，如害羞、不安、内疚、忧郁、失望等。

家庭是每个人人生的起点和成长的开端，对学生来说，家庭可以说在他们目前的生命中占了绝大部分，因此，家庭中的一点一滴都会对孩子的心理和人格塑造产生很大影响。家庭的经济情况困难、家庭成员间的不良关系、原生家庭的完整性缺失等都有可能使学生产生自卑心理。长时间的自卑会使人长期处于负性情绪中，常因害怕别人看不起自己而不愿与人来往，容易自怜和自责。另外，自卑心理容易使学生缺乏自信，优柔寡断，抓不到稍纵即逝的各种机会，享受不到成功的欢愉，从而造成学生学业和人际关系不理想等，对学生的人格养成和未来发展都将产生负面的影响。因此，教师需要通过一系列的心理辅导帮助学生克服自卑，培养自信心。

此外，由于家庭原因而感到自卑的学生可能对自己的家庭存在一定程度的不合理认知，这些认知使他们对自己的家庭感到失望，觉得自己的家庭不及他人，进而产生自己不及他人的自卑心理。因此，教师在帮助学生进行自信训练的同时，也应帮助学生改变可能存在的对家庭的消极、不合理的认知，从而使学生真正摆脱自卑心理。

## 操作指导

1. 认真倾听，了解原因。通过倾听和回应学生的倾诉，在与学生建立良好关系的同时，了解学生具体是因哪一方面的家庭原因而产生自卑感。

2. 在与学生交流的过程中，教师不仅要了解引起学生自卑心理的客观原因，还要与自卑学生产生情感共鸣，探索其心理创伤，引导他们发现自卑心理背后的具体原因，运用合理情绪疗法，修正学生的不合理认知，让学生意识到家庭原因与自身能力的大小无关。通过合理情绪疗法，学生能够从认知方面初步消除自卑心理，把新的正确的关于自己的信息与原有的认知进行整合，内化为积极的认知模式，从根本上摆脱自卑的认知根源。

3. 帮助学生进行自信训练。自信训练可以通过以下几种方式进行：(1) 模仿：通过学习一个自信的人在某种具体的情境中所表现出来的行为，以达到修正自身不自信行为的目的。如让学生模仿身边的自信他人平时在社交场合中的行为，以改善学生在人际交往中不自信的心理和行为模式。(2) 角色扮演：通过在某些具体的情境中扮演角色的方式，帮助学生树立自信。(3) 强化与指导：针对学生的行为表现给予赞扬、肯定、纠正建议以及具体的指导，使其朝着预定的行为模式发展，这也是培养学生自信心的有效方法。例如在学生进行社交自信训练时，可以针对他的有效行为和表现给予赞扬，使其保持这种好的行为。同时，教师应适时指出学生应该改进的地方，指导他进一步改善自己的行为，并鼓励他继续练习和实践。

4. 鼓励自卑学生参加能发挥其优势和特长的实践活动，多角度看待自己，发掘自己优势，从而更客观和全面地看待自己，悦纳自己，进而战胜自卑。这一环节的关键点在于教师要指导学生设定合理的、能够达到的目标，从体验小成功开始，增强自信，充分发挥他们的潜能，实现自卑心理的转变。同时要做好心理准备，允许和接纳学生在实践过程中自我否定倾向的消极认知模式和自卑情绪反复出现，告诉学生改变无法一蹴而就，改变的过程需要循序渐进。同时，教师要对自卑的学生进行长期的跟踪观察、咨询和指导，最终帮助学生改变其自卑的认知、情绪和行为。

# 问题4：学生因身体疾病而持续产生负面情绪

## 案例

高二年级一男生从小就患有眼疾，有严重的夜盲症，来学校后视力一直在下降。白天看书眼睛就疼，晚上根本看不见。身体疾病导致他学习成绩一般，心理压力非常大，经常感到自己不如别人，比较自卑。特别是高中住校后，寝室的每个同学都有自己的特长和理想，唯独他还需要别人的照顾。他想在学习上超越他们，证明自己不比别人差，但是不管如何刻苦努力，都达不到预期的目标。进入高二后，面对越来越高强度的学习，该生更是因自己的疾病而郁郁寡欢，产生一系列负面认知，总觉得自己是家人、老师和同学的负担，对未来感到绝望，担心以后上不了大学，并因此产生焦虑、抑郁等负面情绪，在一定程度上影响了正常的生活。

## 原理分析

身体是革命的本钱。身体一旦出现问题，会对学生的日常生活和学习产生一定的影响，尤其是当疾病持续时间较长的时候，学生生理和心理将承受持续性的打击。在这样的打击下，学生容易出现持续焦虑、不安等负面情绪，并由此产生自卑、安全感缺失等心理问题，给学生的健康带来消极的影响。因此，教师要及时体察和改善学生的情绪状态，帮助学生正确认识和看待自己的身体状况。

根据情绪的 ABC 理论，我们可知：引起个体情绪困扰的并不是外界发生的事件本身，而是个体对事件的想法、态度、评价等认知内容。要改变学生的负面情绪，并非致力于改变外界事件，而是应该改变学生针对事件的负面认知。

## 操作指导

1. 与学生建立良好的关系，认真倾听学生的倾诉并给予适当的回应，帮助学生初步宣泄负面情绪。

2. 在引导学生宣泄情绪后，帮助学生觉察负面情绪背后的消极认知模式。引导学生发现消极认知模式产生的根源，使潜藏在无意识层面的负性自动化思维意识化，让学生在意识层面提醒自己远离消极的认知模式，使理想与现实的矛盾冲突得到初步缓和。

3. 运用合理情绪疗法改变学生的不合理认知，帮助学生从认知层面接受自己的身体状况，调节情绪。该疗法包括以下几个步骤：(1) 明确学生存在的不合理认知；(2) 帮助学生明确自己出现的负面情绪与自己的不合理认知有关；(3) 帮助学生修正不合理认知，可用的方法有与不合理信念辩论、合理情绪想象法、使用自我分析报告等；(4) 再教育阶段，即巩固前几个阶段治疗所取得的效果，使合理认知得以强化。在这一阶段，教师还可以应用技能训练，使学生学会更多技能，提高他应对各种问题的能力，具体包括“理性思维训练”“归因训练”等心理训练，修正个体的消极认知模式，激发积极的认知模式。

4. 培养学生的积极情绪，以调适学生的负面情绪。(1) 帮助学生进行积极正面的自我暗示；(2) 鼓励学生开拓新的人际关系，积极参与社会交往，同伴的支持能给学生带来正能量，从而培养积极的心态；(3) 增加愉快的生活体验。让学生梳理并记录生活中愉快的事情，帮助学生改变对负面事件的态度和看法，增加学生的积极情绪体验。

# 问题 5：学生因情感受挫而出现心理异常

## 案例

初二女生李某自从暗自喜欢上男生小王后便一发不可收拾。上课时，她总是无心听讲，常常想象他在球场上的举动和情形；下课时，她常常走到小王的教室周围，希望他能够注意到她；课外活动时，她常常到球场上看小王打球。但小王对李某的情感并没有予以回应，李某因此感觉备受打击，更加无心学习。此外，李某渐渐不愿与同学们相处，唯恐大家发现她心里的秘密，学习热情也开始下降。她一看书，脑子里就是小王的影子。学习成绩步步下滑，父母问她为什么，她不敢说，老师也找她谈话，但还是没能帮她解决问题。她自己也知道初二非常关键，如果基础打不好，上初三会很吃力，但是她又深陷于对小王的暗恋情愫中不能自拔。她感到很压抑和苦闷，备受煎熬。

## 原理分析

初中生正处于一个情感发展的特殊时期，他们的心理细腻而又敏感，容易因一些事情而情感受挫。家长老师的一句指责，他人一句无心的话语，早恋失恋，抑或是重要之人的离去等，都有可能给他们带来巨大的打击，使他们产生焦虑、抑郁等不良情绪，从而影响学习和日常生活。

面对此类现象，教师首先需要了解不同年龄段学生的心理特点。例如，处于小学阶段的儿童，他们的情感发展特点有：情感表现形态不断变化，情感内容不断丰富，情感深刻性初步增加，情感逐步稳定。小学生的情感受挫更多表现为对学习灰心失望或对长辈不认可等方面。中学阶段的青少年的情感发展特点有：自尊心增强，内心敏感度增加，情感的社会性加强，理智感、美感和道德感丰富和深化。因此，中学生更容易因同学的言论行为、长辈的批评指责等而情感受挫。所以，教师需要在了解学生情感受挫原因的基础上对学生进行心理干预。

根据情绪的 ABC 理论，引起情绪困扰的并非外界事件（A），而是个体对事件的认知（B），也就是说学生情感受挫可能源于学生自身的一些不合理认知，例如“被批评就是不受喜欢”“被笑话等于不受欢迎”等。因此，教师要明确学生的不合理认知（如“糟糕至极”“过分概括化”等），并通过各种方法帮助学生改变不合理认知，摆脱因情感受挫产生的情绪困扰或异常行为表现。

## 操作指导

面对因学生情感受挫而产生的心理异常问题，教师可从以下几个方面加以辅导。

1. 引导学生对情绪情感进行合理宣泄，同时了解学生情感受挫的原因。用开放性谈话的方式与情感受挫的学生进行摄入性会谈以了解情况。谈话要注意技巧，以减少学生的抵触情绪或不信任心理。在谈话过程中要注意尊重学生、爱护学生，尽量避开刺激性敏感话题。

2. 改变负面认知。运用合理情绪疗法使学生认识到自己之所以会情感受挫是因为自己存在一些不合理信念，并运用合理情绪想象法等帮助学生控制和调整情绪，修正不合理信念。同时结合放松训练法，帮助学生缓解悲伤焦虑等情绪。

3. 此外，授以学生其他调节情绪的方法来帮助学生减轻情感受挫所带来的痛苦：（1）当学生情感受挫时，可以安排一些他喜欢或者感兴趣的活动，转移他们的注意力，减轻他们的痛苦；（2）通过谈话疏导学生的情绪，借助宣泄室给学生受挫的情感一个发泄空间；（3）鼓励学生投入一段新的积极正面的人际关系中，通过更加多样的社会交往缓解当前情感挫折带来的悲伤和痛苦；(4) 适当的冷处理。有些时候，过分的关心会给学生一种无法克服痛苦的心理暗示。因此，教师需要在适当的时候让学生自己静一静，给予学生一定的空间和时间独处，让学生在这一过程中能够自我宣泄并从客观的角度去看待自己的情感经历。

# 问题6：学生因校园欺凌而出现心理异常

## 案 例

某校初二学生刘某因为比较瘦弱，再加上生活在私立全封闭的寄宿学校，在初一的时候曾经遭受过一段时间的校园暴力，施暴者对他进行了身体上的殴打和言语上的侮辱。之后虽然学校方面介入这一校园暴力事件并给予施暴学生严厉的惩罚，但是校园暴力仍给刘某留下了心理阴影。现在，刘某整日抑郁，无精打采，并且对学校产生了深深的恐惧，总觉得学校非常不安全，并由此引发了厌学的心态。原本成绩优良、性格开朗的刘某成绩一落千丈，开始变得沉默寡言，自卑内向，他拒绝和周边的同学交流，看到有学生聚集在学校僻静的地方会感到害怕和恐慌，听到过去施暴者的名字身体会不由自主地颤抖。此外，刘某每天晚上睡觉的时候都会心跳加速，入睡困难。一系列的应激反应，都对刘某的成长造成了很大的冲击。

## 原理分析

校园欺凌是指学生之间存在的欺凌和压迫现象，即一个学生长期重复被一个或者多个学生欺负或骚扰的现象，其可能包括肢体或言语的攻击、人际互动中的抗拒和排挤、对他人身体和行为的嘲讽讥笑，以及网络上的言语暴力等。

一般来说，拥有以下特征的学生在校园中更容易受到欺凌：(1) 性格内向、害羞怕事的学生；(2) 缺乏与同辈相处的社交技巧，在社交中容易引起同辈反感的学生；(3) 有身体障碍、智力障碍的学生；(4) 性格或行为迥异的学生。这些学生往往由于在社交中过于沉默或是具有一些较为特异的身体和行为特征而与同辈群体格格不入，进而被他人排斥。

校园暴力对于受欺负的学生来说危害是极大的。首先，受害学生很可能会因为校园暴力而产生恐惧、抑郁、消沉、自残等心理和行为。它会使受害学生产生心理问题，妨碍其身心的健康发展，甚至妨碍其人格的健康发展。其次，遭受过校园暴力的学生很可能因此产生急性应激障碍或是创伤后应激障碍，主要表现为：(1) 创伤性体验反复重现；(2) 与他人疏远、对周围环境冷漠、回避易联想起创伤经历的活动和情境；(3) 出现焦虑或抑郁情绪等。因此，校园暴力对学生正常的学习生活和社会交往等都有极大的负面作用。

因此，对于因遭受校园暴力而产生心理异常的学生，教师在帮助他们减轻不良应激的同时，也应当教授他们一些交往技巧和解决问题的技巧等，以便他们在未来的人生中可以处理好类似的问题。

## 操作指导

针对学生因校园欺凌而产生的心理异常问题，教师可从以下方面入手对受害学生进行心理辅导。

1. 通过不同的情绪调节策略，帮助学生缓解因校园欺凌而产生的恐惧和焦虑情绪。可先采用放松训练法、宣泄法等缓解学生的焦虑感，以便之后能更好地进行咨询和治疗。

2. 采用不同的心理创伤治疗方法对遭遇校园欺凌的学生进行心理治疗：

(1) 精神分析疗法。该疗法主要有三个阶段：①增强安全感，主要是使患者足够坚强，能够面对创伤经历；②回忆创伤经历，主要是帮助患者将创伤经历表达出来，将创伤症状原因分离出来；③重建创伤记忆，借助想象或者催眠，对患者的自我、人际关系和社会功能进行连接、整合和修复。

（2）艺术创作疗法。表达能力尚有欠缺的学生，可采用此疗法来表达内心感受。主要方式有绘画治疗、舞蹈治疗等，旨在通过将创伤经历和记忆表达出来的方式，让患者认识自己潜意识中的问题，从而将负能量释放出来，将负能量转化为正能量，达到治疗心理创伤的目的。

3. 对治疗阶段取得的成果进行巩固，同时帮助学生进行社交技能训练、问题解决训练等。其中，社交技能训练的方法有模仿训练、角色扮演训练、迁移训练等。问题解决训练的步骤有：（1）问题定向，帮助学生端正解决问题的态度；（2）让学生对自己所面临的问题进行明确表述；（3）引导学生找出解决问题的各种方法；（4）引导学生选出一个最优解决方案；（5）实施方案并加以检验。此外，对于身心存在缺陷的学生，教师还可以在帮助他们接受自己身心状况的基础上进行自信训练。

# 问题 7：学生因沉迷游戏而荒废学业

## 案　例

冯某从小学中年级开始学习成绩滑坡，为此常常受到老师的批评。冯某父母处于创业初期无暇照顾孩子，便应冯某要求为其购买了一台笔记本电脑。冯某便偷偷地装上了游戏软件，从此沉溺于游戏一发不可收拾。五年级下学期开学不久，冯某便因为玩网络游戏而出现不完成作业、上课打瞌睡等许多影响学业的行为，家长了解到这一情况后便将家中的台式电脑和孩子的笔记本电脑全部搬到厂子里，只准冯某休息时间到厂子里使用。但冯某每天放学后不回家，先到网吧玩游戏，直至几个小时后父母将其强制带离，后来甚至发展到撒谎、偷家里的钱去网吧、彻夜不归。经了解，冯某升入五年级后，由于上课听不懂，加上老师的批评和父母的放任，便觉得自己在生活中一无是处，不如和游戏中的“亲友”一起玩游戏来得快活，因此便一步步沉迷游戏。

## 原理分析

玩网络游戏是当今学生群体中一个比较普遍的现象，学生因为沉迷游戏而荒废学业、影响生活和身心健康等事件也屡见不鲜。那么学生沉迷游戏的原因是什么？教师又应该如何帮助学生走出游戏世界呢？

学生沉迷游戏很大程度上是因为游戏满足了学生的某些心理需求，比如爱与归属的需求。爱与归属的需求是指个体要求与他人建立联系以及隶属某一群体，并在群体中享有一定地位的需要，也可以说这是个体一种人际交往的需求。对于在现实生活中缺乏老师、同学认可接纳的学生来说，通过玩游戏可以较为容易地与他人建立联系，获得某一团体的接纳，得到现实生活中难以得到的信任和友谊。此外，擅长撰写攻略或是游戏手法不错的学生甚至能够获得许多玩家的认可和崇拜，满足其被尊重的需要，获得满足感和成就感。也就是说，学生沉迷游戏往往是因为自己的需求得不到满足，需要通过游戏来满足自己的需求。因此，要矫正学生沉迷游戏的行为，教师需要从满足学生需求这一点入手，可以通过加强学生的人际交往训练来满足学生爱与归属的需求，通过增强学生的自尊感、成就感来满足学生尊重的需要和自我实现的需要。

## 操作指导

1. 加强学生对人际交往的认识和社交技能训练。(1) 教师可以通过交谈，让学生明白人们为什么需要现实的人际交往、面对面的沟通，以及这样的沟通对我们有何益处等，让学生对人际交往有一个正确的认识。同时，教师要对学生的积极的人际交往行为进行表扬或鼓励，并辅以修改意见，以强化这一行为。(2) 社交技能训练：帮助学生进行人际交往训练，提升社交能力，以便学生能够更好地融入周围群体，获得归属感。社交训练步骤一般包括：①呈现原理。即介绍社交技能训练的一般概况、目的等；②模仿训练。明确呈现一种社交行为模式让学生进行模仿和学习，教师也可通过呈现一些不良行为表现让学生在学习过程中能够分辨不同社交行为的良莠；③角色扮演训练。进行模仿训练后，给予学生一定的情境进行训练，让他们可以设身处地地体会在不同情境中如何正确进行社交；④迁移训练。让学生把自己学到的技能运用到真实的生活情境中。

2. 通过倾听和兴趣转移，满足学生尊重和自我实现的需要。沉迷游戏的学生多数觉得自己在学业中十分无能，教师需要多倾听学生的倾诉，并给予一定的心理疏导，让他们体验到理解和尊重。此外，教师可以尝试让学生参加一些学习活动和兴趣活动，并对其在活动中的正面表现给予表扬和鼓励，让学生获得满足感和成就感，以此代替和消除他们对于在游戏中获得成就和尊重的依赖。

# 问题8：学生出现自杀倾向

## 案 例

小王是一名初三男生，从小成绩优异，从小学到初中，除了三年级担任副班长之外，每学期都担任班长，每年都被评为“三好”学生。在老师眼里，小王是非常优秀的学生，家长也为小王感到自豪。初三上学期期末考前一天，母亲偶然发现小王手臂上有两条划痕，遂对其进行了询问，小王谎称是不小心被树枝划伤的，因此并没有引起母亲的注意。中考前，学校组织体检，当医生让小王卷起袖子时，小王磨磨蹭蹭不愿意卷起。最终，在医生的多次要求下小王才卷起袖子，医生惊讶地发现小王手臂上有大量伤痕，便立刻通知了班主任和家长。母亲这才想起孩子平日的异常举动，除了曾经被发现手臂上有划痕外，小王还常常把自己关在房里不出来，母亲以为他在学习不敢打扰他。后经心理老师询问，小王哭诉自己压力很大，因为从小成绩非常好，一直是家长老师眼里的好学生，他不得不努力保持成绩。他说，有一次自己的排名只稍微降了几名，虽然父母表面上看似鼓励他，但是他感受到了父母的失望，这让他很难过。由于平时管理班级严格，因此小王也没有很亲密的同学可以倾诉。小王觉得压力很大、很辛苦，想着要是死了可能就轻松了。后来小王发现只有用小刀划伤自己，感受到这种痛楚，才能让自己精神起来。后经心理老师努力，小王终于放下了心理包袱，重拾自信，勇敢地面对学习和生活。

## 原理分析

自杀倾向是心理危机干预的内容之一。

早期的基本危机理论由林德曼和坎普兰提出。林德曼通过研究亲人死亡所产生的悲伤反应过程，结合现象学，对心理危机进行了阐述。林德曼认为人们在失去亲人后出现的悲伤反应是正常的、暂时的反应。人们会时常想起已故的亲人，并从认知上对已故亲人进行认同，同时自身会出现内疚情绪。林德曼反对将这种悲伤反应视为心理异常或心理病态，认为这种心理悲伤反应只需通过短期的心理干预便可得到较好的效果。

坎普兰在此基础上做了进一步的拓展，他认为心理危机状态产生的根本原因是现实的目标受到阻碍，且凭借日常的方法无法实现其目标。从阻碍目标的性质来看，危机分为发展性的危机和境遇性的危机。只要个体在主观上认为某一个事件威胁其安全的需要或其他特定的需要，个体就处于危机状态。

后来心理学家们又提出了扩展危机理论，进一步发展了林德曼和坎普兰的基本危机理论。扩展危机理论主要有精神分析理论、系统理论、适应理论和人际关系理论这几种观点。精神分析理论认为危机事件中的心理行为反应可理解为个体无意识或过去情感经历的重现，是某些儿童早期固着的体现；系统理论认为危机事件中的心理行为反应不是单个个体的内部反应，而是个体之间、个体与事件之间相互关联、相互作用的结果；适应理论认为消极不良的行为、负面的思维方式和损害性的防御机制是危机长期存在的主要原因；人际关系理论认为，危机的关键在于人们在危机事件中失去了自我评价的能力。

## 操作指导

案例中的小王感觉学习压力太大，也没有可倾诉的好友，从而有了自杀倾向。这个现象可以用多种理论来解释，并以此制定心理危机干预方案。

扩展危机理论中的人际关系理论认为，危机的要害之处在于人们在危机事件中失去了自我评价的能力。根据该理论，本案例中危机干预的关键是帮助小王重拾自我评价的控制权，相信自己、信任他人，从而具备战胜危机、自我成长的信心，拥有应对危机的能力。适应理论认为消极的行为、负面的思维方式和损害性的防御机制是危机长期存在的主要原因。根据该理论，本案例中危机干预的关键是帮助小王将适应不良行为纠正为适应性行为，并建立起积极的防御机制，以便顺利度过危机，实现成长。

个体自杀心理危机干预可以按照以下六步骤进行：

1. 保证求助者的安全。对于企图自杀的个体，首先要保证其安全，如成立由家长、班主任以及关系较好的同学等人员组成的关爱小组，陪伴个体，确保其安全。

2. 确定问题。首先对个体的社会资料、个体的心理特点进行充分的了解，发现其想要自杀的原因，并对其进行自杀风险评估，最后进行定性评估，并制定方案。

3. 给予支持。给予支持的关键在于建立良好的咨询关系，要注意积极倾听，表现出真诚和尊重，进行共情。

4. 提出并验证可变通的应对方式。通过咨询技术，改变个体存在的不合理认知。如遇到个体无法宣泄的情绪，帮助其寻找恰当的宣泄方式。

5. 制定计划。为个体制定辅导方案，同时还要加强家校联合，共同改变环境，改善支持系统。如针对学校和家长不合理的教育方式进行适当的修正。

6. 获得承诺。在咨询过程中，除建立关系、倾听和给予情感支持外，还要得到承诺，让来访者承诺不再自杀，承诺不再以过激方式处理问题，承诺在遇到冲突或情绪问题不能自行解决时第一时间与心理老师取得联系，以确保其生命安全，并在咨询结束时重申这一承诺。

# 问题 9：学生因身边同学自杀而产生心理阴影

## 案 例

小蕊是一名高中寄宿生。几天前，有位同学从隔壁活动室的阳台上跳下去，结果重伤住院，这件事给她带来了很大的冲击。她害怕得无法入睡，偶尔听到声音，她就怀疑隔壁有人在活动，可能还会发生不测。她再也不敢进入活动室，路过活动室门口都胆战心惊。她甚至吃不下饭，生活和学习也受到严重影响。其间家长和班主任都耐心地和小蕊谈过，但收效甚微，家长不得不暂时带她回家。小蕊在家里也不愿意说话，整天把自己关在房间里，也不知道在做什么。同时，她还拒绝出去玩。家长担心小蕊脱离集体更容易胡思乱想，但不把孩子接回家也不放心，事情陷入了两难中。其实从心理危机的角度来看，小蕊的反应属于正常现象。但是家长应密切关注小蕊的变化，学校的心理老师也应及时地对小蕊进行相关的危机干预，这样小蕊才能尽早地走出心理阴影。

## 原理分析

根据《中国精神障碍分类及诊断标准（CCMD -3）》中的急性应激障碍诊断标准，小蕊产生了明显的急性应激反应，出现了恐惧、行为退缩等现象，生理上还有睡眠失调的症状。在这个事件中，有可能受到伤害的不仅仅是小蕊一个人，还应该根据事件影响程度多方面考虑，以确定干预对象。

急性应激障碍是在剧烈的、异乎寻常的精神刺激、生活事件作用下引发的精神障碍。急性应激障碍患者最初常在“茫然”状态，表现为意识范围狭窄、不能领会外在刺激、定向力障碍；紧接着出现对周围环境的进一步退缩，表现为少思少动、目光呆滞、问话也不回答，甚至不吃东西也不喝水，呆若木鸡；也有少数人会表现为激越性活动过多（逃跑反应或神游），常存在惊恐表现。

急性应激障碍发生于重大打击后，起病迅速、病程局限、不易混淆，鉴别诊断时有以下几点值得注意：（1）如果在创伤性事件后主要表现为亚临床水平的焦虑抑郁或其他非特异性症状，应考虑可能为适应障碍。（2）如果症状是既有的另一种精神障碍症状的恶化，则不诊断为急性应激障碍。（3）如果在遭受强烈的精神打击后，患者以妄想和严重情绪障碍为主要症状，应考虑诊断为急性应激性精神病（急性反应性精神病）。

## 操作指导

针对小蕊出现的急性应激反应，应及时进行心理危机干预，尽快让她恢复日常生活状态。心理危机干预就是要帮助小蕊接受现实，抚平伤痛的情绪，消除生理不适。

就个体角度而言，心理危机干预的最低目标为帮助当事人消除心理危机状态，使其功能恢复到危机前的水平；最高目标则是提高当事人的心理平衡水平，促进其成长。

一般来说，心理危机干预的目标主要包含三个层次：

1. 帮助危机当事人减轻情感压力，降低危机中出现个体自伤或伤人等伤害性行为的风险。

2. 帮助当事人组织、调动支持系统应对危机，降低危机中个体患继发应激相关障碍的风险，恢复社会功能水平。

3. 提高当事人的危机应对能力，促其成长。

案例中，小蕊出现的各种反应均属面对创伤性事件时，一般人会出现的正常反应。若还有其他目击自杀事件的同学，则可以使用关键事件应激晤谈，由遭受创伤后不久的人组成小组，分享感受，从而感受到组内的支持互动，缓解自身心理和生理上的焦虑。当然，由于个体的特殊性，很多个体更愿意或者更适合进行个体访谈与辅导。

对小蕊进行个体危机干预时，第一，要注意给予小蕊安全感，要提供一个安全、安静、独立的场所，给小蕊自由、放松的空间，并承诺对其隐私进行保护。第二，让其进行自然地宣泄感情，促进其情感表达。要做到这一点，心理老师必须做到尊重和倾听，并在适当时候进行共情。需要特别注意的是，如果小蕊不愿谈及事件本身，而谈论一些毫不相干的话题，此时仍然要保持倾听，不可打断她，或者强迫她谈论，否则可能造成被干预者的阻抗，导致治疗关系紧张，甚至造成对小蕊的二次伤害。

倾听时要掌握技巧，如身体姿态自然、适宜、开放、放松，避免身体姿势过于僵硬，营造出自然交流的轻松氛围。身体略向前倾，并保持自然的目光接触，表现出认真倾听的态度。但要避免长时间直视，因为这样可能会让被干预者感到不适。更重要的是，心理老师要真正用心去倾听被干预者怎么说、是否有更深的含义，还要注意观察被干预者的表情，发现与之联系的心理意义。在倾听的过程中，还要有适当的反应，表明心理老师在认真倾听，并且理解了被干预者所说的话。

# 问题10：学生出现明显的反社会倾向

## 案例

小张是一名初中生，幼年时父母在外打工，由爷爷抚养成人。家庭成员无精神病史。因受到溺爱，小张从小就十分顽皮、固执，喜欢捉弄同学。上小学时经常打架闹事、拉帮结派、欺负同学、辱骂老师，在学生圈子里被称为“老大”。平日里常常打架偷盗，在乡里游荡，敲诈勒索低年级同学，爷爷溺爱至极，不曾对其严加管教。初中时到县里和父母一同生活，因父母管教相比爷爷较为严格，小张常常顶撞、辱骂父母，甚至与父母对打。初一寒假回老家的时候，因向爷爷要钱，两人发生争执，小张竟对辛苦抚养他的爷爷大打出手。同桌小李起初对小张很好，在功课上常常帮助他。后来只因为很小的一点争端，小张对小李动手，致小李右手骨折，小张也因此被公安机关收留审查数日。在公安机关里，小张在父母及工作人员面前痛哭流涕，表示一定痛改前非。释放后，小张常常夜不归宿，终日在街上游荡，结交社会青年，参与聚众斗殴，多次在工地、市场等地寻衅滋事，多次被公安机关带走。经初步临床诊断，小张无器质性病变。谈起自己做的事情，小张谈笑风生，毫无悔意。小张总说父母老师“不能理解我”，坚持认为自己“打人有理”“偷窃有道”，拒绝承认自己的行为是错误的。

## 原理分析

反社会倾向是与攻击性紧密联系的一个概念。温尼科特认为，反社会行为，如偷窃、吸毒等，表示在相对依赖阶段环境的失败。反社会倾向表明，婴儿在绝对依赖阶段曾体验到够好的环境，但是后来它消失了。

具有反社会倾向的个体往往有这些表现：做错事缺乏悔改之心，也不会感到羞愧；不顾社会道德底线、法律准则，常常会表现出反社会的行为；与正常人相比，对重要事件的态度冷淡，反应淡漠，即使事件与他相关，态度也比较冷漠；情绪容易波动，具有暴发性，想到什么就去做什么，不考虑后果，行为冲动，人际关系较差；无论事情大小，都无责任感，即使任务在自己的能力范围内，也置之不理，没有努力完成的决心；与人相处缺乏好感，冷漠的态度常让人难以靠近，缺乏同情心，给他人的感觉是冷酷无情；常常以自我为中心，自私，没有情感的依恋；常常怀有偏激的心理，难以相处；不能从失败中吸取教训，总结经验，不能自知问题的性质，往往会重复性犯错；缺乏焦虑感、罪恶感。

需要注意的是，反社会倾向与反社会型人格障碍是有很大区别的，不可过于仓促地将表现出反社会行为的人诊断为反社会型人格障碍。尤其是年龄过小的个案，不能诊断为反社会型人格障碍，只能认为是有反社会倾向或者可能有反社会行为障碍。

反社会型人格障碍又称无情型人格障碍或社会性病态。反社会型人格障碍的特征是具有高度攻击性，缺乏羞惭感，不能从经历中吸取经验教训，行为受偶然动机驱使，社会适应不良等，然而这些均属相对的。只有年龄大于 18 岁的成年人才能进行反社会型人格障碍诊断，未成年人表现出反社会行为不能诊断其有反社会型人格障碍，只能认为可能具有反社会倾向。

反社会倾向属于轻微的人格异常，由于缺乏治疗动机，较难治疗，往往需要进行综合治疗。

## 操作指导

对于具有反社会倾向的个案，首先应当对其拥有耐心。在咨询过程中对其表现出热情、真诚和积极关注。根据人本主义流派的看法，在咨询过程中，要注意个案体现出的积极面，充分挖掘个案积极发展的潜能。

人本主义疗法是在充分相信和重视人的基础上发展起来的，它对人的病因和治疗有着和以往不同的观点。人本主义对人的看法是积极的，认为人有不断向前发展的倾向，这种倾向是人与生俱来的。咨询师在咨询的时候，要相信来访者有自我改变的潜能。以人为中心疗法就是人本主义疗法的典型，是由罗杰斯于20世纪50年代创立的。以人为中心疗法的基本假设是：人在本质上是可信赖的；人具有不需咨询师的直接干预就能了解及解决自己困扰的极大潜能；只要能投入咨询关系中，人们就能朝向自我引导的方向成长。在治疗过程中，要时时刻刻对来访者进行无条件积极关注，这意味着要把来访者作为一个独立自主的人予以接纳和关注，允许他拥有自己的情感和体验，并允许他从中发现属于他自己的意义。在罗杰斯看来，我们之所以尊重来访者，是因为相信来访者具有成长的潜力，相信他们具有自我指导的能力，要支持他们去发展自己的潜力，支持他们发展其独特的自我。因此，在治疗的过程中，治疗师要乐于接受来访者可能出现的各种各样的情感。

对于具有反社会倾向的儿童，咨询师更不应该一味地指责、批评。指责和批评对于他们而言已经听得够多了，而咨询师要做的是给予尊重、倾听，对来访者表现出的积极行为进行挖掘和关注。通过对来访者的无条件积极关注，使来访者感受到从未有过的尊重，从而使其更好地挖掘自己，发挥自己积极向上的潜能，逐步减少反社会行为，直至完全消除。

# 问题 11：学生经常出现可怕的幻觉

## 案 例

初中生小晓最近两周出现了幻听、幻视等症状，多次向班主任哭诉被魔鬼缠身，有几次在课上忽然大叫，并躲到教室的角落，同学怎么安慰都不管用，坚信魔鬼就在教室窗户外面看着她。她甚至能很清晰地描述出这个“鬼”的模样和所在位置。小晓的症状日益严重，现已发展到躲在家中不敢出门。原来，小晓目睹了今年年初母亲因车祸去世的现场。事故发生后小晓一度崩溃，终日以泪洗面，也不愿上学。一个月后小晓重回学校，父亲以为她已经从伤痛中走出来。不料，回校后不久，小晓开始声称有鬼缠着她，并坚称是鬼夺走了母亲的性命，现在又要来夺取自己的性命了。观察发现小晓目光呆滞、情绪紧张、动作非常谨慎。学校的心理老师递水给她时，她接水的动作都小心翼翼的。谈及要害她的“鬼”时，小晓情绪十分激动，非常恐惧。小晓还谈到自己夜晚难以入睡，入睡后常常能看到母亲的影子，母亲因车祸惨死的场面也多次在梦中出现。检查报告显示小晓无器质性病变。经过半年的治疗，小晓的症状才有所缓解。

## 原理分析

幻觉是一种没有显示刺激物作用于相应感受器官而出现的一种虚幻

的感知体验，即外界环境并不存在某种事物而主体却坚持认为感知到该事物的存在。幻觉是精神病人最常见的症状之一，是一种严重的心理障碍。

但是，要注意并不是出现幻觉，就意味着个体患上了精神疾病，幻觉也可能在正常人身上见到，如处在疲劳状态、入睡前或醒觉过程中、服药后、在催眠暗示或感知觉剥夺状态下及因期待而焦虑的情绪状态下等，都可能出现幻觉。对正常人来说，幻觉一般都是片段的，持续时间也很短。如果反复出现大量的幻觉或持续时间很长就应诊断为病理状态。

通常有幻觉的病人不能区分幻觉的形象和从现实中获得的物体的形象，幻觉形象的产生不以病人的意志为转移，病人既不能随意地让它产生，也不能随意愿避开它，不让它产生。幻觉形象的产生是无法进行检查的，即不能用事实来向病人证明或无法使病人相信幻觉形象是不存在的。

幻觉也可在创伤后应激障碍中出现。创伤后应激障碍是指个体经历或目睹严重的威胁性或灾难性事件所导致的个体延迟出现并持续存在的精神障碍。通常在应激事件发生后 1—6 个月内出现，少数于 6 个月后出现，称为延迟性创伤后应激障碍。

## 操作指导

本案例中的小晓出现了幻觉这一项症状，属于感知觉障碍，其发病有明显的病因，经检查无器质性病变，因此以心理治疗为主，如有必要才辅以其他措施。在进行治疗的过程中，要注意对个体的隐私进行保密，注意建立良好的咨询关系。在解决问题的过程中，还要注意是以解决症状还是解决心理矛盾为主要目标。对于症状严重、情况紧急的个案，应当首先缓解和消除其症状。

案例中，小晓在母亲逝世后一个多月出现目光呆滞、幻觉、紧张等症状，并且创伤性事件反复于噩梦中出现，因此，可以诊断她患上了创伤后应激障碍，学习生活已受到严重影响，需要进行危机干预。

使用认知疗法往往能够逐步解决个体的心理矛盾，从而从根本上解决问题。其基本观点是：认知过程是情感与行为发生的前提和中介，合理的认知引起适应良好的情感和行为反应，不恰当的认知则引起适应不良的情感和行为反应。要解决个体的心理问题，就要帮助其改变不良认知。

在危机干预的过程中，首先要注意建立良好的咨询关系，然后才能继续开展干预。在干预过程中，应使用非指导性干预，并给予被干预者充分的情感支持。下面是一个错误的例子：

小晓：我觉得我被魔鬼缠住了，它要把我抓住，要把我害死了！

干预者：这个世界上根本就没有鬼，你有什么好怕的呢？

正确的做法应该是进行非指导性的干预，给予情感支持，让被干预者自己找到解决问题的方法。正确的做法如下：

小晓：我觉得我被魔鬼缠住了，它要把我抓住，要把我害死了！

干预者：嗯。你感觉有魔鬼要伤害你，这让你觉得很害怕。

干预者用了情感反应技巧，这样有助于小晓发现自己的情感，厘清自己的思路。干预者反复使用共情、情感反应、内容反应等咨询技术之后，小晓最终能够宣泄情感，找出自己认知中的不合理信念，并找到最适合自己的解决方法，从而解决问题，直至获得成长。

# 问题12：学生经常有强烈的不安全感

## 案例

小赵是一名五年级学生，性格内向，上课不愿回答问题，下课总是一个人躲起来玩。每当独自一人留守家中时，小赵就会产生强烈的不安全感，担心有坏人会闯入，还担心爸妈在外面会出车祸或者被坏人抓走回不来了。晚上的时候症状尤其明显。

经小赵母亲反映，小赵低年级的时候成绩还挺好的，曾两次被评为三好学生。三年级下学期的一堂课上，小赵走神了一会儿，刚好碰上老师提问，小赵没能回答出来，结果被老师当众狠狠批评了一番。此后，小赵渐渐地开始恐惧上课被老师提问，害怕答错被老师批评。四年级的时候又被高年级同学长期敲诈勒索，不得不偷家里的钱。后经其父发现报告学校后，学校处分了那几个学生，事情才解决。咨询师通过和家长的交谈发现，小赵的父母脾气都非常暴躁，小赵每次考不好都会被父母轮着骂，有时还会挨打。父母亲常常对小赵说“现在你要努力学习，我们以后还指望着你”。通过咨询师的努力，小赵的父母认识到了自己教育的误区，亲子关系逐渐得到改善。小赵渐渐地放开自我，也在学校交到了朋友。

## 原理分析

心理安全感是决定人的心理健康的关键因素，对于人的自我认识、自我评价和对周围事物的评价有决定性作用。心理安全感影响个体在生活中的思想和行为，对人的发展有重大的、终身的影响。缺乏心理安全感的人常常感受到焦虑情绪，在人际交往中，常常认为自己被拒绝、被冷落、被歧视、被嫉恨，从而经常表现出对他人的不信任，流露出傲慢或者仇恨的情绪；或者出现社交恐惧，不敢与他人交往，显得内向、孤僻。

影响个体心理安全感的建立与发展的因素有很多。对于学生而言，家庭氛围、父母关系、学校教育的宽松程度、生活中有无重大创伤性事件发生等，都会影响一个人的安全感的建立和发展。对于成年人而言，就业压力、工作环境、社会治安环境、交通、人口密度等都会影响个体的安全感。

当个体极其缺乏安全感时，可能会导致非常强烈的焦虑，也可能引发抑郁，导致内心痛苦，影响生活学习。对于所引发的焦虑、抑郁的治疗，综合采用放松疗法和合理情绪疗法往往能起到较好的效果。通过放松疗法缓解焦虑和抑郁，再通过合理情绪疗法解决个体心理矛盾，增强其安全感，从而取得效果。

放松疗法又称松弛训练，是一种通过训练有意识地控制自身的心理生理活动、降低唤醒水平、改善机体功能紊乱的心理咨询与治疗方法。放松疗法是一种求助者完全可以掌握的解除紧张焦虑情绪困扰及躯体症状的方法。这种方法简便易行，实用有效，较少受时间、地点、经费等条件限制，还可提高求助者改善症状的速度。

合理情绪疗法也称理性情绪疗法，是帮助求助者解决因不合理信念而产生的情绪困扰的一种心理治疗方法，属于认知行为疗法。其理论认为，引起人们情绪困扰的并不是外界发生的事件，而是人们对事件的态度、看法、评价等内容，因此要解除情绪困扰的关键不在于改变外界事件，而在于改变认知。外界事件为A，人们的认知为B，情绪和反应为C，因此其核心理论又被称为“ABC理论”。

## 操作指导

案例中的小赵性格内向，又有多次的创伤性经历，导致其缺乏安全感，并且出现了一定程度的焦虑和抑郁，影响正常的学习生活。通过放松疗法和合理情绪疗法，可以取得较好的效果。

在咨询过程中，首先要注意和小赵建立良好的咨询关系。建立咨询关系在咨询过程中有着非常重要的意义：第一，良好的咨询关系是开展心理咨询的前提条件。第二，良好的咨询关系是咨询取得理想效果的先决条件。心理咨询要帮助求助者解决心理问题，必须建立在良好的咨询关系的基础上。在咨询过程中，需要把握尊重、热情、真诚、共情、积极关注的咨询原则，通过参与性技术来逐步建立良好的咨询关系。

在建立良好的咨询关系的基础上，再结合放松训练缓解其焦虑，能取得更好的效果。放松训练的主要原理是：训练求助者，使其能随意地放松自己全身的肌肉，以便随时保持心情轻松的状态，从而缓解紧张、焦虑情绪等。目前常用的放松训练主要包括：呼吸放松训练、肌肉放松训练、想象放松训练。实际应用中，大多数情况下均是两种不同放松训练结合在一起使用，如呼吸放松训练和肌肉放松训练相结合，呼吸放松训练和想象放松训练相结合。放松训练在心理危机干预中能起到快速有效控制发作性情绪反应的目的，从而促进会谈的有效开展。放松疗法的操作主要有四步骤：(1) 咨询师简明扼要地对求助者讲解放松疗法的原理和过程，明确放松疗法的作用，起到激励作用；(2) 咨询师进行示范指导，讲解要点；(3) 求助者在咨询室中学会放松训练的方法和要领后，在咨询师的帮助下（如提供书面指导语、录音带等）自行进行练习；(4) 指导求助者使用所掌握的放松方法，缓解紧张情绪。

通过合理情绪疗法解开小赵的心结，建立安全感。合理情绪疗法主要由以下四个阶段构成：(1) 心理诊断阶段。这个阶段的主要目标是明确求助者的ABC，即引发的情绪困扰和行为不适的具体表现（C），以及对应的诱发性事件（A），并对两者之间的不合理情绪（B）进行初步分析。(2) 领悟阶段。这一阶段的主要任务是帮助求助者理解合理情绪疗法的原理，让求助者在寻找不合理信念的过程中深入。(3) 修通阶段。这是合理情绪疗法的最主要阶段，咨询师通过运用多种技术，让求助者修正或者放弃原有的非合理信念，代之以合理的信念。(4) 再教育阶段。主要是巩固取得的效果，确保求助者在咨询结束后，仍然能够运用学到的思维方式、合理信念来应对生活中的问题。

# 问题 13：学生出现严重的环境适应障碍

## 案　例

小文是一名高一学生，一个学期过去，老师们对小文的评价都不好。老师们一致认为，小文在课堂上总是不注意听讲，不仅做些无关的事情，还时常大声喊叫，扰乱课堂秩序；班主任也通过了解发现，小文经常与同学争执，情绪暴躁，稍有不快就打骂他人。同学们也反映小文总是突然发出奇怪的声音，无理由地打骂周围的同学，同学们都十分害怕他，不愿意与他来往。在学习上，小文常以头痛、胸闷为借口逃避去学校，学习时注意力不集中，学习效率很低，成绩一落千丈。在家里，小文的父母说，自从上高中以来，小文与父母的交流越来越少，不再像以前那样活泼开朗，变得有些内向孤僻，食欲也不如从前，小文的父母为此感到非常担忧。经过心理老师的辅导，小文终于宣泄出自己的情绪。小文认为高中的学习非常紧张、同学也都很不友好，和初中差别太大，自己对这些变化感到难以适应，对未来感到恐惧。

## 原理分析

从以上案例可以看出，小文在初升高时出现了严重的适应障碍。

适应障碍是指在生活、学习和工作等周围环境发生重大改变（如遭遇地震），或个体长期处于困境（如升学受挫、失恋、与同学关系紧张等)，个体的心理、行为特征无法做出调整，由此出现的心理危机。

中学生适应障碍的具体表现有自我中心、神经质、学习出现问题等，在行为方面的异常更为突出，如上课不注意听讲、爱做小动作、上网成瘾、厌学等。学生的适应障碍一般在步入新学校或转校的学生身上较为多见，也是中小学容易发生心理危机的追踪重点。对于中小学生来说，导致适应障碍的因素主要包括：

一、个人因素

中学生的心理发展分为两个时期。一是半幼稚、半成熟的少年期，是独立性和依赖性、自觉性和幼稚性错综复杂、充满矛盾的时期；二是逐步趋于成熟的青年初期，是独立走向社会生活的准备时期。中学生从依赖成人的照顾和保护逐渐过渡到需要独立解决问题，深切体验着巨大的变化，因此很容易产生适应不良的问题。

二、学校因素

1. 学习层面。步入初高中后，学生面临中考或高考的严峻挑战，学校老师对学习成绩和升学率的过分关注使得学生陷入忙碌与迷茫之中。沉重的课业负担让学生在尚未调整自身的状态以适应新环境的情况下就要应对学业的压力。

2. 校园环境。新的人际关系的形成需要一段时期的心理适应。同时，在新的集体中，渴望得到同学和老师的注意，在没有接收到预期的反馈后，学生会陷入挫折和失败感中。

3. 教学方面。学校不重视学生的心理问题，忽视了心理健康教育，没能及时对学生产生的心理问题进行了解分析和指导，这是导致中学生适应不良问题的原因之一。

三、家庭因素

学生适应能力的强弱与家庭教养方式息息相关。家长对孩子的溺爱和娇惯导致他们产生强烈的依赖性，自身承受能力较差。也有的家长对孩子的学业成绩过分关注，使孩子在学习过程中更容易产生焦虑和挫败感。这些都使得孩子的心理承受能力较低，容易出现各类心理问题。

## 操作指导

适应障碍的发生往往不如急性应激障碍突然，多在应激性事件发生后1—3个月内缓慢发生，临床表现也不如急性应激障碍和创伤后应激障碍强烈。因此要注意密切关注学生，仔细甄别出具有适应障碍的学生，及时进行心理辅导。学校除了开展新生入学心理健康普查之外，还可以在开学一个月后开展团体心理辅导，这样有助于学生更快地融入集体。对于存在适应障碍的学生，还需要有针对性地进行个体心理辅导。

一、团体心理辅导

团体心理辅导是在团体的心理环境下为成员提供的心理帮助与指导，能够帮助成员适应环境。通过团体成员的互动，个体在人际交往中认识自我、探讨自我、接纳自我、调整和改善与他人的关系、学习新的态度与行为方式，从而发掘潜在的能量，增强适应环境的能力。中小学生通过团体心理辅导可以感受到集体的温暖，交到朋友，放松身心，有助于缓解甚至消除适应障碍的各种症状。

二、个体访谈与辅导

个体访谈与辅导是干预人员与学生在建立安全的干预关系的基础上进行的单独会谈，能相对快速、详细、全面、准确地了解学生的状况，从而有针对性地对学生实施解释、疏导与具体干预。

进行干预前，首先要给学生提供一个轻松、自由、平等的空间。在干预初期，通过共情、支持等技术，让学生对干预人员产生信任感，彼此之间建立和谐信任的干预关系。例如，案例中的小文表现出了很多不良行为，但在干预过程中，不要简单地对学生进行说教或者道德批判，否则可能会引起阻抗，导致干预难以继续。要注意主动倾听并积极关注，给予小文心理支持，提供宣泄机会，鼓励小文进行情感表达，共情和尊重小文的想法，认真理解其做出这些行为的原因，并表示理解和支持。在良好的关系建立后，再逐步帮助学生明确存在的问题和困难，引导学生正确看待问题，提供各种可能的解决问题的方法，提供多方面支持，帮助学生付诸实践，提高学生的问题解决能力和环境适应能力。如果条件允许，最好是联合家长共同对学生提供支持。

# 问题14：学生因遭遇突发性创伤事件而导致心理异常

## 案 例

高中生小林前几天在学校球场打篮球的时候，不小心把球砸到了路过的高个子G同学身上。小林连声道歉，但是G同学不依不饶，扬言要“叫人打小林”。小林也不爽，和对方发生了冲突。两天后，小林差不多忘记这件事了，但在下午放学回家的路上，忽然遇到了G同学。G同学喊了一声：“就是他，上去揍他。”说完连同G同学共4个人把小林围住，一阵殴打。晚上，鼻青脸肿的小林回到家。父母询问过后，报告给了老师，老师调查后，第二天早晨就对G同学做了处分，G同学也承诺不会再打小林。尽管如此，小林仍然感到非常害怕，平时活泼开朗的他忽然变得沉默寡言，茶饭不思，长时间坐在角落发呆，总是答非所问。班主任注意到了小林的变化，找来心理老师帮助小林。经了解，小林惧怕会再受到报复，并且常常联想到传闻中那些可怕的校园暴力事件，自己遭受殴打的场景也不断地在脑海中闪现，实在是太丢脸了。心理老师进行危机干预后，小林的症状有所缓解，一个月后，小林基本上回归到正常的学习生活中。

## 原理分析

案例中的小林由于遭受校园暴力，心理承受了相当大的冲击，陷于痛苦、不安状态，并且出现了行为障碍和麻木不仁的症状。分析可得出，小林出现了急性应激障碍。急性应激障碍的特点是“急”，即遭遇应激性事件后的一过性状况，一般在应激事件刺激后数分钟至数小时内出现，并且在几天内消失，快的几小时可以恢复。出现与否取决于个体受打击的严重程度、个体的易感性和应对方式。

尽管急性应激障碍通常能够自行恢复，但是在学生遭遇突发性创伤事件后，校内心理危机干预是十分必要的。如不进行干预，即使学生的症状随着应激源的消失而减轻，但其心理健康水平可能会下降，甚至可能在一个月后出现创伤后应激障碍，造成更多痛苦。而心理危机干预能帮助学生顺利度过危机，让学生学会处理危机的方法和策略，提高心理健康水平。

小林的各种不良反应，是创伤事件带给小林的负性结果。随着近年积极心理学的兴起，人们开始关注创伤事件带来的积极心理反应，如创伤后成长。事实上，危机带给人的不仅仅是创伤，还有与创伤抗争带来的成长。

焦点解决疗法与创伤后成长的很多理念不谋而合。从某种意义上来说，焦点解决疗法在危机干预中的应用可以被视为如何帮助当事人在创伤后成长，逐步帮助当事人面对与接纳现实，让当事人走出危机、走过伤痛、获得成长。

焦点解决疗法是一种充分尊重个体，相信其自身资源和潜能的心理干预模式，它关注小的改变以带动大的改变，通过让当事人发现目前不想要的行为模式，发展出其他选择。它坚信人虽然被过去影响，但是不会被过去所决定，每个人都有力量、智慧和经验去改变自己，相信人性本善。

## 操作指导

案例中的小林出现了急性应激障碍，伴随行为退缩、恐惧等症状。针对急性应激障碍的危机干预就是要让个体尽快接受现实，平复情绪，回归正常生活。

小林遭遇校园暴力，我们可以用焦点解决疗法帮助其减轻症状，甚至可以达到更高级的目标，即让小林获得心理上的成长。按照焦点解决疗法，治疗师的任务是以尊重、合作和不评价的态度来与被干预者交流。治疗过程应尽量避免对当事人的想法、期望和行为做出解释，而要保持专注和接纳。

除了咨询原则中的尊重、热情、真诚以外，焦点解决疗法还有一些代表性的晤谈技术：

1. 一般化。一般化技术首先立足于当事人认知参照框架，再加入其他可能的看法。如当事人描述一个问题“令人绝望”时，治疗师可以改用“过去式”“暂时性”的词语加以回应，对于负向事件则用“似乎”“看起来”来描述。该技巧试图将这样的理念传递给当事人：一切负面感受都是可以理解的，是暂时的、可改变的。

例如，当事人小林说：“我非常害怕那个高个子受了处分后又来报复我，我感到绝望。”治疗师回答：“这件事似乎暂时没有更好的解决方法，难怪会让你担心了。”

2. 赞许。赞许是焦点解决疗法的基本功，包括三类：（1）直接赞许。例如：“很多人遇到这种情况会因为出于害怕而向长辈隐瞒，我真的很欣赏你敢于说出真相，向老师家长求助的勇气。”（2）引用并说明别人对当事人的赞许。例如：“其实你的同学不会觉得你丢脸，反倒会觉得你敢于反抗很勇敢。”（3）引发当事人的自我赞许。例如：“你在遇到这样的事情后，还能鼓起勇气坚持正常上学，做到这一点真的挺不容易，你是怎么做到的?”要注意的是，赞许要表现出真诚，一定要是治疗师发自内心的欣赏。

3. 奇迹提问。奇迹提问是焦点解决疗法最具特征性的技术之一，通常用来引导当事人想象当问题通过某个“奇迹”已经获得解决之后的未来美好景象、细节以及意义。

例如：

治疗师：接下来我要问一个比较奇怪的问题……

小林：嗯?

治疗师：假如今晚，你像往常一样回家睡觉，第二天早晨醒来，你发现困扰自己的问题都解决了……你想象一下是发生了什么奇迹?

小林：什么样的奇迹能解决我的问题呢?

治疗师：只要是你认为能解决问题的奇迹都行。

小林：嗯……如果那个同学转学了，也许就是能解决问题的奇迹。

治疗师：说得好，继续想想，你如何察觉奇迹的发生?

小林：我可能通过同学或者老师知道那个打我的同学转学了。

治疗师：那这对你会有什么影响呢?

小林：我就不用每天提心吊胆了。

除此之外，焦点解决疗法还有正向建构、应对提问、例外提问、预设提问、刻度提问、关系提问等具有代表性的技术。在晤谈过程中，治疗师通过这些技术，能逐步帮助当事人构建出一个具体、积极的行动目标。最终让当事人走出伤痛，获得成长。

# 问题15：老师如何对学生进行团体心理危机干预？

## 案例

某高中宿舍，一女生由于失恋而跳楼自杀。事情发生后，不仅女生的父母悲痛万分，全校师生也受到了极大的心理冲击，特别是当天在现场目睹了事件经过的过路同学和同宿舍同学，心理上受到了巨大的伤害。整个班级的气氛也变得极其压抑沉闷，急需心理工作者的干预。王老师是该校的心理老师，得到领导的指示后，开始着手危机干预。由于涉及人数较多，王老师开始组建团体心理危机干预团队，她积极地在校内外寻找有资质的心理工作者，共同策划团体心理危机干预活动，购买团体心理危机干预需要的道具，并对相关学生进行了心理危机评估。各项准备工作完成后，王老师于事件发生后的第二天及时地对相关学生开展了团体心理危机干预，帮助当事人在情感上消化创伤体验。参加过团体心理危机干预的大部分学生终于从事件的创伤中走出，逐渐恢复，重新回归正常的学习生活。

## 原理分析

危机干预指对处在心理危机状态下的个人采取明确有效的措施，使之最终战胜危机，重新适应生活。其中的危机认知干预模式认为危机来自于对生活困难和创伤的错误思维和信念，认为改变思维方式，特别是改变非理性的认知和自我否定，人们就能获得对自己生活中危机的控制。

团体心理危机干预则是在团体的环境下为成员提供心理帮助与指导的一种心理辅导形式，它结合了团体心理辅导，运用适当的辅导策略或方法，通过团体内人际交互作用，促使个人在人际交往中观察、学习、体验，认识自我、分析自我、接纳自我，调整和改善人际关系，学习新的态度与行为方式，从而减轻或消除心理疾患，增强适应能力，以预防或解决问题，并激发个体的潜能。

危机干预最常用的模式是危机事件应激管理（简称 CISD），也称为初期干预，旨在帮助经历过危机事件的人们稳定情绪，找回控制感，有效地应对当下的处境，促进自我疗愈。CISD 不处理过往的创伤，也不进行深入的心理治疗，而是一种预防性的干预，通常在危机事件发生后的 24—48 小时内实施。实施者必须受过专业的训练，整个过程大概需要 2—3 小时，参与人数以 8—12 人为宜。在进行 CISD 的过程中，要注意处于抑郁和消极状态的被干预者，也不要强迫被干预者叙述灾难细节。

## 操作指导

标准的 CISD 包括六个阶段：介绍期、事实期、感受期、症状描述期、辅导期和恢复期。但是在实际操作过程中感受期与症状描述期很难能分开，参与者们很自然地会将二者糅合在一起。以下是福建师范大学心理学院自主研发的团体心理危机干预的主要流程：

1. 介绍期。包括开场介绍与活动约定两个环节。干预者用自然真诚的语言介绍自己的姓名、身份、进行本次团体辅导的原因和希望达到的效果；并在手机管理、保密、倾听三个方面与参与者进行恰当的约定并获得成员同意。

2. 事实期。包括聆听事实一个环节。请成员描述危机事件发生时或发生之后他们自己以及事件本身的一些实际情况；询问成员在事件过程中的所在、所闻、所见、所嗅和所为。通过成员叙述还原现场和事实真相。

3. 感受与症状描述期。包括询问应激反应一个环节。请成员描述有关危机事件发生时和发生之后自己的感受和生理反应，帮助成员在认知上和情感上消化不良体验，获得支持和安慰。

4. 辅导期。包括探讨调节方法和放松训练两个环节。介绍正常的应激反应表现，提供准确的信息，讲解事件、应激反应模式；应激反应的正常化；动员自身和团队资源互相支持，强调适应能力；讨论积极的适应与应对方式；提供进一步服务的有关信息；提醒可能的并存问题（如饮酒）；根据各自情况给出减轻应激反应的策略；帮助成员学习一些应对方法，如放松技术。

5. 恢复期。包括分享团体辅助感悟、总结提升、结束活动三个环节。总结晤谈过程，促进成员分享收获并回答成员的问题，进行生命教育，讨论行动计划，强调小组成员的相互支持和可利用的资源，结束活动。心理危机团体辅导结束后，干预者还应根据成员的表现进行事后评估，筛选出需要个别辅导的成员。整个团体危机干预过程需要 2—3 个小时，数周或数月内还要进行随访。

# 第六章 心理课程教学与心理咨询室建设

# 问题1：心理健康教育课程区别于一般学科课程的独特性质和特征

## 案 例

某市举行了一场心理健康教育观摩活动，围绕徐老师的《有话好好说》这堂课进行研讨。

《有话好好说》这节课旨在引导学生认识伤人的话和暖心的话，感受暖心的话带来的积极影响，并初步学会用暖心的话给予他人支持，协调人际关系。徐老师首先用心理情景剧《是蜗牛先开始的》切入主题，引导学生认识伤人的话带来的伤害，从而导入本课。第二个环节“我的心里话”，学生写下一句自己最不愿意听到的话，从中总结出辱骂、批评、玩笑、误会的伤人话语，引导学生认识辱骂的话不能说，批评和玩笑的话要恰当地说，误会的话要谨慎说。紧接着让学生说说希望听到的话，从中总结出鼓励、支持、理解、道歉等暖心话语。第三个环节“还是蜗牛开始的（温馨版）”，通过角色扮演的形式，展示怎么改变伤人的话，用有温度的话来提升人际魅力。第四个环节“暖心冥想”让学生感受言语有温度、天天好心情。最后的“温暖传递”环节采用制作温馨卡片的形式，让学生用言语为身边的同学送上一份温暖。

整堂课气氛活跃，学生积极参与到角色扮演中，努力理解和体验角色，认真倾听和观察，相互交流和分享感受。通过这堂课，参加观摩的老师们感受到了心理健康教育课与传统语文、数学等一般学科课程的不同。这节课紧紧围绕着教学目标，创设各个活动，环环相扣，循序渐进地引导学生进行探索，使学生在活动的体验和感悟中学会人际交往的方法，并将其运用到实际生活中。

## 原理分析

心理健康教育课程是根据学生身心发展的规律和特点，以相关心理学理论为指导，通过活动的形式，循序渐进地引导学生激发自己的心理潜能，提高社会适应能力，预防和解决学生在成长过程中遇到的心理问题，从而完善其人格发展。心理健康教育课程和一般学科课程存在差别，我们可以从以下几个方面进行分析：

首先，心理健康教育是心理学与教育学相结合的新兴学科。心理健康教育课程不仅要遵循教育教学规律，而且要根据个体的身心发展规律，运用有关心理学理论和技术，培养学生的健全人格及社会适应能力。

其次，心理健康教育课程的指导思想明确了它独特的教学目标与内容。每门课程都有各自的指导思想，心理健康教育课程的指导思想反映出其与一般学科课程之间的区别。“坚持以科学发展观为指导、以立德树人为根本、以育人为本为核心、以心理和谐为目标、以健康发展为指向”是心理健康教育课程的指导思想。因而，心理健康教育课程并不侧重于传授心理学知识，而是旨在培养学生的心理素质，帮助学生积极地适应社会以及自身的发展变化，从而促进学生身心的健康发展。心理健康教育课程不仅注重激发学生的潜能，解决学生存在的各种心理问题，而且对学生成长过程中可能出现的心理问题进行预防。

最后，心理健康教育课程具有鲜明的特点。心理健康教育课程主张学生进行自我探索，注重学生的体验和感悟，并且引导学生相互帮助、自己帮助自己解决现实问题。这主要表现在：(1) 活动性。这是心理健康教育课程的突出特征，表现为教师根据心理知识并围绕学生生活组织相应的活动，使学生在活动中获得心理体验、增强心理素质。(2) 系统性。心理健康教育课程具有明确的活动目的和系统的活动内容，且有教师指导，不同于临时组织的班级活动及学生自发的游戏。(3) 主体性。心理健康教育课程强调学生的参与意识、实践意识、主动意识，充分发挥学生的能动性、自主性和创造性。(4) 互动性。心理健康教育课程能调动学生自身的教育资源，在平等协商对话中有效地培养学生的温暖感、信赖感、亲切感，形成互相尊重、独立自主等良好人格，发挥积极的双向互动的群体效应。（5）开放性。集中表现为活动目标的开放、活动内容的开放、活动时间的开放、活动空间的开放、活动中师生关系的开放。

## 操作指导

心理健康教育课程区别于一般学科课程，具有独特的性质和特征。因此，在课程实施过程中，应特别注意以下问题：

1. 联系学生的实际生活，制定具体明确的教学目标。心理健康教育课程的活动与内容都是依据教学目标制定的，因此，教学目标的确定至关重要。首先，教学目标要具体、明确。例如，在《做情绪的主人》这节课中，将“掌握注意转移法、合理宣泄法以排解不良情绪”作为教学目标之一。教学目标越具体越明确，便越有助于教学活动的实施，以及学生采取具体的行动来达成目标。

此外，教学目标要密切联系学生的学习与生活。心理健康教育旨在预防和解决学生在成长过程中遇到的心理问题，从而完善其人格发展。主要包括认识自我、学会学习、人际交往、情绪调适、升学择业、生活和社会适应等。对同一个专题，不同年龄阶段的学生有不同的需求，因此教学目标要联系学生的实际生活。例如，在人际交往这个主题中，根据学生的实际生活制定不同的教学目标。对小学生而言，同伴关系是他们生活中最重要的人际关系之一，那么“明白学会欣赏和学会合作能够成为受欢迎的人”就是本课程的教学目标。而对中学生而言，本课的教学目标则制定为“通过活动学会倾听，并增强人际交往能力”。

2. 采取多样的教学形式，发挥学生的主动性。心理健康教育注重活动性，同时注重学生的参与性。因此，教师应该创造多样的教学形式，激发学生的兴趣，引导学生积极主动地参与课堂活动，并且从中得到深刻的体验和感悟。心理健康教育课堂上常用的教学活动形式有角色扮演、团体行为训练、价值澄清等。教师可以根据学生的特点，采用不同的教学形式。需要注意的是，不论采用哪种教学形式，教师都应该努力创造机会让学生在课堂上多思考、多表达、多行动。例如，在一堂培养小学生注意力的课堂上，教师可以先呈现一个故事，让学生通过角色扮演的形式，在表演和观看表演的过程中感受注意力不集中会带来什么危害；然后，让学生思考“案例中的行为是否正确，并且说一说为什么”；最后，通过小组讨论的形式，让学生相互交流，“如果案例中的主人公是自己，应该怎么做”。在每一个环节中，教师积极引导学生主动参与表演、思考、讨论、表达，明白集中注意力的重要性，以及如何集中注意力。

3. 提供积极正向的评价，并且及时给予反馈。在心理健康教育课中，教师的评价与反馈尤其重要。它不仅能够清晰地将学生的真实情感与想法表达出来，而且能够鼓励学生采取正确的行为。当学生主动表达自己的想法时，教师需要及时地给出反馈，让学生感受到被关注、被理解，以鼓励学生日后更加积极主动地进行表达。此外，在反馈中，教师还应该注重引导。例如，当学生对自己的想法进行表达之后，教师可以说“嗯，老师理解你的想法，你是觉得……，对吗?” “那么，如果……，你会怎么做呢?”，以询问的方式引导学生进行思考、分析。最重要的是，评价和反馈要具体，要有真情实感，而不是简单的“你真棒!”“说得很好”，例如可以说“这个方法不错，有认真思考哦，老师欣赏你的态度”等，这样才具有感染力。

# 问题 2：心理健康教育课应以活动为主

## 案例

小学心理健康教育示范课《团结你我他》由附属小学张老师主持。该课的设计严格落实了“心理健康教育课应以活动为主”的理念，教学过程以一系列活动贯穿始终。张老师首先用“奇妙的口香糖”的小活动导入，接着进行“团队一家亲”“蜈蚣大翻身”“大团圆”和齐读“我爱我班”等系列活动，循序渐进地开展课堂教学。整堂课让学生在活动中体验团队意识和协作能力。“团队一家亲”活动通过组建小分队增强团队意识，宣传团队文化，使个体更好地融入团体；“蜈蚣大翻身”活动通过组内的合作与组间的竞争，激发学生合作的动力，使学生体验到每个人的力量都是团队中不可或缺的一部分，从而达到增强团队凝聚力的目的；“大团圆”活动中，学生围坐一圈畅谈感受，了解自己在合作过程中的进步与改善，分享团队喜悦。张老师通过这些环环相扣的活动，引导学生认识到团队中每个人都是不可或缺的一分子，任务的顺利完成靠的是大家的默契配合；在集体活动中，要勇于表达自己的想法，也要取长补短，相互借鉴；只有承担责任、团结互助，才能取得最终的成功。

## 原理分析

《中小学心理健康教育指导纲要（2012 年修订）》指出，心理健康教育课应以活动为主，可以采取多种形式，包括团体辅导、心理训练、问题辨析、情境设计、角色扮演、游戏辅导、心理情景剧、专题讲座等。

寓课程于活动具有理论和实践的必要性。活动是心理发生和发展的基础，对中小学生的心理发展具有重要意义。列昂捷夫认为，活动是心理的本源，是心理发生和发展的重要因素。从理论层面上看，活动有利于促进学生的心理在遗传素质和社会环境的相互作用中获得发展，有利于培养和发挥学生的自主性、能动性和创造性，有利于学生个体潜能的发挥，有利于学生进行自我教育。从实践层面来看，活动为学生提供了展示自我、相互交流、走向社会和接触自然的机会，拓宽了学生获得知识的渠道，可以使学生更好地进行独立探索和自我发现，发挥创造力，获得人格全面发展。

以活动为主是由课程目标和特征所决定的。心理健康教育课是中小学生心理健康教育的主要途径，其教学总目标是引导学生心理、人格积极健康发展，最大限度预防学生成长过程中可能出现的心理行为问题。要实现上述教学总目标，在课程设计和实施上必须以活动为主。心理健康教育课程的基本特征是体验性，这也决定了它的呈现形式应以活动为主。心理健康教育课程能否取得实效很大程度上取决于学生内在是否产生真切的体验以及体验的程度。体验所指向的不是活动的结果，而是活动的过程，心理健康教育课是以学生为主体，以活动为轴心来组织展开的。教师应确立学生在课程中的主体地位，开展积极向上、健康活泼的体验活动，引导学生在活动中不断体悟、琢磨和探究，促进学生的人格积极健康发展。

心理健康教育课也应注意多种教学形式的结合。除了活动这种主要形式外，心理健康教育课还可以采取团体辅导、心理训练、问题辨析、情境设计、角色扮演、游戏辅导、心理情景剧、专题讲座等多种形式。例如，在《生如夏花——把握生命的每一分钟》的课堂上，教师不仅可以设计“生命清单”“当梦想照进现实”和“分身有术”等主题活动，让学生在活动中体验时间的有限性，懂得合理使用时间和管理时间，也可以结合生命时间辨析和时间管理分析等问题辨析方式，增加学生对时间有限性和管理有效性的理解。

## 操作指导

学校心理健康教育课以活动为主，在课程设计和实施中应注意：

1. 活动的设计必须遵循以下原则：(1) 主体性原则。一是要充分发挥学生的自主性，既要注意选择活动方式时学生的自主性，又要注重活动过程中学生的自主性；二是要充分调动学生参与活动的独立性、能动性和创造性，使每个学生都可以成为活动的积极参与者。(2) 系统性原则。活动设计时要注意内容的系统性，挖掘多个集体活动之间的相互联系，扩展形成具有指向集中、主题鲜明、内容丰富等特点的完整活动体系。(3) 开放性原则。开放性反映在活动的形式和内容两个方面。活动形式可以向校内、家庭和社会开放，让更多的力量参与活动，提高学生参与活动的兴趣，使学生在开放的活动中获得人格的积极发展。活动内容应从学生的学习、生活和劳动实践中选材，从平凡的生活中挖掘活动素材，从周围的环境中寻找活动素材。(4) 多样性原则。活动要以丰富多彩、生动活泼的形式呈现，必须不断创新，通过“加”“变”“改”“移”等思路进行多种活动形式的变换。(5) 有效性原则。开展活动应最大限度地追求有效性。

2. 一节完整的活动课应包括活动引入、活动开展、分组讨论、升华和延伸等多个步骤。活动引入时，应根据本节课所要解决的核心问题，运用预热、澄清、介绍等活动方法，激发学生的参与积极性，引导学生进入活动；活动开展时，教师应说明活动的方式与要求，根据学生的实际情况提出学生普遍关心的热点问题，启发学生在已有心理体验的基础上积极思考；分组讨论时，应以激活学生思维为基础，使学生在相互交流中获得领悟；升华和延伸时，教师应对学生活动所取得的结果进行评价，联系生活实际拓展学生所获得的心理健康技能与技巧，要求学生在课后继续实践。

3. 在实施具体活动时，应注意采取合适的活动方式。心理健康教育活动课应综合考虑活动内容的适合性、学校具备的条件、时间、地点和精力是否许可等多方面因素，以便选择最佳活动方式。一般而言，活动课的教学应以小团体（即学生小组）的形式进行，每个小组以 6—8 人为宜。

# 问题 3：小学低年级心理健康教育的重点是学习习惯的培养和训练

## 案 例

林老师班里的孩子都很活泼，而且大部分孩子都非常聪明伶俐。但和其他班相比，他们的成绩一直处于中下水平。课堂上，很多孩子经常喜欢在底下做小动作，注意力不集中。有些孩子总是丢三落四，从练习和考试中可以发现班里不少孩子都是“小马虎”。这让班主任以及家长们十分头疼。

林老师认为不良的学习习惯是影响这个班学生成绩的重要因素。因此，他为该班学生设计了一堂《学习要有好习惯》的心理健康课。该课采用多种活动形式，旨在让学生辨别好的学习习惯和不好的学习习惯，使学生意识到学习习惯的重要性，以及培养学生良好的学习习惯，使他们学会学习。

首先，林老师通过暖身活动“读一读，唱一唱”，让学生明白粗心大意的坏习惯容易闹出笑话，要努力改正坏习惯，养成好的学习习惯；随后，通过“演一演”让学生知道哪些是不好的学习习惯，思考和讨论不良学习习惯的危害；最后，通过“评一评”让学生分享自己的学习习惯，鼓励学生培养良好的学习习惯。通过这节课以及课后的跟踪和关注，老师们发现这个班的孩子渐渐改正了不良的学习习惯，不再像以前那样粗心大意了。

## 原理分析

心理健康教育是面向全体学生的发展性心理辅导，要根据不同年龄阶段的发展特点制定不同的内容和目标，辅导的侧重点也有所不同。根据《中小学心理健康教育指导纲要（2012 年修订）》，小学低年级心理健康教育的主要内容之一是初步感受学习知识的乐趣，重点是学习习惯的培养与训练。

首先，学习习惯是学会学习的重要部分。让学生学会学习是学校教育的重要任务之一。纲要指出，心理健康教育的重点是认识自我、学会学习、人际交往、情绪调适、升学择业以及生活和社会适应等。《学会生存——教育世界的今天和明天》中提到教育的四个支柱是“学会学习、学会生活、学会做事、学会生存”，始终强调人的一生要不断学习，强调学会学习的重要性。而学会学习体现在学习者具备良好的学习习惯，能够运用学习方法和策略有效率地进行学习。教育心理学家布鲁姆曾经说过，学生学习好的先决条件有两个：其一，学习新学科相应的知识基础及预习课程的学习习惯；其二，学习兴趣和自信心。可见，学习习惯的养成对学习影响重大。此外，大量实践研究表明良好的学习习惯不但可以避免学生在学习中出错，而且能够提高学习效率，与学业成绩关系密切。由此可见，学习习惯的培养和训练至关重要。

其次，小学低年级是培养学习习惯的关键期。小学阶段是一个人心理发展的重要阶段，低年级的孩子处于游戏化向学习化转变的过渡期，主要具有以下特征：活泼好动，注意力较不集中并且保持时间较短，自制力也比较差；好奇心强，对身边一切新鲜事物充满兴趣，容易被新事物吸引。这些特点经常会对他们的学习造成不良影响。例如上课爱做小动作，不专心听讲，容易开小差；回家写作业拖拉，不认真。而与此同时，这个阶段的孩子具有易变性和很强的可塑性，并且擅于模仿他人，看到其他的孩子因为某种行为受到老师的表扬，便会模仿着去做。所以，这是引导其养成良好的学习习惯的好时期。因此，在小学低年级阶段培养和训练学习习惯，对一个人的发展而言终身受益。

最后，培养良好学习习惯对小学生的发展具有重要意义。良好的学习习惯不仅能够提高学生的学习效率，而且有助于健全人格的发展。养成良好的学习习惯，学生在学习过程中便能降低出错的概率，有利于进行高效学习。另一方面，具备良好的学习习惯，有助于发展学生自主学习的能力、解决问题的能力，增强学生的学习兴趣和信心。

## 操作指导

小学低年级心理健康教育关键在于学习习惯的培养和训练，在课程设计和实施过程中需要注意以下几点：

1. 联系学生日常学习生活。课前可以通过与学生、家长、其他老师的交流来了解和收集班上学生学习习惯的相关情况，作为课上的素材。例如，为了实现本节课“学会辨别学习习惯的好与坏”的教学目标，进行如下环节：以图片的形式呈现收集到的本班学生在实际学习生活中的具体学习习惯，让全班同学共同来判断图片上展示的行为是好的学习习惯还是不好的学习习惯，并邀请学生谈一谈为什么。在此环节中，采用图片来呈现案例，对于低年级的学生来说更具吸引力，也更加直观，便于理解。同时，案例来源于学生的日常学习生活，这样不仅让学生们感悟更深，而且让他们能够直接地对自己的学习习惯进行检查和评估。

2. 把课堂的主动权交给学生。虽然大多数情况下心理健康课都是教师组织活动让学生参与，教师扮演着引导者的角色，但是在课堂上，不管是分析案例还是归纳总结，都要把话语权留给学生，即让学生自己解决他们自己的问题。例如，呈现一个案例（如第一点提到的取材于本班学生的某些学习习惯），引导学生积极思考和表达，而不是一味地灌输，直接要求学生如何做。课堂上可以通过小组讨论、角色扮演等方式，让学生在参与的过程中学会思考和反思，意识到培养良好学习习惯的重要性。

3. 要求具体化，具有可操作性。培养学生良好的学习习惯，制定的任务应该是具体的，而不是笼统的，是可操作的，而不是不可触及的。通过循序渐进的引导，启发学生自己给自己确定 1—2 个良好的学习习惯，并每天在“好习惯养成记录表”上落实完成情况。制定的任务基于学生的实际学习生活，并且比较容易完成。这样，学生更能获得满足感和成就感，进而更有信心进行下一个学习习惯的训练，由此，学习习惯的训练能够取得更好的成效。

4. 及时给予肯定评价。学习习惯的培养和训练并非一朝一夕的事，并不是一堂心理健康课就能起到立竿见影的作用，课后的关注和追踪非常关键。因此，课后应该随时观察学生的变化，对养成良好学习习惯的学生及时给予赞扬，不仅起到强化作用，也为其他学生树立榜样。

此外，对于个别低年级小学生由于不良学习习惯引起的学习障碍问题，教师在进行个别辅导的时候应该注意：首先要深入了解学生学习习惯的特点以及学生的个性与发展特点；在此基础上，通过在课堂上营造生动活泼的氛围等方式来激发学生的学习兴趣，培养学生的学习积极性；其次，要激发学生的自信心，对待学生要以鼓励为主；最后，教师要和家长形成密切的联系，形成学校和家庭相结合的完整的干预系统。

# 问题4：小学中年级应注重培养学生与同学、老师交往的意识与能力

## 案例

新学期，三年（2）班换了新班主任，并且调换了座位。李老师观察发现，有些同学能够很快适应新同桌、新班主任，有些同学却一直没能很好地与老师、同学进行交往。

李老师认为，人际交往是学生成长的重要部分，是学生社会化发展的重要途径。培养学生与同学、老师交往的意识和能力，不仅有利于学生的学习生活，更有助于培养他们的健康人格。于是，李老师给同学们准备了一节《做个受欢迎的人》的心理健康辅导课。课堂上首先通过“暖身操”呈现几个问题情境，邀请学生结伴上台即兴表演，让学生感受到与同学的良好交往关系的重要性；随后“小故事大道理”呈现一个案例，通过案例分析怎样的人是受大家欢迎的；最后“怎样对待朋友”，呈现具体的情境背景，让学生交流讨论并掌握与人交往、成为受欢迎的人的方法。

李老师通过案例分析、小组讨论、角色扮演等形式，让学生懂得与人交往的重要性，培养了学生的人际交往意识，使学生掌握了人际交往的具体方法，帮助班上那些不善于与同学、老师交往的学生提高了人际交往能力。

## 原理分析

心理健康教育是心理学与教育学的结合，其教学目标和内容的制定不仅要促进人的社会发展，还要遵循人的身心发展规律。《中小学心理健康教育指导纲要（2012 年修订）》中提到树立集体意识，善于与同学、老师交往，培养自主参与各种活动的能力，以及开朗、合群、自立的健康人格是小学中年级心理健康教育的主要内容之一。

人际交往是人与人互动的过程，是心理健康教育的重要内容。“能够建立并保持良好的人际关系，乐于与人交往”是一个人心理健康的重要标志。此外，交往能力关系到一个人的学习、生活以及工作。它不仅是交流信息、获取帮助的途径，而且是个体认识自我、完善自我的重要方式。学生通过与同学的交往，可以相互提供帮助，互相交流学习，通过与老师的良好交往，可以得到支持和帮助。另一方面，与他人交往有助于深化对自我的认识，发现自己身上的不足和优势，以便进一步完善自我。由此可见，人际交往能力对一个人的成长起着举足轻重的作用。

人际交往是儿童社会化最重要的途径。小学中年级学生自我意识萌发并增强，相对于小学一二年级的孩子，中年级的孩子认识更多的朋友，也乐于与朋友交往，这将更有利于培养他们开朗、合群、自立的健康人格。在与同伴的交往中，学生能够收获友情，进行思想交流。因此，提高学生的人际交往能力，有助于增强学生的自尊和自信。而与老师的良好交往不仅有助于师生关系的发展，也能够帮助学生学会如何与其他成年人进行交往。

## 操作指导

培养小学中年级学生与同学、老师交往的意识和能力，在课程设计和实施过程中需要注意以下方面：

1. 营造轻松、安全的氛围。良好的开端意味着成功的一半，在课堂导入环节，学生只有感到安全、轻松和愉悦，才能够以一种良好的情绪、放松的状态投入课堂之中，这样才有利于人际交往的训练。例如，以“解开千千结”作为暖身活动。首先，全班每10名同学为一组，组内同学彼此手拉手围成一个圈，并且记住各自左手和右手分别拉着的同学；随后，教师播放音乐，学生松开双手跟随音乐随意走动，音乐停止便停止脚步，不再走动；紧接着学生要找到原来双手拉着的同学，分别拉住双手，此时便会形成一个“结”；然后要求学生在不松手的情况下，利用各种方式解开这个“结”，恢复最初的状态。哪组最快解开哪组获胜。在这样愉悦的环境下，学生对人际交往的排斥心理被消除。同时，以学生想要快速解开“结”需要良好的人际沟通和相互配合来导入主题“提高人际交往能力很重要”。

2. 联系实际，情景再现，产生共鸣。充分了解学生的实际情况，将他们实际学习生活中遇到的人际交往问题作为课堂上的案例来呈现，采用角色扮演的方式让情景再现。这样不仅有助于活跃课堂气氛，而且案例来源于学生的实际生活，学生的情感更真实，体会更深刻。随后，通过分组讨论引导学生总结出与同学、老师交往的注意事项，帮助学生提高人际交往能力。

3. 创造机会让学生分享经验。同伴关系在一个人的成长过程中发挥着重要的作用，小学生也更容易接受同龄人的行为和建议。因此，教师可以利用这一点来引导学生自己解决属于他们自己的问题。在活动过程中，让每位同学将自己在与同学、老师交往过程中遇到的问题与困惑写下来，放进事先准备好的“人际交往百宝箱”中，老师随机抽取几张，邀请学生集思广益，共同来解答纸条上的问题。在此过程中，学生充分利用各自在人际交往中某项较强的能力来帮助彼此，并在彼此的建议和帮助下，弥补自己在人际交往中的某些不足。

# 问题 5：小学高年级应着力培养学生的学习兴趣和能力

## 案 例

张老师班上有一名同学叫张强，张老师发现张强在课堂上总是不认真听讲，遇到错题不主动改正，对学习完全没有兴趣。而张强的同桌小丽同学则一直严格要求自己。

张老师通过谈话发现，原来张强从小到大的学习都由父母严格安排，他认为读书是为了父母，只有在父母的督促下他才会学习。而小丽同学则认为知识可以改变命运，可以让她考上好大学，去做自己想做的事情，因此，她严格要求自己，刻苦、认真学习。

张老师帮助张强逐渐认识到学习的重要性，使张强逐渐改变对待学习的态度。后来，张强上课认真听讲并按时完成作业，成绩有了很大的提升。张老师对张强的进步进行了肯定，并引导小丽监督、帮助张强。最终，同桌两个人都在期末考试中获得了满意的成绩。

## 原理分析

《中小学心理健康教育指导纲要（2012 年修订）》指出，小学高年级需要着力培养学生的学习兴趣和学习能力，端正学习动机，调整学习心态，正确对待成绩，体验学习成功的乐趣。

着力培养小学高年级学生的学习兴趣和学习能力符合小学高年级心理发展特点的现实需要。小学高年级的学生正处于小学升初中的重要转折期。一方面，这一时期的学生善于观察身边事物，具有较强的学习欲望，但对于自己不擅长的学科，他们往往表现出退却，因而需要不断激发学生对于学习的责任感，让学生意识到学习的社会意义，这有利于促进学生全面发展，并增强学生的社会责任感。另一方面，这一阶段的学生的抽象思维有了一定的发展，具备基本的读、写、算等学习技能和学习策略，如预习、听课、写作业、复习等，有意识地培养学生上课认真听讲的习惯，帮助学生采取合适的学习方法，有利于提高学生的学习能力，减轻学生小学升初中的学习压力。

着力培养小学高年级学生的学习兴趣和学习能力反映心理健康教育着眼于学生发展的关键期。埃里克森认为小学阶段的学生处于勤奋感与自卑感的阶段。这一阶段的学生往往认为自己无所不能，他们喜欢挑战，总会经历成功与失败。当他们获得成功时，往往感到自信，但当他们遭遇失败时，就容易体验到无能感与自卑感。此时培养学生的学习能力和学习兴趣，能让学生在学习过程中获得更多的积极的成功体验。

培养小学高年级学生的学习兴趣和学习能力对小学生学习心理教育具有重要意义。培养学生的学习兴趣与学习能力能提高学生的学习效率，使学生取得好成绩，获得成功的体验，进而激发学生的学习兴趣。学习兴趣是学生力求探索事物和从事某活动的意义倾向，当学生对学习充满兴趣时，他们会积极接触与学习有关的活动，能从学习活动中获得愉悦感，这有利于进一步培养学生自主学习的能力。

## 操作指导

本节主要从学习动机、学习兴趣以及学习习惯这三个方面来开发学生的学习潜能，以提高学习能力。

首先，端正学习动机。当学生将学习当作不得不完成的任务时，他们的学习积极性就会降低，如案例中张强一般。当学生认为学习是为了让自己更靠近梦想时，他们就会自主学习，不需要外在的监督。

教师在教学中可以通过角色扮演的教学方法，设计内部学习动机的角色与外部学习动机的角色的对话，展示不同的学习动机引起的不同学习结果，学生分组讨论为什么不同的学习动机会引起不同的学习结果，讨论结束后邀请学生将自己学习的理由以及他人想要的学习理由写下来，而后对这些理由进行打分。该活动教会学生将他人的期望也就是外在动机与内在动机相结合，引导学生端正自己的学习动机。与此同时，在心理辅导时，需要注意学生的发展水平、性格及能力等。例如场独立型（接受外界信息时能够自己分析，进行判断时不受外界影响）的学生，提高其内在学习动机会更有利于学习，而场依存型（接受外界信息时会综合分析认识，进行判断时容易受外界影响）的学生，提高其外在学习动机会更有利于学习。

其次，培养学生的学习兴趣。兴趣是最好的老师，当学生对学习充满兴趣时，他们就会积极主动地学习，寻找适合自己的学习方法，从而提高自己的学习能力。在教学中，教师需要引导学生领悟学习的意义是什么。教师可以通过设计“我的兴趣爱好”这样的活动，邀请学生分享自己的兴趣所在，使学生认识到自己的兴趣，并引导学生思考如何培养兴趣。在活动中，需要注意引导学生区分特长与兴趣。

此外，在教学过程中，教师采用多种多样的教学形式，例如通过游戏的形式开展活动、改变上课场所等，增加活动的新鲜感与趣味性，提高学生的学习兴趣。与此同时，可以鼓励学生参与自己力所能及的活动，使他们体验到学习的快乐，由此培养他们的学习兴趣。

最后，培养学生良好的学习习惯，提高学生的学习能力。良好的学习习惯有利于学生合理有序地学习，有利于生成积极的学习结果。在教学过程中，教师可以通过《学习状态》问卷让学生对自己的学习状态有初步的了解，并引导学生调整和改善不良的学习状态。通过小品表现良好的学习习惯与不良的学习习惯会形成不同的学习结果，学生对小品中不良学习习惯存在的原因进行讨论，并寻找解决问题的方案。进而引导学生制定科学的学习计划，按照学习计划重复学习，促使学生养成良好的学习习惯。

# 问题6：初中心理健康教育的重要目标之一是培养学生积极的自我信念

## 案例

最近，王老师任教的班级中转入了一名学生叫王杰。王杰各科成绩平平，被编入平衡班，这对他造成很大的影响。王杰觉得自己既然已经进入平衡班，注定就前途无望了。慢慢地，王杰有了“破罐破摔”的心理。

王老师发现了王杰的异样，通过私下交谈不断鼓励他。王老师告诉王杰：“虽然你在平衡班里，但你是最棒的，你可以通过自己的努力取得学习上的进步！老师相信你！”经过王老师多次反复的疏导，王杰逐渐改变懒散的学习态度，消除自卑心理，逐渐形成积极进取的精神状态。

## 原理分析

《中小学心理健康教育指导纲要（2012年修订）》指出，初中年级需要帮助学生加强自我认识，客观地评价自己，认识青春期的生理特征和心理特征。

培养学生积极的自我信念对初中生的心理教育具有重要意义。初中生处于青春期阶段，不仅在生理上发生巨大变化，在心理上，特别是自我意识上，也发生巨大的变化。斯普兰卡称这一时期自我意识的变化为“第二次诞生”，这也指学生发现内心的自我世界，这使得他们的独立性与成人感不断增强。但这一时期的学生，往往存在成人感与幼稚感的矛盾，他们往往认为自己已经是成年人，会表现出“成人”的样式，例如模仿成人进行社会交际，模仿成人的思维方式等。他们渴望被别人看作大人，渴望别人尊重他们的想法，但由于社会经验、生活经验不足，以及对自身认知存在高估等原因，初中生在思想与行为上容易盲目。因此，培养积极的自我信念有利于初中生形成客观的自我评价，保障其内心世界健康发展。

培养初中生的自我认同感也是这一时期的任务。埃里克森指出，青少年时期处于角色同一和角色混乱的时期。这一时期的学生开始思考“我是谁”这一问题。当这一问题没有得到很好的解决时，他们就会在成长的道路上迷失自己，停滞不前。而青少年的自我认同感往往与以下因素有密切的关系：(1) 对自己身体与外貌的认同。这一时期的学生开始关注自己的外貌，当他们对自己的外貌与身体不满意时，就会出现自卑感等。(2) 父母、老师或者朋友的期待。当至亲对其期待值过低时，不利于学生自我认同感的形成。(3) 对自己目前状态的满意度。通常自卑的学生会感觉生活很无趣，就如案例中的王杰一般，他因自己被编入平衡班而感到学习生活的无趣，如果此时王杰没有调整好自身，就会影响其学习生活。(4) 成功与失败的经验。学生经常经历失败，就会产生挫败感。(5) 学生所处的现实环境与条件限制。当学生家庭条件较差时，可能会产生自卑心理。(6) 学生对未来的期望。自卑的学生往往看不到希望，不敢对未来有所期待。若学生在以上几个方面都达到较满意的程度，且前后一致的话，我们通常认为其基本形成自我同一性。

## 操作指导

本节主要通过全面认识自己、客观评价自己、积极接纳自己三个方面来讲解如何培养初中生的积极自我信念。

首先，全面认识自己是培养学生健全自我意识的基础。教师需要教会学生从多方面多角度来认识自己，在实际教学中，教师可以通过“形容词检查表”或“15 个我”的活动教导学生全面地认识自己。形容词检查表中包括形容外表的形容词，如高大、漂亮、矮小、丑陋等，以及形容性格或者内在品质的形容词，如文静、活泼、自信、自卑、粗心等，然后用这些词来形容我是一个什么样的人。由学生对不同的句子进行归类，判断其属于外表还是情绪、才智、性格特征等，教会学生全面地认识自我。

其次，客观评价自己是建立积极自我信念的保证。在教学过程中，教师需要通过活动让学生认识到自己的优缺点以及他人眼中的自己与自己眼中的自己的区别，以便学生客观地评价自己。例如，教师可以在学生对自我进行认知后，让学生在本子上记录自己在他人（父母、老师、朋友、亲戚）眼中是什么样的。教会学生通过他人对自己的评价来认知自我，形成对自己的综合评价。

再次，在教学过程中，教师需要引导学生发现自己的优点。具体可以尝试以下做法：(1) 肯定自己的能力。学生每天记录自己做得成功的事情，不一定是大事，可以是日常的小事，如完成老师布置的作业等。(2) 赞美自己的优点。将自己的优点与长处记录到本子上，也可以记录自己认为做得很棒的事情等。(3) 培养自己的兴趣。让学生写下自己的兴趣，以及如何培养自己的兴趣。

最后，教会学生积极接纳自己。悦纳自我是指对自己抱有认可与肯定的态度，相信自己的价值并认可自己的能力。教会学生正视现实中的自我，包括身体外表特征、性格特点等，不论好与坏，都坦然地接受；教会学生改正自己的缺点与不足。最重要的是教会学生接纳从真实自我到理想自我转变的艰难过程，接纳自己不能转变为理想自我的可能。

# 问题 7：生涯规划是高中心理健康教育的重要内容

## 案 例

随着新高考政策的颁布，如何选科对于学生填报大学、选择专业意义重大。而要科学理性地选择大学和专业，系统的职业辅导、生涯规划教育必不可少。

面对学生与家长选科意见的分歧，心理老师先对来访者阿华的基本情况进行了解，得知阿华想要选择文科，将来从事考古、文物相关的工作，而父母希望他选择理科，将来成为一名医生。然后，心理老师运用霍兰德职业兴趣测验、迈尔斯—布里格斯类型指标（MBTI）职业性格测验和职业价值观测验，并辅以访谈，使阿华进一步明晰了自己的兴趣、性格、职业价值观等。在此基础上，心理老师建议阿华对考古学专业的开设院校及所学课程进行查询，对欲从事的职业对应的生涯人物进行访谈，并见习体验自己希望从事的职业，深入了解未来职业的真实情况及需要具备的条件。最后，阿华坚定了自己的选择。并且，在心理老师的帮助下，阿华的父母也最终认同阿华选择他感兴趣并且适合他的科目。

选择科目和职业是一个综合的思考过程，也是一个严肃的人生课题。在选科时，只有根据个人条件、社会需要、职业要求的合理匹配，才能避免盲目性，增强科学性。所以，选科不能跟着感觉走，而应充分了解相关的职业特性及需求，做出科学的决断。

## 原理分析

《中小学心理健康教育指导纲要（2012 年修订）》指出：高中年级学生应在充分了解自己的兴趣、能力、性格、特长和社会需要的基础上，确立自己的职业志向，培养职业道德意识，进行升学就业的选择和准备，培养担当意识和社会责任感。

生涯规划符合新高考改革的迫切需要。新高考背景下，学生的自主选择权扩大了，选择更加多样化，选择的难度也加大了，让学生学会在诸多的科目中选择适合自己的科目是高中心理健康教育的重要任务。2014 年 9 月 3 日，《国务院关于深化考试招生制度改革的实施意见》颁布，正式启动了高考综合改革试点工作。意见提出“生涯规划或生涯教育将成为高中生的必修课，我国将用五年左右时间普及生涯规划教育”。可见，高中阶段开展生涯辅导势在必行。

生涯辅导是高中生心理发展的必然要求。舒伯认为个体生涯发展分为成长、探索、建立、维持和衰退五个阶段，高中生正处于生涯发展的探索阶段。针对处于探索阶段的青少年的身心发展特点及生涯探索的需求，高中阶段开展生涯辅导有利于学生更加深入地认识自己、专业、职业和社会，有利于学生做出合理选择和规划，以便顺利完成本阶段的发展任务，有利于促进性格、意志、自我概念和自我监控等重要心理品质不断发展，对个体心理健康有重要的促进作用。

生涯辅导是高中生心理健康教育的核心内容。生涯辅导帮助个人在考虑个人的潜能、兴趣、价值，以及阻力和助力的前提下，尽其所能地规划未来生涯发展的历程，是个体认知和身心发展面临的重要发展课题。心理健康教育的重点内容包括认识自我、学会学习、人际交往、情绪调适、升学择业以及生活和社会适应等方面。不同阶段心理健康教育内容的侧重点有所不同，高中生面临升学择业，系统的生涯辅导有利于学生明确自己与理想之间的差距，进一步做好学习计划和职业规划，促进个体自我实现。因此，在高中阶段，生涯辅导是心理健康教育的核心内容。

## 操作指导

生涯辅导在设计和实施中应注意：

1. 价值中立，不向学生灌输自己的职业倾向。每个教师都有自己的职业观、生涯观、个人偏好等，不能强制学生接受其观点，正如父母不能将自己的理想强加给孩子一样。在生涯辅导过程中，教师应注意自己的言语，切忌对专业或职业做出褒贬性的主观评价。例如，李老师在一节"认识职业"的课前，对学生进行调查，收集了学生知道的和想要了解的职业信息，然后补充了一些不常见的职业信息。这样的课前准备避免了教师个人的职业倾向占据主导地位，尊重每个学生的偏好。

2. 与学生自身特点相匹配，个性化辅导。每个学生的兴趣、能力、性格等各不相同，他们的生涯因人而异，教师也应因材施教。教师的重要职责不是为每个学生进行生涯规划，而是教给学生自己进行生涯规划的方法，这样才能真正做到个性化辅导。例如，前文所呈现的案例，心理老师针对阿华的选科问题展开一系列的方法指导，逐步引导阿华认清自己、专业和职业，最终阿华做出最适合自己的选择。

3. 循序渐进，开展系列课程。生涯规划不是一两个课时能够完成的，它贯穿于人的一生。在高中阶段的生涯辅导中，高一年级侧重于认识自我与专业，高二年级侧重于自我、专业与职业的匹配，高三年级侧重于行动、评估与调整。此外，每个年级的课程设计也应该遵循循序渐进的原则，从短期目标、中期目标到长期目标，让学生逐步明晰生涯目标。

4. 具体化行动方案。个人现状总是与生涯目标存在一定的差距，生涯规划旨在让学生通过实施切实可行的行动计划缩短差距。因此，教师应注意引导学生根据自身情况和生涯目标，制定适合自己的行动计划，有针对性地提升自己，并一步步落实计划，最终达成生涯目标。

5. 在评估基础上再规划。每一次行动都要进行评估，包括自身情况的变化、行动情况的分析以及规划的可实现性等，每次评估后可能都需要调整甚至重新进行生涯规划。生涯规划并不是一成不变的，每个学生都在成长变化，教师在进行生涯辅导时要坚持发展性原则。

# 问题 8：高校心理健康教育课程集知识、体验和训练于一体

## 案 例

某理工科二本院校的一堂大学生心理健康教育课由心理学硕士毕业生李老师执教，主题为“如何面对压力”。

李老师首先通过视频《抑郁男孩闯入车流中》导入，对压力的产生过程进行概述。接着，通过“吹气球”这一活动体验环节，让学生描述压力产生时的感受；通过填写“压力圈”，以小组为单位进行讨论交流，将压力分为外部压力和内部压力；结合日本松下电器公司员工事件，引导学生正确看待挫折，理解适当的压力对目标实现有一定的促进作用。在压力应对策略的训练环节，李老师主要教授三个关于压力调节的方法：放松训练法、树立恰当目标法、积极暗示法。通过播放《腹部呼吸法》，让学生学习放松训练，并鼓励学生在生活中加以应用；通过设计活动《简易生涯规划》，协助学生树立恰当的目标；通过“抗压碎碎念”环节，让学生学习积极暗示法，学会如何应对压力。在本堂课教学结束之时，李老师推荐学生赏析电影《三傻大闹宝莱坞》，建议大家下次课进行观后感分享交流。

## 原理分析

心理健康教育是高校思想政治教育与管理工作的重要内容，是高校

安全稳定工作的重要一环。高校学生心理健康教育课程是集知识传授、心理体验与行为训练于一体的公共必修课程，为提高大学生心理素质、促进其身心健康和谐发展而专门开设，具有“教育教学、实践活动、咨询服务、预防干预”等功能。

高校心理健康教育课程教学不同于其他形式的心理健康教育。其他形式的心理健康教育，如心理治疗与咨询，其目的侧重于解决心理问题；高校心理健康教育课程的主要目的则在于预防问题的产生，从源头上杜绝心理问题的产生与恶化。作为公共课程，其知识内容与其他大部分专业知识并非直接相关，但对培养当代大学生的核心素养、提升大学生的认知能力以及实践能力具有重要作用。

高校心理健康教育课程不同于以活动体验为主的中小学心理健康教育课程。由于大学生具备一定的知识水平与能力，大学阶段也是理性思维形成的关键期，因此，高校需要通过普及一定的科学的心理健康基础知识，帮助学生树立科学的心理健康知识观、提高学生心理适应的技能及增强学生的自我认知水平。组织心理健康教育课堂教学，向广大在校大学生群体传播科学知识，将使心理健康教育在有限的课堂时间内尽可能地效力最大化。

组织心理健康教育课堂教学，并不意味着单纯的灌输知识。在掌握心理健康基础知识的同时，还需要通过活动体验、技能训练等方式，激发学生的学习动机，促进知识迁移，使学生能够学以致用。高校心理健康教育课程教学有别于其他学科，强调主体体验性，注重授课过程的活动性，要求教师积极引导学生参与各类活动。传统学科课程教学以“认知—接受”为主要教学模式，以教师的讲授为主，传递间接经验。心理健康教育不是单纯的间接知识的传递，而是教师与学生在心灵上的平等对话，因此，高校心理健康教育课堂必须创设合理的情境，以活动为载体，影响学生的情感，关注学生的心理体验，从而促进学生的优化与发展。

高校心理健康教育课程的最终目标指向提升心理素质、解决心理问题。问题解决的技能需要在知识建构的基础上加以训练，进而产生行为或认知上的改变，以培养健康、稳定的人格。缺乏心理调适技能训练的心理健康教育只是一场纸上谈兵，也会使学生对枯燥的理论学习产生倦怠，不利于学习动机的激发与保持。

## 操作指导

高校学生心理健康教育的主要任务是推进知识教育、开展宣传活动、强化咨询服务、加强预防干预。在课程组织和实施过程中应注意：

1. 高校心理健康教育课程应由高校学生工作部门、教务部门、心理健康教育和咨询机构及相关学科教学研究单位共同组织实施，由具备心理学相关专业背景学习与研究经历的专职或兼职教师负责开展。高校对心理健康教育课程教学与研究应给予一定的保障与支持，定期聘请有关专家对教师团队进行督导、培训，以提升师资水平。

2. 高校心理健康教育课程应坚持以生为本，加强理论联系实际，创新教学方式，通过理论教学、案例分析、情感体验、行为训练等多种形式，激发学生的学习兴趣，增强课堂教学效果，不断提升教学质量，达到“知、情、意、行”的统一。

3. 积极发挥第二课堂的作用。课堂教学是心理健康教育实施的主渠道，但也不能忽视与心理健康教育工作相关的其他环节，可以以校园文化建设为依托，通过各种校园文化活动培养学生的核心素养。将心理健康教育课程的理念与内容渗透到其他学科教学中，这是进行心理健康教育的重要途径，能以潜移默化的方式促进学生的全面发展。

4. 高校应加强大学生心理健康发展中心的建设，通过开展心理咨询与测评、团体心理辅导、素质拓展、个体辅导等，为心理健康教育课程教学提供课外辅助。还可利用信息化手段，合理延伸教学空间与场景，建立网络课堂或 VR 虚拟仿真心理体验与训练实验室，引导学生自主学习，使心理健康教育不再局限于传统的课堂教学中。

# 问题9：活动设计是落实心理健康教育课程的重要环节，活动目标与具体活动方案又是整个活动设计的核心

## 案 例

某市小学三年级的一节心理健康教育示范课《做一个受欢迎的人》，由附属小学吴老师执教。

吴老师根据课程大纲与学生实际进行了活动设计，将教学目标设置为：1. 通过活动让学生了解做个受欢迎的人应具备的优秀品质，使学生产生主动学习别人优点的想法。2. 让学生在活动中自悟，认识自身的优点，感受受欢迎的愉悦，获得积极的情感体验。3. 帮助学生初步掌握与人交往的技巧，为以后建立良好的人际关系、进行健康的人际交往打下基础。

由于吴老师设计了较为完善的活动目标与具体活动方案，各个活动开展得井然有序，给学生以良好的活动体验，进而实现了教学目标。“暖身活动——马兰花开”，促进团体讨论和成员参与；“交友明星评选会”环节，让学生理解受欢迎的原因；“交友小名片”活动，使每个人都感受到受欢迎的愉悦，了解自身的优点；“生活万花筒”环节，使学生学会用受欢迎的方式和他人交往。生动有趣的活动让孩子们不知不觉就获得了体验和感悟，了解了受欢迎的人应具备的优秀品质，产生主动地学习别人优点的想法。孩子们在活动中认识了自己，获得了积极的情感体验，也初步掌握了与人交往的技巧，为以后建立良好的人际关系打下基础。

## 原理分析

《中小学心理健康教育指导纲要（2012年修订）》指出，心理健康教育课应以活动为主，可以采取多种形式，包括团体辅导、心理训练、问题辨析、情境设计、角色扮演、游戏辅导、心理情景剧、专题讲座等。

活动目标与具体活动方案是整个活动设计的核心内容。心理健康教育课活动设计的依据，一是课程大纲，二是学生实际。前者更多是预设性的，而后者更多是生成性的。活动目标与具体活动方案决定着活动设计能否既对学生的共性问题进行辅导，又对随机问题进行辅导。

活动目标与具体活动方案对教学起着主导、调整以及评估作用。在教学活动开展之前，设计好活动目标与具体活动方案可以避免活动内容零散、混乱的情况；在教学活动开展过程中，教师依据活动目标与具体活动方案可以根据活动开展的实际情况及时做出调整；在教学活动开展之后，教师依据活动目标与具体活动方案可以对活动效果进行评估，并根据评估结果对活动进行改进。

## 操作指导

心理健康教育活动课是学校心理健康教育工作的有机组成部分，是遵循“面向全体”原则开展心理健康教育的重要形式。心理健康教育活动课的目标定位也必然遵循心理健康教育的目标定位，即心理健康教育活动课的主要目标应为预防性和发展性目标。扩展到具体目标则为：优化学生的心理品质，强调学生的自我认识、自我教育、自我控制，发展他们的心理机能，开发他们的内在潜力，促进学生的全面发展。

活动目标设计要突显以学生为主体的原则。首先，活动目标要与学生成长密切相关，要根据经验和发展心理学原理，设计符合学生心理发展的活动目标。例如教师要理解性别角色适合多大的孩子，异性交往心理适合多大的孩子。其次，目标设计要明确具体，不能笼统抽象，要解决具体的问题，转换为可见、可衡量的表述。例如教师常使用的“提高学生注意力”“调适不良情绪”等表述都过于表面。再次，活动目标要能得到学生认同，可以通过平常观察、调查问卷等方式了解学生的真实需求与想法。最后，目标内容适当科学，以预防性和发展性目标为主，如“帮助学生实现就业”“帮助学生消除不良情绪”等目标就不切实际。

活动目标设计的出发点可以用雅各布斯提出的团体活动目标来说明，主要有以下几点：

1. 促进团体讨论和成员参与。通过开展有效的团体活动，让全体学生都参与到活动当中来，使学生在活动中产生深刻的体验，激发学生的参与热情，增强团体讨论的效果。例如，常规的暖身游戏能够很好地调动学生的参与热情。

2. 使团体聚焦、集中注意力。全体学生都参与相同的活动主题，团体容易聚焦；活动的刺激性与趣味性，让学生容易将注意力集中于与活动有关的主题上。例如，在进行心理情景剧活动的时候，学生会将注意力放在剧情上，进行深刻的思考。

3. 使团体焦点改变、转移。活动起到过渡的作用，在团体转换相关讨论点和主题的过程中使用，显得自然、不突兀，并且给学生时间去调整。例如，让学生组队后进行一些互动小游戏，让同学们将注意力从分队过程转移到下个环节。

4. 提供一个经验性学习的机会。心理健康教育课的活动能够为学生模拟现实生活中的场景，为学生提供预演和练习的机会，让学生在自己或者他人活动的过程和结果中学习。例如，角色扮演、心理情景剧等方式都可以达成这一目标。

5. 为团体成员提供有用的资料。在团体活动中，信息是共享的，对于同一问题，通过团体的头脑风暴，团体成员通过不同的视角提供不同的想法，每个人都可以获取更为丰富且有效的资料。

# 问题10：心理健康教育课没有十分严格的课堂结构

## 案例

刘教师是一名新教师，在旁听了几堂示范课后，她发现每个教师的课堂结构差异很大，没有相对固定的导入、新授、练习、总结等阶段。如同样是以“时间管理”为主题的心理健康教育课，一名教师用一个课时完成了课程内容，另一名教师则安排了两个课时的时间来完成该主题的教学。又如，同样是“学会换位思考”的主题课，一名教师先用图片和故事导入主题，再通过心理情景剧《跳绳风波》进行主题深化，之后让学生通过观看视频学习换位思考的方法，然后让学生填写换位思考卡，最后进行总结；而另一名教师的课堂先开展情景剧《迟到风波》《跳绳风波》，然后让学生自己进行讨论并引入主题，再让学生先观看视频后讨论总结换位思考的方法，最后进行总结。

## 原理分析

《中小学心理健康教育指导纲要（2012年修订）》指出，心理健康教育要“关注个别差异，根据不同学生的不同需要开展多种形式的教育和辅导，提高他们的心理健康水平；尊重学生，以学生为主体，充分启发和调动学生的积极性”。

心理健康教育课没有十分严格的课堂结构是由其课程目标所决定

的。心理健康教育的具体目标是：使学生学会学习和生活，正确认识自我，提高自主自助和自我教育能力，增强调控情绪、承受挫折、适应环境的能力，培养学生健全的人格和良好的个性心理品质；对有心理困扰或心理问题的学生，进行科学有效的心理辅导，及时给予必要的危机干预，提高其心理健康水平。为了能够给予学生及时且有效的引导，教师要根据学生的心理发展情况和实际需求有针对性地设计课程内容，这就使得心理健康课必须有较为灵活的课堂结构。

心理健康教育课没有十分严格的课堂结构是由其课程含义所决定的。心理健康教育课程是专门为心理健康教育而设置的，以学生活动为主，不同于以普及知识为主的心理学课程。心理健康教育课程是以培养学生良好的心理素质、发展健康的人格、增进心理健康水平为目的的专门教育活动。心理健康教育课不同于以普及知识为主的常规课程，其以学生为主体，围绕学生的活动展开，一个主题可以有不同的课堂组织形式，也可以分几个课时来上。尽管以学生活动为主，但这些活动都是教师为了实现教学目标而精心设计的，这就使得教师要根据学生情况采用不同的组织形式。

心理健康教育课没有十分严格的课堂结构是由其组织形式所决定的。心理健康教育课程由教师指导和组织，不同于学生自发性的游戏。心理健康教育课程需要教师的系统设计、用心组织和全程指导。心理健康教育课程的实施往往侧重于促进学生心理素质的提高，培养学生形成有利于个性生存发展的心理品质。因此，它倾向于让学生自己去得出结论，而且基于不同的体验可能有不一样的结论，教师要根据学生的实际情况设计不同的课程内容，让学生产生深刻且不同的情感体验。

## 操作指导

1. 心理健康教育课虽然没有十分严格的课堂结构，但包含几个基本的固定的环节：

（1）课堂开始：激发学生参与活动的积极性，明确课程教学的目的。方法有：预热法（通过游戏、唱歌、节拍等活动来调动积极性）、澄清法（开门见山）、介绍法（配对介绍、自问自答、记者提问等）。

（2）主体教学过程：引导法（启发性提问、开放性提问等）、反馈法（学生语言的重复或情感的反馈等）、明朗法（反馈加理解）等。

（3）课程结束：回顾与检讨、计划与展望、祝福与道别等。

2. 课堂组织形式可以总结为以下几种：

（1）活动引领式。在这种模式中，课堂上主要是让学生在活动中自己体会感悟，教师可适当给予点拨。课堂基本结构为：布置活动任务，制定活动规则；参与团队活动，注重观察体验；共同分享感悟，教师适时小结。

（2）情境引入式。通过创设具体情境，引起学生的情绪体验或行为反应，从而轻松导出相应的话题，引发学生思考，通过角色扮演等方式深化学生对主题的理解。课堂基本结构为：故事或表演引入话题；讨论将话题引向深入；借助角色扮演以帮助理解；分享感悟促进自我反思。

（3）话题辩论式。在这种模式中，教师只是一个组织者，与学生对话时，两者是完全平等的关系。课堂基本结构为：教师话题导入，进行分组讨论；班级展示交流，适时展开辩论；分享感悟评价，课后延伸思考。

3. 为了保证课堂的有效组织和实施，教师必须做到以下几点：

（1）制定规则，建立课堂秩序。可以和学生达成一定的课堂默契以保证课程有序开展。如可以和学生约定安静“暗号”，听到某句话就必须应答并立刻保持安静；让学生养成答题前先举手的习惯。

（2）利用多种教学手段，吸引学生注意力。有效地整合角色扮演、游戏辅导、心理情景剧等各种形式，让学生能够积极参与到课堂中来，进而产生深刻的情绪体验。

（3）积极评价，激发学生热情。心理学家威廉詹姆士说过，人性最深切的渴望就是获得他人的赞赏，这是人类之所以有别于动物的地方。教师的鼓励像一颗火种，点燃学生的参与热情，能够取得更加良好的教学效果。

## 问题 11：角色扮演法是心理健康教育课程常用的教学方法

### 案例

李老师在小学心理健康教育公开课《尊重他人》的教学设计中，选择以一系列角色扮演的活动形式让学生展现相应的行为特点和内心感受。

首先，通过“照镜子”的小活动让学生进行镜像扮演，观看别人表演曾发生在自己身上的一言一行。比如，平日里经常辱骂别人的小花观看了小明模仿自己的表演，以旁观者的角度了解自己过往的言行后，激发了改变自我的愿望和主动性，进而努力改变不恰当的行为。其次，李老师选取一个关于“尊重他人”的典型生活情景，让同学们扮演其中的角色，体验和感受角色的心理活动。通过角色扮演，学生将隐藏于内心深处的想法借着表演的机会展露出来，也让作为观众的其他同学内心有所感触，引导学生发现情景中的矛盾，提高学生针对问题的认识和解决能力。最后，李老师给予小组充分的讨论时间，引导学生牢固树立尊重他人的意识。因为尊重他人是交往的基础，只有尊重他人才能获得友谊；学会尊重他人，以友爱、尊重和宽容的态度与他人相处，是一种真诚的人文关怀。

## 原理分析

《中小学心理健康教育指导纲要（2012年修订）》指出，心理健康教育课常采用角色扮演法进行教学，使学生以角色的身份，充分表露自己或角色的人格、情感、人际关系、内心冲突等心理问题，进而增进自我认识，减轻或消除心理问题，提高心理素质。该教学方法具有澄清问题、疏解情绪、塑造行为、成长心智的功能。

角色扮演能够有效促进学生的心理发展。从自我发展层面来看，角色扮演有利于帮助学生健全自我意识，促进学生自我概念的发展，使学生在体验中得以成长，不断认识自我、改变自我、完善自我。从社会性发展层面来看，角色扮演有利于学生树立自信心，学习不同的沟通技巧，建立良好的人际关系，理解人际关系的重要性；有利于学生促进对不同角色的情感的了解，学会设身处地为他人着想，培养驾驭情绪的能力，保持良好的情绪状态；有利于学生提高社会认知水平，增强价值判断力，培养澄清问题、解决问题的能力。

角色扮演法充分反映了体验性是心理健康教育课程的核心要素。心理健康教育课不是一门单纯的理论课，而是以体验式学习为主的课程。教师创设生活中富有典型意义的情境，学生扮演和体验不同的角色，自然而然地表达真情实感。在教师的不断引导下，学生内心深处的想法被唤醒，进而树立正确的人生观、价值观。角色扮演法使学生通过对主题内容的亲身体验和扮演来获得经验，而非由教师以说教的方式进行理论知识的传授。这种教学方法充分发挥了学生的主体作用，注重学生的体验过程。

## 操作指导

角色扮演法是中小学心理健康教育课常用的教学方法，在课程教学和实施时应注意：

1. 角色扮演必须遵循以下教学原则：（1）情景性原则。教师须选取具体且合适的问题情景，激发学生的参与兴趣。（2）自愿性原则。教师必须充分尊重学生的意愿。(3) 趣味性原则。教师应营造轻松自在的气氛，使学生放下心防，真诚表达。(4) 全体性原则。教师的关注点不能仅局限于表演者，还应注意到观看者的内心感受，让全体学生共同参与，尽量满足学生表现的欲望。

2. 角色扮演包括三个阶段。(1) 第一阶段：准备阶段。该阶段教师需要确立主题，设计符合学生认知水平的情景内容，准备相关道具，选择扮演者以及指导学生充分表达真实的情感。(2) 第二阶段：扮演阶段。该阶段遵循“以学生为主体”的活动原则，强调学生的自主性，但教师在此过程中必须具有敏锐的洞察力，妥善处理突发情况并及时给予帮助和指导，努力调动学生的主动性，增强全班同学的参与感。比如，当出现偏离主题的内容或者不恰当言行时，教师应及时介入扮演过程，引导学生回到正轨。(3) 第三阶段：讨论阶段。扮演结束后，教师要设计问题让全体成员一齐讨论，交流彼此的情感体验，进一步引导学生找到问题的答案，达到角色扮演的目的。比如李老师《尊重他人》的教学设计采用角色扮演法，按照准备阶段、扮演阶段、讨论阶段一一实施。一方面，李老师观察扮演者，避免其言行举止出现与“尊重他人”主题内容不相符合的情况，在必要的时候给予指导；另一方面，李老师照顾观众的心理感受，组织其他同学思考扮演者是否尊重他人以及如何尊重他人，从而增强其余同学的参与感。

3. 角色扮演法并不是万能的教学方法。角色扮演法有其适用范围，在应用前必须先确定某教学主题用该方法是否得当。一般情况下，适合运用角色扮演法的主题内容要求学生有一定的融入感，要求学生对该情景有一定的认识。

# 问题 12：心理健康教育课的评价主要是过程性评价

## 案　例

某中学高一年级的一堂心理健康教育课以“合理归因”为主题，由徐老师执教。

在本堂课的教学设计中，教师通过活动体验、心理问卷等方式，帮助学生了解自己的归因类型和倾向，进行客观的自我评价与合理归因。徐老师首先通过暖身活动“背靠背”，调动学生参与课堂的积极性，引导学生对暖身活动中各自的表现进行自我评价，分析游戏成功或失败的原因，以此导入主题。本堂课的主题活动为归因自评与分析。徐老师先给学生发放一份关于学习诊断的问卷，要求学生认真填写。然后是视频赏析、情境表演，启发学生讨论不同的归因方式所产生的不同感受和效果。同学们对他人的归因方式进行分析。徐老师借机介绍了维纳的归因理论，引导学生客观看待成败，加深对合理归因的理解与应用。在了解归因理论的基础上，请学生对照所填问卷，了解自己的归因特点，再次根据问卷所列项目重新进行自我评价。在本堂课结束时，徐老师给学生布置了课后作业，记录曾经的某次失败或成功的经历，回想当时如何归因，思考现在的归因结果又是什么，参照对比分析。

## 原理分析

课程评价是教学设计的重要环节，是学生对教师教学成果的反馈，客观、科学的课程评价有利于教师进行教学反思，有利于教学相长。传统学科课程的评价多数是以测验量化为主。心理健康教育课程的目标在于提高全体学生的心理素质，培养积极乐观、健康向上的心理品质，充分开发心理潜能，促进学生身心和谐可持续发展。因此，心理健康教育课程的评价方式不同于传统学科课程的评价方式，要求多元化，注重过程性评价。心理健康教育课程评价的最终目的不在于学生掌握了多少心理知识，不在于解决了多少心理问题，而在于检验学生的心理水平是否得到提升。学生是发展中的人，具有巨大的发展潜能，因此，评价也应是动态的。

心理健康课以活动和体验为主，这决定其课堂评价方式应是过程性的。心理健康教育的教学内容主要为自我意识、学习能力、人际交往、环境适应、情绪调适、升学择业等方面的辅导，教学形式以活动体验为主。在活动过程中，学生各方面的心理品质表现是评价的内容主体。实施过程性评价体现了心理健康教育教师主导性与学生主体性相结合的原则。在活动过程中，教师引导学生关注自我的变化，充分发挥、调动学生的主体性进行自我评估，并根据学生的反馈及时调整教学方案。心理健康教育课程评价是衡量学生原有的亚健康状态的认知和行为是否产生积极变化的手段，而非断定学生品质的好坏。从这一评价目的来看，过程性评价方式比其他评价方式更适宜。

需要注意的是，过程性评价并非唯一方式，还需要根据不同的教学内容与其他评价方式相结合，必要时可借助量表筛查，但量表筛查结果也仅作为心理健康教育工作的参考，非诊断标准。

## 操作指导

心理健康教育课程评价不宜以某个测验作为衡量标准，测验的结果有时候未必反映出学生真实的心理健康水平，相反，它还可能对部分学生的心理健康带来不利的影响。心理健康教育课程通常以活动课为主，以促进学生发展为目标，因此，课程的评价应淡化甄别和选拔功能，注重过程性评价，在评价过程中应注意以下几点：

1. 把握评价的时效性。首先是针对学生的评价。在教学过程中，教师应对学生的活动体验给予及时反馈和引导。教师在给学生反馈的过程中，应注意教学行为、教态语态，尊重并接纳学生的情绪情感反应，保持价值中立。教师的及时反馈有助于良好师生关系的建立，能够帮助学生形成正确的认知。其次是针对教师自我的评价，在完成一堂课的教学后，教师要及时做好评价分析和教学反思。

2. 发挥学生主体与教师主导作用。在心理健康教育课程评价过程中，教师可以鼓励学生进行自我评价，学生在活动过程中不断联系、参照自我，通过自我评价不断促进自我发展。教师在教学设计过程中，可预先设计好相关主题的自我评估问卷，主要包含认知、行为技能、情感态度、价值观等方面，在活动体验的过程中引导学生参照自己的实际情况，学会自我评价。

3. 过程性评价与终结性评价相结合。心理健康教育课程注重过程性评价，但这并不意味着放弃终结性评价。学生是发展中的个体，在学期结束时，教师应结合本学期的教学内容，编制测验进行施测，并根据平常记录，做好学生的学期评价总结。需要注意的是，评价要尽可能积极，不宜做诊断性评价。

4. 注重评价方式的多样化。教师实施评价的方式可多元化，根据不同学生的个性特征，选择适合其发展的方式进行评价。如运用文字书信表达对学生的关注；通过与学生面对面谈心谈话，了解学生的想法；选择与学生志趣相投的方式，亲近学生。

# 问题13：心理健康教育要渗透到学校教育的全过程

## 案例

2015年9月，某区第十高级中学确定高一（1）班和高一（2）班为心育特色班，进行心理教育“三个融合”的试点。“三个融合”是指心理教育与学校文化相融合、与学校管理相融合、与学校课程相融合。

与学校文化相融合。学校通过物化环境和人文活动，将传统文化的灵魂结合现代心理学的实践，将“以文化人”的精神融合“以心育心”的理念。在班级心育文化建设中，班徽、班歌、班规、班训以及班级的布置都融入心理学元素，比如每月一期的心育主题板报，在室内悬挂心理图片、心理故事、心理效应画框等。

与学校管理相融合。学校层面，教师全员参加，形成骨干队伍。该校成立以校长为组长，副校长为副组长，心育特色班教师为成员的工作小组，组建一支师德高尚、思想先进、业务精湛的师资队伍。班级层面，心育特色班学生管理的核心和灵魂是形成良好的班风及学风，不采用强压政策，而是利用心理教育策略，师生一起研讨，形成有利于班级健康发展、人人乐于遵守的纪律规范。

与学校课程相融合。严格落实“高品质心育课堂”的教学思想，教育教学充分关注学生兴趣、情绪培养和知识建构。在具体实施中，强调构建问题驱动式课堂，有意使用心理教育策略与手段。

## 原理分析

《中小学心理健康教育指导纲要（2012年修订）》指出，学校应将心理健康教育始终贯穿于教育教学全过程，全体教师都应自觉地在各学科教学中遵循心理健康教育的规律，将适合学生特点的心理健康教育内容有机渗透到日常教育教学活动中。要将心理健康教育与班主任工作、班团队活动、校园文体活动、社会实践活动等有机结合，充分利用网络等现代信息技术手段开展心理健康教育。

学校是个整体，学生在学校中受各方面的影响，多途径开展心理健康教育有助于多角度全方面提高学生的心理健康水平。首先，班主任作为班级的领导者、组织者和管理者，与学生交往最为密切，最了解学生。而现代教育的发展要求班主任不仅仅是人类文化的传递者，也应是学生心理的塑造者，是学生心理健康的维护者，因此，在班主任工作中需要渗透心理健康教育。其次，校园文化环境富含心理健康教育的价值与功能，发挥校园文化的心理功能是学校全面开展心理健康教育的重要环节。作为隐形课程的一部分，校园文化环境对学生的成长成才有着不可估量的潜在影响。因此，校园文化环境建设必须渗透心理健康教育。再次，现代信息技术能够有效弥补传统心理健康教育的缺陷和弱点，能使信息资源、教学素材和心理健康教育有机融合，有利于优化学习环境、学习资源和学习方式，是开拓心理健康教育工作的新途径、新形式。因此，现代信息技术必须渗透心理健康教育。最后，家长正确的教育观、良好的行为、合理的方式和家庭宽松的环境、和谐的气氛是促进学生健康成长的有力保障。因此，家庭教育必须渗透心理健康教育。

学科教学中渗透心理健康教育是学校心理健康教育的基本途径。首先，具有课堂优势。课堂是学校教育的主阵地，也是学生心理品质形成的活动载体，教师的传道解惑，学生知识技能的获得、心智的发展，绝大部分都是在课堂上完成的。如果忽视了各科教学，就等于放弃了中小学心理健康教育最主要的阵地。其次，具有资源优势。各学科课程本身及教育过程中就隐藏了很多心理健康教育资源。例如，物理、化学等自然学科的教学，可以使学生通过直观的形象去把握自然规律，其中涉及许多认知能力，如观察力、想象力、归纳与演绎能力等。最后，具有课程优势。每个学科课程怎样实施都有特定的结构和目标体系，但仅仅局限于本身的结构和目标是远远不够的，当代社会要培养综合型人才。因此，在各学科课程中渗透“心育”是对课程自身的积极建构，有助于提高课程实施水平。

在一学科教学中渗透心理健康教育十分重要。第一，学科渗透有利于营造学生心理健康教育的环境氛围。学科渗透促使更多教师参与心理健康教育，每个教师自觉充当学生的“心理保健医师”，整个学校就会形成一个心理教育的巨大磁场，形成“全员育人”的局面。第二，学科渗透有利于促进教师专业发展。学科渗透可以使更多教师学习心理学理论、运用心理学理论，提高理论素养和教学能力。并且，学科渗透对教师提出更高的要求，要求教师从传授型的教书匠转变为研究型的教育家，这必然有力地促进教师队伍整体水平的提高。第三，学科渗透有利于强化学科教学的效果。在各学科教学中有机地渗透心理健康教育的内容，在不增加课时的基础上随时有机地进行心理健康教育，激发和调动学生积极性，可以使各学科达到减轻负担、提高效率的目的。第四，学科渗透有利于提高学生的心理素质。将心理健康教育的目标与学科教学目标统一起来，有利于挖掘学生的潜能，使学生受到潜移默化的教育，提高学生的心理健康水平和学习生活质量，形成正确的人生观和价值观，培养坚韧不拔的意志品质，养成良好的行为习惯。

## 操作指导

学科教学在整个学校教育和学生身心健康发展中起到关键作用，在学科教学中开展心理健康教育应考虑以下几点：

1. 充分挖掘教材中的心理教育素材，整合为课程资源。例如在语文教学中，可以对学生进行言语沟通的训练，可以利用课文中的思想内容和美妙意境陶冶学生的情操，培养学生的良好情感。在数学教学中，可以培养学生良好的思维习惯和创造性思维的能力，也可培养学生的自信心和承受挫折的能力。

2. 设置科学合理的教学目标。一方面要分清主次，学科教学目标处于首要地位，心理健康教育目标处于次要地位。另一方面，要具有针对性，教师必须在了解学生身心发展特点和班级情况的基础上，有针对性地设置心理健康教育目标，切忌刻意强加，生硬呆板。

3. 教学过程渗透心理健康教育。首先，创设积极和谐的课堂氛围，注意提升教师的人格魅力，建构和谐的师生关系。其次，应遵循“适时有度”原则，即在一节课有限的时间内，集中渗透心理健康教育的时间不宜过长，一般控制在3—5分钟，渗透的程度要适中，梯度要合理。

4. 合理进行教学评价，可采用“三部曲”方式——先陈述事件，再同理学生，最后说出自己的感受。表扬要真诚，要具体，而且必须针对学生需要强化的行为。

# 问题 14：学校心理辅导室的基本功能分区

## 案 例

某市一所中学建有专门的心理辅导室，包括办公接待区、个别辅导室和团体活动室这三个区域。

有一天，初二的小丽因人际关系紧张的问题来到心理辅导室，她在办公接待区核实预约信息之后，便经志愿者指引前往个别辅导室接受一对一的心理辅导。经过多次一对一的心理辅导，心理辅导师的共情和倾听使小丽的情况有所好转。随后在心理辅导师的建议下，小丽来到团体活动室接受团体辅导。团体活动室内有和小丽一样有着人际关系困扰的同学，他们一起接受了数次的团体辅导，在团队活动中齐心协力克服困难，提高了人际交往的能力。

最后心理辅导师和小丽双方意见一致地结束了咨询，小丽向心理辅导师表达了感谢之意，告别了令她心情得到放松的倍感温馨舒适的心理辅导室。

## 原理分析

心理辅导室是学校心理健康教师开展个别辅导和团体辅导的主要场所，其功能是帮助学生疏导在学习和生活中遭遇的情绪和人际等各方面的心理行为问题，是学校开展心理健康教育工作的重要阵地。根据《中小学心理健康教育指导纲要（2012 年修订）》，心理辅导室的建设应该坚持科学、实用原则，保证基本配置，包括办公接待区、个别辅导室和团体活动室等。有条件的单位可以结合实际情况，拓展心理辅导室功能区的相关配置。

办公接待区是来访接待、咨询等待、阅览资料、档案存放、教师办公的地方，可分为接待区和教师办公区两个部分，兼具教师办公、咨询等待和阅览室等功能，便于来访者等待咨询和阅览相关心理书籍。同时来访者的心理辅导档案等记录也可以存放于办公接待区，要做好相应的保密工作。

个别辅导室是心理健康教师对来访者进行面对面辅导的主要场所，用于对心理行为有困扰的学生进行心理疏导，也用于一对多的家庭咨询。因此，个别辅导室应该是一个温馨的对话空间，是一个师生互动、对话交流的平台，是心理辅导教师对来访者进行心理辅导与心理矫正的地方。

团体活动室兼具心理活动课教室和团体辅导区的功能，是心理健康教师开展心理活动课程和针对某一心理问题进行室内团体辅导、游戏的地方。

## 操作指导

办公接待区的布置要求为：面积至少为 15 平方米、布置风格自然简单、在醒目处标注《学校心理咨询工作守则》与《心理辅导室使用守则》等。办公区和接待区有不同的配置要求。办公区应配有相关办公器材，如电脑、打印机等，还应有相应办公资料；接待区可设有沙发、期刊架、学生心理档案柜、电话等。

个别辅导室的布置要求为：首先，面积应为 10—15 平方米，空间太小会给来访者压抑的感觉，面积太大又容易造成不安全的感觉。其次，房间应避免强刺激的色彩或过于灰暗的色调，应该以柔和、平静的色调为主。最后，室内光线要明亮柔和，营造出温馨的咨询氛围。个别辅导室的基本配置也不容忽视，需要的物件有：咨询椅或沙发（沙发之间的距离在 80—120 厘米为宜)、茶几、无声钟表、绿植、装饰品、音乐播放器、录音笔（为特殊案例准备，在学生许可条件下使用）。

团体活动室占地面积较大，其布置要求为：单独建室，为便于团体游戏活动的开展，面积不能少于40平方米。因其兼具教室功能，故房间装饰风格不宜太过活泼。基本配置包括投影仪、音响、可移动桌椅、坐垫等。还可以根据条件配置相应的团体心理辅导箱、游戏心理辅导包等。

学校可以根据心理健康教育工作的实际需要，将心理辅导室与学校其他场所共建共享，在不影响心理辅导各功能区基本功能的情况下，心理辅导室各功能区也可以互相兼容。

# 问题15：学校心理辅导室的管理模式

## 案 例

马老师是某中学一名新入职的心理健康老师。由于该校之前未成立心理教育中心，其校长决定召开教师大会共同讨论心理健康教育中心的管理体制问题。目前，学校层面的心理健康教育管理体系主要有六种模式：教研组模式、教科研室模式、德育管理模式、班主任工作模式、独立模式、全面渗透模式。会议对以上六种管理模式的优缺点都进行了讨论，从最大限度地推进学校心理健康教育工作的角度考虑，会议最终决定采用全面渗透模式对该校心理健康教育工作进行管理。将心理健康教育工作提升至学校层面上来管理，建立与学校其他组织机构平行的心理健康教育办公室（或处室），由校长直接管理。

## 原理分析

心理辅导室与学校其他组织机构平行，由校长直接领导，有助于心理健康教育工作者发挥其专业优势，以更加科学的方式服务广大师生，同时也极大地提高了心理健康教育工作的地位，有利于深化其对学生培养的重要作用。

建立与学校其他处（室）平行的心理健康辅导室，并且直接由校长管理，有利于该办公室负责人开展相关工作，有利于将心理健康教育工作更全面地渗透至学校工作的各个方面，使心理健康教育工作在学校制度方面得到相应的保障。心理健康教育工作的负责人在校长的领导下将心理健康教育工作与教学、德育、科研、总务、咨询辅导等工作有机地结合起来，符合心理健康教育工作的要求，有利于学校的发展、学生心理的健康成长和教师的专业化发展。

在全面渗透模式下，心理健康教育工作将全面渗透到学校的方方面面。随着社会竞争激烈化和家长期望值不断上升，学生的学习焦虑情绪不断积累，造成的心理问题越来越多。面对社会和学生的期待，教师的工作压力也不容小觑。而心理健康教育中心负责组织和开展全校的心理健康教育工作，以学生为主进行日常的心理辅导与咨询工作，也负责学生家长和全校教职工的心理疏导工作。因此，与学校其他行政管理部门一样，心理健康教育中心也承担着重要的责任。

## 操作指导

心理健康教育要求其工作者具备良好的专业素质，同时需要学校配置相应的硬件和软件设施。

首先，心理健康教师要具备良好的专业技能，要热爱心理健康教育工作，具有敬业精神。心理健康教育工作者应该是经过心理学专业培训、具有一定的实践经验和一定学历的教师。他们的工作职责不仅是为心理行为等方面存在问题的学生提供辅导，还包括为教师、家长等提供专业化的心理辅导与咨询服务。学校应定期组织针对心理健康教育工作者的专业培训，使其根据社会和学生心理的变化发展习得相应的技能。

其次，心理健康教育中心的主要工作是为所服务的对象制定合理的辅导计划。由于心理健康教育工作面对学生、教师、家长等不同群体，从横向看不同群体所面临的压力和问题不同，从纵向看不同群体所面临的困境又是不断发展变化的，所以心理健康教育工作的开展不能“一刀切”，应该具体问题具体分析，为每个服务对象提供有针对性的解决方案。

最后，心理辅导室是开展心理健康教育工作的主要场所，良好的工作环境有助于心理辅导与咨询工作的顺利进行。心理辅导室应建在安静、舒适、便于来访者出入但不显眼的地方。基本配备齐全是建设规范心理辅导室的重要前提，更是心理辅导工作顺利开展的重要保障，因此，学校应该依据要求完善心理辅导室的硬件配置。

# 后 记

根据中共福建省委教育工委、福建省教育厅的部署安排，由省委教育工委副书记王建南牵头成立《学校心理健康教育指导手册》编写组。编写组自 2018 年 12 月成立以来，召开多次研讨会，对书稿框架结构、谋篇布局、内容安排和表述方式进行深入研讨，发挥协同攻关优势，确保编写工作顺利进行。

本书由福建师范大学心理学院具体负责编撰，各章的编写人员分别为：第一章吴莹莹博士、李莎博士，第二章李海峰副教授，第三章陈幼贞教授，第四章孟现鑫副教授，第五章孟迎芳教授、许艳凤博士，第六章林荣茂副教授。福建师范大学心理学院院长连榕教授负责统稿和修改完善。

本书编写得到省委教育工委、省教育厅的立项资助，省委教育工委副书记王建南负责书稿的最后修改和审定。省委教育工委思想政治工作处负责立项管理和协调服务工作。本书参阅和引用了其他研究人员的成果，福建人民出版社也对本书出版给予了大力支持，在此一并表示诚挚的感谢！

由于时间仓促、水平有限，本书疏漏、欠缺之处难免。真诚希望广大读者提出宝贵意见，我们将集思广益，认真修改，不断完善。

编写组

2020 年 7 月 15 日